KB234376

일제강점기

진실의 문 門

일제강점기

진실의 문門

병합 후 반세기 역사왜곡 비판

이 선 배 지음

한국학술정보㈜

| 머 리 말

수학은 답을 구하는 학문이다. 반드시 답을 찾아야 한다. 답에는 정답과 오답이 있다. 오답은 절대악이고 정답은 절대선이다.

세상의 모든 사물이 이렇게 또렷이 구분되는 것은 아니다. 거의 모든 사물이 대립적이거나 상대적이거나, 동전의 앞뒤처럼 보는 사람의 입장이나 시각에 따라 비슷하거나 전혀 달리 보인다.

역사란 무엇인가. 역사란 과거의 어느 특정한 시간과 장소에서 발생한 사건이나 실존하였던 사물에 관하여 당시에 그러한 일을 보았거나 겪은 바를 객관적 입장에서 사실대로 글로 적은 것을 후대 사람이 일컫는 말이다. 만일에 문자로 기록된 것은 없는데, 역사로 인정될 만한 유적이나 유물의 발견이 있을 경우에는, 후대에 가서도 역사로 인정되는 경우도 있다.

일제강점기에 어떠한 일이 있었나를 적은 글들이 수없이 많이 나와 있다. 강제점령국 일본인과 피점령국 한국인 역사학자에 의한 것들이다. 수백 년도 아니고 불과 65~100년 전 이야기이다. 지금도 그 시대를 살아서 체험한 사람이, 필자를 포함해서 아직도 수백만이 숨을 쉬고 있다.

그런데 그러한 역사서가, 심지어 우리나라 고등학교 국사교과서까지도 "역사적 사실과 전혀 다르게 기술되었거나 혹은 과장되었고, 혹은 왜곡되었거나 날조된 허위사실로, 정치화된 역사가에 의해 인위적으로 만들어졌으니, 한국의 국사교과서를 다시 써야 한다"고 주장하는 사람이 근래, 일본도 아니고 바로 우리나라에도 나타났다. 기왕의 일본 극우파 정치인들의 망언보다도 한 술 더 뜬 것이다. 소위 역사 수정주의(Revisionism)를 기치로 내세우는 자들의 등장이다.

일본에서도 역사 '다시보기見直し'가 진행되고 있어, 군국주의시대를 미화하고, 조선식민지기의 업적을 찬양하는 기사가 아직도 일부 잡지에 게재되고 있는 실정이다.

역사수정주의 자체가 문제되는 것은 물론 아니다. 잘못된 역사는 수정되도록 노력하는 것이 오히려 바람직한 일일 것이다. 문제는 수정주의 이름을 빌려서 아무 입증자료 없이 기존 역사기술사실을 부정하는 것이다. 개인의 주관과 시각으로 진실을 왜곡하고 허위사실을 과대 날조하여 마치 진실인 양 부당하게 주장하는 행위 말이다.

그 대표적인 예가 일본의 격주지 『SAPIO』에 기고되고 있는 저널리스트 미즈마 마사노리水間政憲의 불연속 연재물이다. 그는 "일제강점기에 있었던 역사적 사실인, 일본군위안부 여자정신대 노동자 강제 동원 및 미곡 국토를 비롯한 모든 종류의 수탈, 심지어 창씨개명까지도 강제가 아니라 조선인의 자의에 의해서였다."라고 쓰고 있다. 미즈마는 그 증거로 1930년대의 '아사히신문, 조선판' 사회면 기사 복사를 제 1급 사료라고 곁들였다.

한국인으로는 서울대학교 낙성대경제연구소장 이영훈이라는 사람이 일본 문예춘추사文藝春秋社에서 『대한민국 이야기大韓民国の物語』라는, 일본어로 된 책을 2009년에 발간한 것이 있다.

이 책에서 이영훈 교수는

"위안부와 정신대는 성질이 다르다. 정신대는 전시에 주로 군수공장 작업원으로 동원된 것이지만, 조선에서는 정신대 징집영장이 발부된 것이 한 건도 없었기 때문에 한 사람도 강제 동원된 일은 없었다. 한국인은 위안부와 정신대를 같은 것으로 혼동하고 있는데 이는 잘못된 역사교육으로 형성된 집단기억증에서 온 인식이다. 그리고 위안부도 일본군에 의한 강제 동원은 없었다. 조선여성들이 악덕매춘업자에게 속았거나 돈 때문에 자진해서 줄을 이어 모집에 응한 것이다.

일본에 의한 미곡 수탈설도 사실이 아니다. 쌀은 수탈된 것이 아니라 일본의 쌀값이 30% 정도 비쌌기 때문에, 돈을 더 받고 일본에 수출을 한 것이다. 그만큼 조선의 농촌이 윤택해져 조선의 경제성장이 연율 3.7%로 식민지기에 이루어진 것이다. 부족한 식량은 만주에서 조와 콩을 수입해서 충당하였으며 감자와 통조림도 있어서 칼로리를 더 섭취하여 조선인의 평균 체격이 더 커졌다."

고 기술하였다.

이 외에도 이 교수는 '조선의 근대화가 강점기에 이루어졌고, 일제가 두고 간 유무형의 유산이 다대하여 한국의 경이적 경제발전의 주역들은 일제 때 교육된 엘리트였다'고 하였다.

이 교수의 말은 마치 그가 총독부의 대변인처럼 들린다. 하지만 이 교수는 그가 기술한 내용을 입증하거나 뒷받침할 근거를 하나도 제시하지 않았다.

위 내용은 일본인 저널리스트 미즈마의 주장과 거의 일치한다. 어찌되었던 간에 두 사람의 주장은 전혀 사실이 아니다. 사실과 비슷한 것도 없고 전적으로 날조되었거나 왜곡된 내용일 뿐이다.

필자는 일정 말기에 일본인의 회사를 다니면서, 그 시대상황을 직접 보고 듣고 겪었던 사람 중의 한 사람이다. 따라서 그것이 어떠하였나를 폭넓게 포괄적으로 숙지한다고 자처한다. 그런데 이 교수 등의 주장은 필자의 강점기에 관한 기억과 지식과는 100% 상치된다. 도저히 묵과할 수 없는 수준이다. 누군가 반드시 진실을 밝혀내야 한다.

어떤 독재국 석학더러 감옥에 들어가면 어쩌려고 왜 이런 책을 저술하느냐고 친구가 물었더니, 진실을 폭로하고 싶은 욕구를 억누를 수가 없어서라고 하더란다. 필자는 동기부여를 『조선전쟁』을 저술한 일본인 하기와라 萩原遼 씨에게 받았다. 그는 이웃나라 역사서를 쓰는 데 2년 8개월간 미국국회도서관에 파묻혀, 한국전쟁 때 미군이 북조선에서 거둬 간 160만 쪽에 달하는 서류 더미를 뒤져 찾아낸 입증자료를 정리해 그 책을 쓴 것이다.

2009년 여름부터 16개월간 필자는 공휴일을 제외한, 거의 매일 거르지 않고 국회도서관을 찾았다. 일제강점기에 대한 필자의 기억을 뒷받침할 역사자료를 찾아보겠다는 막연한 희망에서였지만, 역사 문외한이 우선 할 일은, 먼저 역사서를 가까이해야 되겠다는 깨달음이었다.

필자는 국사를 필두로, 미국과 일본의 석학들의 강점기에 관한 저술을 섭렵하는 한편, 도서관이 소장하고 있는 1950년대 이전의 방대한 자료인, 조선총독부관보, 일본탁무성과 총독부 및 조선은행과 일본은행 조사부의 제 통계표, 각 언론사와 교육기관의 통계연감 등을 샅샅이 뒤져나갔다. 그 과정이 실망보다도 보람이 있는 날이 점차 많아졌다. 그렇게 얻어진 귀중한 정보가 하나둘씩 모여, 이 교수 등

의 주장을 뒤엎을 입증자료로, 논거 도표와 함께 본서에 20개 이상
이 삽입된 것이다. 그중 일부는 필자의 손을 거쳐 과학적 통계표로
완성된 것도 여러 개 있다.

본서에서 위 이 교수가 제기한 문제 외에도, 강점기 전반에 걸친
일제의 제 범죄적 학정에 관하여, 합당한 근거와 입증자료가 유효하
다고 판단되는 여러 문제에 대하여, 필자는 논증으로 가차 없는 비
판을 시도하였다.

수정주의자들의 공격의 표적이 일제강점기에 국한되고 있는 것은
아니다. 이것들은 일본의 극우파에 한정된 것이며, 이에 한국의 이
영훈 교수와 같은 극소수의 추종세력이 뒤따르고 있는 것이다.

하지만 더 큰 문제는 좌파 수정주의의 광범위한 대두이다.

필자는 본서에서 강점기 근대화론을 부정하는 기술을 하다 보니,
자연히 대한민국 수립 후의 '한국근대화성립설'을 논증하게 되었다.
이에 좌파수정주의와의 충돌이 불가피해진 것이다.

좌파의 공격표적은 건국대통령 이승만에게 맞춰져 있다. 그들의
주장을 요약하면, 첫째 이 대통령이 1946년 6월 3일 정읍에서 단독
정부 수립을 주장하여, 48년 8월에 대한민국을 탄생시켰으니 남북분
단의 원흉이며, 둘째 미국의 비호 하에 친일파와 지주를 위주로 세웠
으니 대한민국은 잘못 세워진 나라이며, 셋째 반민특위를 해산시켜
친일파와 독립투사를 박해한 경찰을 청산 못한 책임자라는 것이다.

필자가 이용한 자료(100% 북조선 당국 출전자료에 기반해 저술한
『조선전쟁』)는 이러한 주장과는 정반대이거나, 이 대통령이 책임질
일이 아니거나, 당시의 시대상황상 불가피한 사정이 있었던 것으로

되어 있다. 필자는 본서에서 이 문제를 입증자료에 의거 충분히 논증하였다고 사료된다.

차제에 필자는 이승만 대통령에 대한 부당한 비판을 바로잡고, 도리어 그의 불멸의 공적에 대한 재평가를 주장하는 근거를 본서에서 제기하였다. 다름 아닌 그의 반공정책에 대해서다. 해방 후 우리에게 가장 큰 축복은 우리가 공산주의 종주국 소련이 아니라, 자유민주주의–자본주의의 본산인 미국에 줄이 세워졌다는 사실일 것이다. 우리는 누차 공산화 직전 찰나까지 끌려갔었다. 신탁통치가 그랬고 6·25 동란이 그랬다.

이 대통령은 분명히 결점과 실정도 적지 않았다. 3·15 부정선거, 측근의 부정부패, 유아독존적 독재 등으로 인기를 잃어 4·19 혁명으로 불행한 종말을 이국땅에서 마쳤다. 하지만 그의 삶을 냉철히 살피면 그가 이룩한 공적도 적지 않다는 것을 알 수 있다. 대한민국의 공산화를 막아준 일등공신은 의심의 여지없이 이승만 대통령이다.

그의 치하에서 60만 대군이 양성되었고 '한미방위조약'이 체결되었다. 또한 세계최빈국 상태에서 90% 이상의 문맹퇴치와 동시에 전 세계에 유래가 없는 교육성과를 이루었다. 초·중·고등 교육 전반에 걸쳐 균형발전을 거둬 한국 근대화의 기초가 마련되었다고 볼 수 있을 것이다.

이승만 대통령은 한국을 공산주의로부터 지켰다는 사실 하나만으로도, 능히 재평가를 받을 만하다고 필자는 확신한다.

이런저런 상념으로 되돌아보니 부족한 것이 너무나 많다는 자괴감이 앞을 가린다. 하지만, 필자는 해방 전후의 참 사정을 논거에 기해 비교적 객관적 시각으로 적었다고 자위하면서, 미진한 역량으로 나름대로 심혈을 기울인 이 한 권이 우리의 후대들에게 그 시대를 이해하는 길잡이가 되었으면 하는 바람으로 붓을 놓는다.

이 글을 끝내면서, 필자는 우리가 만일 일본의 사슬에서 벗어나지 못하였거나, 운 나쁘게 자칫 북한과 같은 입장에 처했더라면 하고 가상을 해본다. 몸서리가 절로 쳐진다.

후대들은 영원토록, 한강의 기적을 이룩한 자랑스러운 우리의 조국을 다시는 그런 치욕스런 상황에 처하지 않게 할 것으로 굳게 믿는다.

한일병합 100주년에 임하여
2010년 12월

저자 이 선 배 書

머 리 말

일제의 조선식민지 근대화론 / 1

• 「근대화」의 정의와 기준 / 2

「위안부」 문제 1 / 4

• 일본군의 위안소 관여 / 5

• 「가와노 장관의 담화문」 / 8

• 일본의원들 미국 신문에 허위광고 / 10

• 광고문안 중 「사실 1~5」에 대하여 / 12

• 미국 하원 「위안부 사죄요구결의」 전문(全文) / 22

「위안부」 문제 2 / 25

• 칙령 제94호 「국민근로동원령」 / 29

• 조선인 위안부의 추계 / 36

• 조선인 성노예들은 어떻게 끌려갔는가 / 39

• 조선의 성문화 / 48

『대한민국 이야기(大韓民国の物語)』/ 52

미곡 일본이출의 진실: '식민지수탈론' 비판에 대하여 / 55

• 미곡이출(수탈)과 조선의 식량사정 / 57

일제 자본주의 침략과 고율 소작료 수탈 / 60

• 조선 농촌 피폐의 근본원인 / 66

• 동양척식 주식회사의 등장 / 68

총독부의 비정(秕政) / 70

일제의 패망과 미 군정청의 소작료 인하 / 73

조선의 공업화(산업화) 현황 / 75

식민지기 인프라의 진실 / 85

식민지기 조선의 자본주의 / 93

총독부의 조선통치 형태 / 96

강점기 조선인의 생활상황 / 100

식민지기 교육실태 / 106

• 공교육 / 106
• 외국인의 눈에 비친 식민지기 교육 / 110
• 일제의 교육 억압과 사립학교의 저항 / 112
• 조선의 교육근대화와 미국선교사의 역할 / 115

조선인의 교육열 / 118

자주교육의 본격화: 광복과 노예교육해방 / 121

한국의 근대화 / 128

• 한국의 산업화 / 129
• Epilogue(결말) / 133

역사수정주의자들의 망언 / 138

조선인 강제 동원 / 145

총독부 조선인혈세 군사비 전용 / 149

조선토지조사의 목적과 결과 / 151

일제의 국토수탈 / 158

강점기 일제의 수탈 / 162

민·형사법의 도입과 시행의 진실 / 171

국민총소득과 군수산업 / 175
• 식민지기 경제성장설의 진실 / 175
• 조선의 군수산업과 GNI / 177

한국 경제개발의 주역 / 180

한국경제와 재벌의 역할 / 182

반민족주의 비판 / 186

역사수정주의를 고발한다 / 202

남북 단독정부 수립의 진실 / 205

대한민국은 잘못 세워진 나라? / 218

군정으로의 전환과 귀추 / 222

해방 전후의 사정 / 232

후기 / 237

일제의 조선식민지 근대화론

　일본의 극우 격주지 『SAPIO(サピオ)』는 2007.11.14일자 판에 〈환상의 1급사료 「아사히신문·조선판」이 보도하고 있었던 '대일본제국하의 조선반도 근대화'의 진실〉이라는 제목의 기사를 대서특필하였다. 저널리스트 미즈마 마사노리水間政憲의 일제식민지기의 조선통치 업적을 찬양하는 불연속 연재물의 시작이었다.

　1년 5개월이 지난 2009.4.8일자 판 『SAPIO』에 미즈마는 느닷없이 아사히신문·조선판의 연구: 〈제1탄 '창씨개명은 어떻게 보도되었는가'〉, 이어 2009.4.22일자 판에 〈제2탄 '위안부보도=전·후대모순'〉, 2009.5.27/6.3일자 판에 〈제3탄 '강제연행은커녕 (조선인은) 밀항까지 하며 일본을 목적지로 삼았다'〉, 2009.6.24일자 판에 〈제4탄 '언어를 뺏었기는커녕 한글을 (조선인에게) 가르치도록 한 것은 일본이었다'〉 등등, 제5탄, 제6탄 그리고 2009.11.11일자 판에 〈제7탄 '조선농민의 토지, 지위, 재산을 지키고 키운 일제의 공적'〉 등…, 앞으로 얼마나 더 나올지 모르지만 사실을 왜곡한 기사를 계속 내쏟고 있다.

　미즈마는 위의 글에서 1930~1940년대 일본제국주의하에 발행된 「아사히신문·조선판」에 기재된 단순한 사회면 사건기사를 임의로 때와 장소를 모순되게 결합시켜 인용, 사리에 맞지 않는 논리로 바로 그 기사가 그의 주장을 입증하는 1급사료라고 호들갑을 떨고 있다. 한마디로 진실과는 거리가 먼 허위·날조로 일관된 역사왜곡 시도에 불과하다. 일제의 혹독한 학정을 겪은, 아마도 살아 있는 마지막 세대에 속하는 필자로선 이 일을 그냥 묵과하기에는 사안이 너무 중대하다.

필자는 아래에 미즈마의 주장의 모순을 지적하고, 당시 총독부를 비롯하여, 일제가 기록한 참 사료를 제시하며, 또한 해방 후 한일 양국의 양심적이고 객관성에 정평이 난 석학들이 기술한 역사서를 인용하여 미즈마의 허구를 논증으로써 바로잡으려 한다.

미즈마의 「일제하 조선반도 근대화의 진실」을 요약하면

> 조선반도에 깔린 방대한 철도망(국유 3,576km / 사유 1,464km) 인천축항·나진·청진·웅기 등 항만, 세계최대급의 수풍댐 발전소 등의 인프라, 본토와 동등한 교육 실시, 흥남 질소를 위시한 북조선의 중화학공업, 평양의 분뇨 지하탱크, 현 서울시청사·서울역사, 구 미츠코시 백화점 같은 건축물을 내세워, 식민통치하에 이룬 근대화의 찬란한 업적을 강조해야 할 필요가 있다

는 것이다.

「근대화」의 정의와 기준

한국어대사전에는 '근대화 : 전근대적 상태를 벗어나, 인간성·합리성을 존중하는 근대적인 상태로, 또는 후진적 상태에서 선진적인 상태로 되게 하는 것'이라고 나와 있고, 일본어사전 고지엔広辞苑에는 '근대화 : 근대적 상태로 이행하는 것. 산업화·자본주의화·합리화·민주화 등 보는 측면에 따라 다양한 관점이 존재한다'고 되어 있다. 둘 다 비슷한 뜻인데, 필자의 개인 의견을 첨부한다면 국민의 교육수

준・식자율識字率・의식주수준도 주요한 잣대가 되어야 할 것 같다.

물론 제국주의 식민지 통치 그 자체가 전근대적 상태 외에는 그 아무 것도 아니라고 못을 박을 수도 있지만, 필자는 되도록 객관적으로 식민지기 소위 근대화의 실상을 사전이 제시한 정의定義와 대비시켜 검증해 나가겠다.

일제日帝강점기에 조선인이 억울하고도 부당하게 당한 슬픈 역사를 일일이 체계적으로 기술한다는 것은 불가능한 일이다. '이스라엘 민족이 2차대전 때 독일 나치에게 당한 것보다, 수백만의 대량 학살을 제외하면, 일본이 덜한 것이 별로 없었다 하여도 과언이 아니다'라고 말한다면 현세대들이 실감이 날지 모르겠다.

그런데 위 미즈마와 대동소이한 주장을 하는 사람이 비단 일본인 극우파뿐 아니라, 우리 국내에도 그러한 역사수정주의자가 있다는데 더 큰 문제가 있는 것 같다.

근래에 와서, '그러한 이야기는 한국의 역사학자들이 사실을 왜곡 날조한 것이다'라고 당당히 주장하고 나서는 자가 있다면, 그런 일을 직접 당한 사람이 입을 막고 가만히 있을 수가 있겠는가.

필자가 바로 그런 사람 중의 한 사람이다. 더구나 그런 말을 하는 사람이 일본사람이라 해도 참기가 힘들 텐데, 해방 후에 태어난, 강점기를 보지도 제대로 듣지도 못한, 한국의 역사학자라고 자처하는 자의 입에서 나온 말이다. 이렇다하는 근거도 없이 개인적인 잡설을 기술한 것이지만 왠지 일본에서 일본어로 발표를 한 것이다.

우선 시분이 급한 위안부 문제부터 기술해 나가겠다.

「위안부」 문제 1

2009년 4월 22일부 『SAPIO』 ―「아사히신문・조선판 연구」 제2탄
〈위안부 보도〉에서, 미즈마는 악덕 소개업자가 농촌 등에서 부녀자
를 감언이설로 유인・유괴・납치・감금하여 유곽에 팔아넘긴 1930
년대의 아사히신문 성범죄사건 기사를 몇 개 열거하였다. 이 기사
가, 위안부를 강제 연행한 것이 이들 조선인 악덕업자였다는 움직일
수 없는 증거라고 주장하는 것이다.

미즈마는 논리를 더욱 비약시켜

위안부는 당시 일본과 조선에서 합법이었던 매춘부이다. 다시
말해 군의 위안소라는 것은 민간업자가 운영하였던 군인을 대상으
로 한 유곽이다. 유곽이 위안소로 매춘부가 위안부로 명칭만 바뀐
것뿐이고, 실태는 같은 것이다.

라고 적고 있다.

일반인을 대변하는 일본 지식인의 인식이 이렇다면 이 문제는 매
우 심각하다. 일개의 저널리스트인 미즈마를 상대할 것이 아니라,
위안부 문제는 국가적 차원에서 다루어져야 될 것 같다. 전 일본 수
상 아베를 비롯해 추종자들은 둘러대기를 **강제연행 직접증거**가 없다
는 것이다. 부녀자를 군・경이 강제로 끌고 간 70여 년 전 사건에 대
한 직접증거를 대라는 것이다. 끌려간 사람이 수만 명이고 아직 살

아 있는 피해자가 증언대에 섰는데도 그것은 인정 못하겠다는 것이다. 살아 있는 복수의 피해자보다 더 강한 직접증거는 별로 많지 않다는 것이 세계 공통의 법 개념인데도 말이다.

오죽하면 제3자인 미국하원총회에서, 「일본군위안부관련결의안」이 만장일치로 가결되었겠는가.

그러나 일본정부는 이 결의안조차도 인정하지 않겠다는 입장을 당시 즉각 밝혔고, 현재 시점(2010년 12월)까지도, 위안부 문제 근본 해결책인 공식사죄는 애매하고(있다・없다 반복이 누차 있었음), 보상은 아직도 재판 계류 중이다.

필자는 독자의 이해를 돕기도 하고, 후대에게 기록으로 남겨두기 위해, 그간의 경위를 살펴보겠다.

일본군의 위안소 관여

1992.1.11일 부 일본 아사히朝日신문 1면을 거의 다 차지한 충격적인 기사 전문을 인용하겠다.

「위안소 군 관여를 보여 주는 자료」라는 표제하에 〈방위청 도서관에 구일본군의 통달・일지日誌〉, 〈부대에 설치 지시〉, 〈모집포함 통제・감독〉이라는 제목에 이어지는 기사는 이렇다:

"중일전쟁과 태평양전쟁 중, 일본군이 위안소의 설치나, 종군위안부의 모집을 감독, 통제하고 있던 것을 나타내는 통달문건과 진중일지陣中日誌가, 방위청의 방위연구소 도서관에 소장되어 있는 것이 10일 밝혀졌다. 조선인 위안부에 대해, 일본정부는 이제까지 국회답변 중에 '민간업자가 데리고 다녔다'라고 하였고, 국가로서는 관여를 인정하지 않았었다. 작년(1991년) 12월에는 조선인 전 위안부 등이 일본정부에 보상을 요구하는 소송을 제기, 한국정부도 진상규명을 요구하고 있다. 나라의 관여를 나타내는 자료가 방위청에 있었던 것 때문에, 이제까지의 일본정부의 견해는 크게 흔들리게 된 것이다. (생략) 자료는, 일본 육군성과 중국에 파견된 부대 간에 교환된 극비문서철에서 요시미吉見義明 중앙대 교수에 의해 발견되었다.

중국 대륙에 위안소가 설치된 것은 1938년으로 알려졌지만 이번에 발견된 것 중에 가장 오래된 것도 같은 해 3월 4일에 작성되어 위 문서철 중 「육지밀대일기陸支密人日記」 속에 끼어 있는 〈군위안소종업부從業婦 등 모집에 관한 건〉이라는 제목의 〈부관으로부터 북지방면군北支方面軍 및 중지파견군참모장中支派遣軍參謀長 앞 통첩(통달)안〉이다.

일본 국내에서 위안부를 모집할 경우, 업자 등이 트러블(문제)을 일으켜 경찰에 입건되는 일이 생기기도 하여 육군성병무과陸軍省兵務課에서 작성, 파견군 등에 통달되었다. '모집 등에 있어서는, 파견군이 통제를 하고, 이 일을 맡을 인물선정을 용의주도 적절하게 하여, 실시함에 있어서는 관계지방의 헌병 및 경찰당국과의 연대를 은밀히 하여 군의 위신이 상하지 않게 하고, 또한 사회문제상 유감이 없도록 배려'하라고 지시, 후에 참모총장이 된 우메쓰梅津美治郎 육군차관과 고급부관 등 담당자가 승인하는 날인을 하고 있다.

또한, 동년 7월에 작성된 「보병 제41연대의 진중일지」에는, 각 부대에게 위안소 설치를 요구하는 「북지나北支那방면군참모장」 명의로 된 통첩의 사본이 철해져 있다. '점령지 내에서, 교통망의 파괴 등 치안회복이 진척되지 않는 것은, 주민에 대한 강간사건 등의 불법행위가 반일감정을 고양시켜, 군 작전을 조해阻害하고 있기 때문이니, 성적 위안설비를 빨리 구비시켜…' 이렇게 위안소 설치를 지시하고 있다.

더욱이 39년의 「육지밀대일기陸支密大日記」 〈전시구보 후방관계 戰時句報 後方關係〉 중에는 제21군사령부가 〈위안소상황〉을 보고한 자료가 있다. '위안소는 소관경비대장 및 헌병대장 감독하에 경비지구 내 장교 이하를 위하여 개업'하였다고 되어 있어, 적어도 군 위안소가 있다는 것을 인정하고 있는 것이다. 이들 자료의 거의 전부가 전후 연합군에 압수되어, 미국 워싱턴에 보관되어 오다가, 58년에 일본에 반환되어, 방위청전사戰史 자료실에 인도되었다.

군위안부 문제에 대해서는 정부는 90년 6월 참의원예산위원회에서 '민간업자가 그런 사람들을 군과 함께 데리고 다녔다'고 답변, 그 후의 답변에서도 군의 관여를 인정해오지 않았다.

군 관여는 명백 – 사죄와 보상을

요시미 중앙대 교수의 이야기 : 군의 위안소가 설치된 것은 상해전上海戰에서 남경전南京戰에 걸쳐 강간이 연달아 일어났기 때문이라고들 하며, 38년의 통달문들은 이것과 시기적으로 부합한다. 당시 군부대나 지대단위로 위안부가 얼마만큼 있었나를 알 수 있는 자료이며, 군이 관여하고 있었던 것은 명명백백. 전 위안부들이 증언을 하고 있는 현 단계에서 '관여'를 부정하는 것은, 수치스러워해야 한다. (생략) 위안부에 대해서는, 사죄는 물론이고 보상을 해 주어야 한다고 생각한다.

대다수는 조선인 여성(아사히신문 해설)

종군위안부 : 1930년대, 중국에서 일본군 병사에 의한 강간사건이 다발하였기 때문에, 반일감정을 누르고 성병을 방지하기 위하여 위안소를 설치하였다. 전 군인과 군의관 등의 증언에 의하면 개설 당초부터 약 8할이 조선인 여성이었다고 한다. 태평양전쟁에 들어가자, 주로 조선인 여성을 정신대라는 이름으로 강제 연행하

였다. 그 인수는 8만이라고도 하고 20만이라고도 한다."

이상의 기사는, 그 내용이 항간에 널리 알려진 것이지만, 새삼 억울하고 분함을 누를 수가 없다. 한 가지 위안은 일본에도 양심적이고 민주화된 학자와 신문이 있다는 사실이다.

위와 같은 기사와 보도로 성노예희생자들에게 늦게나마 온 국민의 관심이 쏠리게 되었다. 이 당시까지도 전통적인 수치심 때문에 수면 아래에 억누르고 있었던, 다수의 전위안부들의 분통이 터지기 시작하였다. 일본정부의 사죄와 보상을 요구하는 사회 전반적인 기류가 형성되고, 이에 고무된 몇몇 해당자가 용기를 얻어 지원 단체의 협조도 있고 해서 일본법정에 제소도 하고, 한 맺힌 증언도 나오기 시작하였다. 국제여론도 이들에게 힘을 보태주었다.

정부의 노력도 있었지만, 일본정부도 다소 누그러져, 이러한 압력에 머리를 숙이는 것처럼 보였다.

「가와노河野 장관의 담화문」

1993년 8월, 드디어 가와노河野 일본 관방장관이 다음과 같은 「담화」를 발표하였다.

위안소는, 당시의 군 당국의 요청에 의해 설영設營된 것이며, 위안소의 설치, 관리 및 위안부의 이송에 대해서는, 구 일본군이 직접 또는 간접으로 이 일에 관여하였다. 위안부모집에 대해서는, 군의 요청을 받은 업자가 주로 이 일을 담당하였지만, 그런 경우에도, 감언·강압에 의하는 등, 본인들의 의사에 반하여 모집된 사례가 많이 있었고, 더욱, 관헌 등이 직접 이 일에 가담한 일도 있었다는 것이 밝혀졌다. 또한, 위안소에 있어서의 생활은, 강제적 상황하에서 참혹한 것이었다.

뒤늦은 감은 있었지만, 이 문제의 유일한 해결책인 일본정부의 사죄와 당사자에 대한 보상이 이루어질 것 같은 기대를, 우리는 비로소 갖게 된 것이다.

그러나 그것은 역시 한낱 말잔치에 지나지 않았다. 그 후 내각이 바뀔 적마다 말이 바뀌고, 피해국들의 끈질긴 촉구와 피해자들 개별 제소에도 일본은 시간만 끌며 막무가내로 딴청만 부렸다.

세월은 흘러 나이 드신 전 위안부의 수는 줄어만 가는 안타까움이 이어졌다. 그러나 이들을 물심으로 성원하는 개인과 인권단체의 활동도, 일본의 간계에 굴하지 않고 더욱 강도를 높여 각 피해국과 연대하여 UN(United Nations)을 비롯해 전 세계로 넓혀 나갔다.

2007년 초, 마침내 민주주의와 인권수호의 본거지 미국 하원 외교위원회에 「위안부문제결의안」이 아이러니컬하게도 인권수호가인 일본계 하원의원 혼다(Michael Honda) 씨에 의해 제출되었다. 그해 2월 15일 미하원 외교위의 공청회가 열리고, 한국·필리핀·네덜란드 등의 전 위안부가 피맺히는 생생한 증언을 하여 전 세계의 이목을 집중시켰다.

큰 반향을 일으킨 이 청문회에 대한 일본정부의 반응은 어떠했을까. 하필이면 이 당시 일본수상은 「위안부강제연행부정론」의 본산인 아베安倍晋三였다. 아베는 청문회 20일 후인 3월 5일 참의원 예산위원회의 질의답변에서 협의狹義의 강제성이란 관헌이 집안으로 쳐들어가 납치하는 것 같이 연행하는 행위라고 정의定義한 다음, 위안부

사냥과 같은 관헌에 의한 강제연행된 사실이 있었다는 증명을 한 증언은 없다고 답변, '미국하원의 결의안은 객관적 사실에 기한 것이 아니다. 결의가 되더라도 사죄하는 일은 없다'고 단언했다.

같은 날 뉴욕타임스(The New York Times)와 LA타임스(Los Angeles Times)는 아베의 발언을 수정주의라 하고, '진실왜곡으로 일본의 명예를 더럽혔으며 희생자들의 아픔을 배가시켰다. 그리고 일본 국회는 생존하는 희생자에게 사죄하고, 공적인 배상을 해 주어야 한다'고 일본국회 차원의 각성을 촉구하였다.

그러나 일본정계는 전 세계의 빗발치는 비난에 대해 반성은커녕 벌집을 쑤신 듯 법석을 떨며, '결의안 본회의 상정'을 저지하기에 수단을 가리지 않고 필사적으로 날뛰기 시작한다. 자민당은 홍보(로비)를 위해 의원단을 미국에 파견할 방침임을 밝혔고, 3월 8일에는 아베의 3월 5일 발언을 지지하고 밀어주기 위해 의원 130명의 서명을 첨부, 결의안 표결을 막는 외교 노력을 정부에 요구하고, 또한 93년 8월의 「가와노담화」를 수정하자는 제안서를 수상에게 제출하였다. 3월 9일 민주당도 질세라 위안부 문제의 진실을 검증하는 모임을 발족시켜 자민당과 비슷한 대외활동에 들어갔다.

일본의원들 미국 신문에 허위광고

2007년 6월 14일 워싱턴포스트(The Washington Post)지에 일본 국회의원 44명을 비롯하여 교수, 언론인 등 60명의 공동명의로 「사실(The Facts)」이라는 제목의 전면광고가 게재되었다. 일본군에 의한 강제매춘은 없었던 것이 「사실」이라고 주장한 것이다. 위안부에 관한 일련의 역사적 사실을 제시하여 독자 스스로의 판단을 구한다는 취지이다. 「사실 1번」에서 시작, 「사실 5번」까지의 광고문안 요지는 대략 다음과 같다.

사실 1

1938년 3월 4일 부 육군통첩에는, 군의 이름을 이용한 모집방법과 유괴 같은 방법을 금지하고 있어, 그와 같은 방법을 사용한 업자는 이제까지와 동일하게 엄벌에 처하겠다고 경고하고 있다.

사실 2

이러한 지시가 충실히 실행된 것을 명시하는 신문기사가 많이 있다. 그 예로「동아일보」39년 8월 31일 부「악덕업자가 성행, 농촌의 부녀자 100명 이상이 만주에 유괴되어, 부산에서 형사가 봉천에 급행」이라는 제목이 붙은 기사의 요약. (선명한 신문기사 사진 게재)

사실 3

그렇지만, 규율을 위반한 몇몇 예가 있었던 것도 틀림없다. 예컨대, 네덜란드령 동인도(현 인도네시아)의 수마랑섬[1]에서, 한 육군부대가 젊은 네덜란드여성 한 무리를 강제적으로 납치, 한 위안소에서 일(성매매)을 시켰다. 그러나 이 사건이 밝혀진 시점에서, 그 업소는 군의 명령으로 폐쇄되었고, 책임을 져야 할 장교들은 처벌되었다. 이러한 전쟁범죄에 관여한 자는 그 후 네덜란드 법정에서 재판에 회부되어, 사형을 포함한 중형을 언도받았다. (이상 전문번역)

---

1) 섬이 아니라 항구도시 ‒ 필자주

사실 4

마이크 혼다 미국하원의원의 하원결의안 등은 거의 전 위안부들의 증언에 기한 것이다. 하지만 반일캠페인(운동) 개시 후, 위안부의 증언은 극적으로 변하였다. 하원공청회에서 증언한 위안부들은, 처음엔 업자에게 끌려갔다고 증언하였었는데, 후에 그녀들의 유괴범은 경관의 제복으로 보이는 옷을 입고 있었다고 주장하고 있다.

사실 5

일본군의 위안부는 성노예가 아니다. 그들은 당시 전 세계에 널려 있던 공창제도 하에서 일하고 있었다. 시민의 강간 방지를 위해 많은 나라들이 군용 매춘소를 설치하고 있었다. ─예컨대, 1945년 점령국 당국은 일본정부에 대해 미군병사에 의한 강간을 방지할 목적으로 위생적이고 안전한 위안소를 설치하도록 요청하였다.

이상이 요약된 광고내용이다. 위 광고는 내용을 모르는 외국인들이 보기에 그럴듯하게 보일지도 모르지만, 사실은 정반대로 내용은 거짓과 왜곡으로 일관된 것이다.

광고문안 중 「사실 1」에 대하여

1938. 3. 4. 육군통첩은 일본군이 위안부 강제모집과 군위안소 운영·통제에 직접 관여하였다는 것을 스스로 밝힌 꼴이 된 결정적 증거로, 1992년 1월 11일 부 일본 아사히신문이 전면기사로 폭로한 세계적인 뉴스이다. 이 기사는 앞에서 상세히 인용한 바와 같이 「사실 1」처럼 모집방법이 조악하여 군의 위신이 땅에 떨어졌으니, 유괴사실 같은 것이 드러나면, 처벌을 하여 사회문제가 되지 않게 하고, 위

안부 모집에 신중을 기하라는, 일본정부육군성의 위안소 설치지령 **통달문**이다. 그런데 광고 「사실 1」은 이 문제가 군관여와는 관계가 없다는 증거라고 전혀 엉뚱한 소리를 하고 있는 것이다.

또한 육군통첩에 들어 있는 위안부 필요성의 구실도 기상천외다. 이를 요약하면 '중국전선에서 일본군의 전황부진의 이유는 ① 위안부가 부족하면 군인들이 강간을 한다. ② 군인들이 강간을 하면 민심이 돌아서 게릴라가 되어 보급선을 교란한다. ③ 따라서 전세만회를 위해 군·관이 연대하여 위안부 공급에 만전을 기하라'는 것이다.

⋯ 「사실 2」에 대하여

1939년은 군과 관이 관여한 위안부 강제모집이 전국적으로 한창 성행하던 때이다. 중일전쟁이 중국군의 강렬한 저항으로 전선이 거의 점과 선으로 이어진 상태로 고착되어 있었고, 일본군의 점령거점 도시에 설치된 군위안시설의 급속한 확충이 요구되는 상황이 계속 이어졌다. 전선 확대에 따라, 1938년 한 해에 무려 100만 명의 일본군 대량증원이 이루어졌기 때문이다. 불과 1년 전에 육군통달이 있었음에도 부녀자의 강제연행은 도를 더해가고 있었다. 군위안소 외에 일반인 유곽도, 일본인의 대륙진출이 러시(Rush)를 이룸에 따라 공급이 달리기는 마찬가지였다. 그래서 진짜 악덕업자가 「동아일보 기사」와 같은 일을 저지르기도 하였다.

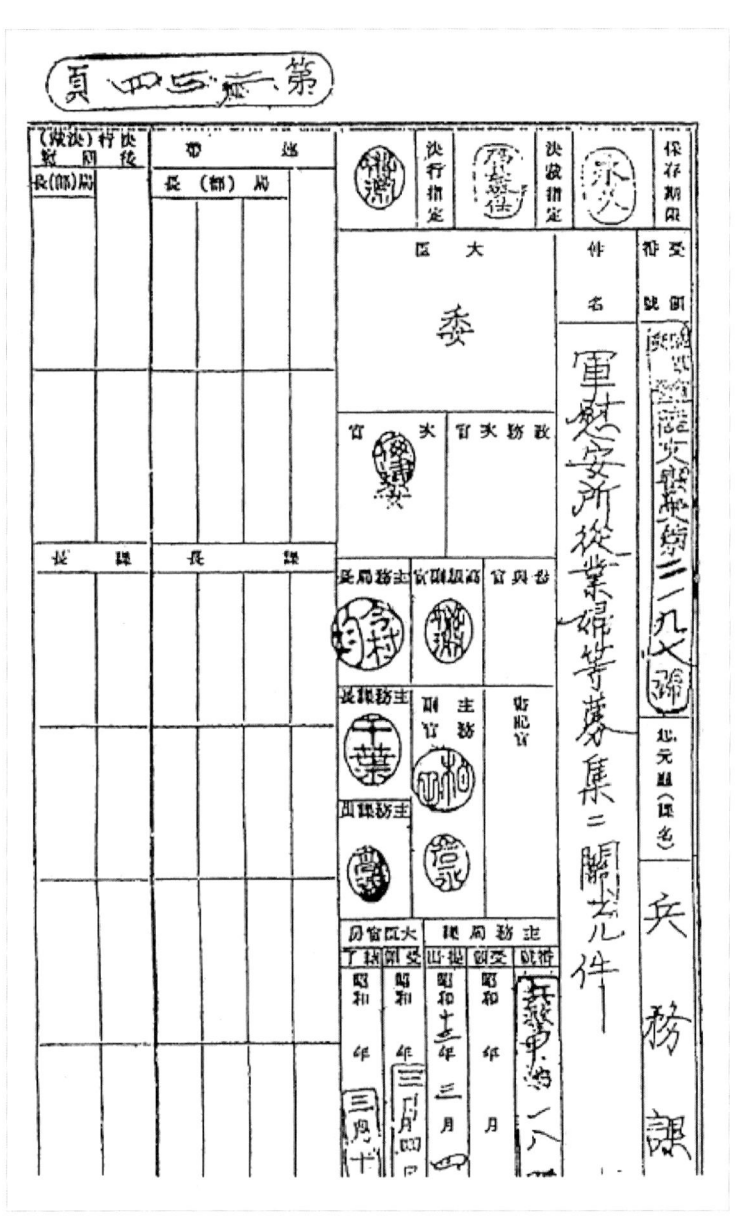

〈그림 1〉「육지밀제745호」1938년 3월 4일 군위안소종업부 등 모집에 관한 건.
차관날인란에 梅津의 날인이 보인다.

당시 조선의 부녀자들이 집단으로 연행되어 열차 편으로 만주와 중국으로 이송되는 광경은 거의 모든 열차편마다 목격되는 일상사였다. 필수품인 여행증명서와 기차 승차권은 관의 편의제공 없이는 한 장도 구하기 힘든 시기였다. 차에 타고나서도 관·헌의 감시와 검열이 샅샅이 차 칸을 뒤지고 다녀, 불법으로 압록강이나 두만강을 건넌다는 것은 불가능하였다. 부녀자 여러 명을 이끌고 국경을 넘는 것은 설령 위조되었더라도 분명 합당한 서류를 갖추었다고 봐야 할 것이다. 10명도 아니고 100명이라는 대규모 유괴사건이, 장장 1,000여km의 공간을 넘어 어떻게 일어날 수 있었을까. 일본의 군·경은 허수아비가 아니다.

이 당시엔 수백수천의 부녀자가 연달아 끌려가는 것이 통상적인 현상이었던 것이다. 이는 군·관이 관여한 정식 강제연행 사이사이, 이러한 가짜 악덕업자도 하나둘 끼어들 틈새가 있을 정도로, 강제동원 자체가 통제 불능 상태가 되어버렸다는 반증이기도 하다.

일본의원들은 이 유괴사건이야말로 부녀자의 강제 동원이, 전적으로 이들 악덕업자들에 의해 저질러진 확고한 증거라 주장하는데, 손으로 하늘을 가리는 것과 같은 이야기다. 모든 유괴(강제연행)사건이 악덕업자에 의해 저질러졌고, 일본 관·헌은 이들을 한두 건 단속하여 조선인 부녀자를 보호하였다는 주장이다.

일본군 관련문서에는 위안부 최소 인원을 군인 150명당 1명으로 명시하고 있다. 그러나 각 단위부대별 통계는 150명당 2~3명인 곳도 많이 보인다. 1939년도 재 중국 일본군과 관동군을 합치면 230만 명 안팎이다. 위안부수 추계는 최소 1만 4천에서 2만 3천 명이 된다.

이러한 수요를 간간이 발견되는 악덕업자에 의해 메운다 하면 말이 되겠는가. 한마디로 불가능한 일이다. 군의 관여가 문제가 아니라, 군이 적극적으로 개입해야 된다는 것이 자연스럽다. 군속을 내세워 (아래 수마랑처럼) 직영을 하든지, 업자에게 위탁을 하든지, 위생관리, 시설관리, 위안부 도주관리, 금전관리 등 군·관의 적극적인 통제와 대대적인 운영관리가 필요불가결한 것이다.

… 「사실 3」에 대하여

위안부 직접 강제 동원은 없었다고 주장하는 광고주들(의원들)이 인정한 유일한 강제연행이 바로 수마랑(Semarang) 사건이다. 이 사건은 군이 관여한 수많은 강제 동원의 한 예에 지나지 않지만, 이것마저 그들은 교활하게 왜곡시켜 가장 중요한 것을 거짓으로 얼버무렸다. 일본군이 범죄자들을 처벌하였으니 사건은 해결되었다는 것이지만, 일본군이 처벌하였다는 것은 전혀 사실이 아니다. 처벌은 전후에 네덜란드법정에서만 공판에 의해 내려진 것이다. 이 사건 공판기록에 의한 수마랑 사건의 전모는 이렇다.

1944년 1월 수마랑 간부후보생대隊 사령관 노사키能崎淸次의 보좌관 이케다池田 대좌(대령)와 오쿠보大久保 대좌는 수마랑 매춘소의 여성 부족과 성병 문제를 해결하기 위해, 네덜란드인 여성억류소에 있는 2만 명의 수용자 중에서 사람을 뽑아 새로 군위안소를 설치하는 제안을 사령관에게 한다. 노사키 장군은 반대는 안했지만, 자카르타의 제16군사령부의 인가를 받는 조건으로 허락한다. 이케다는 동경 출장 명령이 떨어졌기 때문에, 부하인 오카다岡田 소좌를 대리로 내세우고, 노사키의 승인서를 받아 제16군사령부와의 허가업무를 담당시키고 나서 자신은 동경에 장기출장을 떠난다. 오카다는 군사령부 병참장교로부터 여성들의 개개인 승낙서를 받는 조건으로, 장교전용 위안소 한 곳과 일본민간인용 세 곳의 인가를 받아냈다. 그리고 수마랑 주청州廳에 여성모집 수배와 4개의 위안소 개설준비를 지시했다. 이는 군인용이건 민간인용이건, 위안소 설치가 군의 감독을 받았다는 결정적 증거라 할 수 있다.

세심한 준비가 끝나, 2월 하순 수마랑 주변의 7개소의 네덜란드인 여성억류소에서 젊은 여성의 연행 작전이 수행된다. 맹렬한 저항에 부딪치면서도 4개소에서 36인의 여성을 연행하고 그 중 적어도 24명이 강제로 매춘을 당했다고 공판은 인정하고 있다.

다행히도, 4월 말 동경에서 시찰 나온 한 대좌에 의해 국제법 위반이 논의된 끝에 육군성에 보고되어, 유럽여성이 위안부로 있는 자바섬 전체 위안소는 폐쇄되었고, 5월 10일에 여성들은 원래 억류소로 돌려보내졌다.

그러나 책임을 져야 할 장교들은 광고 문안처럼 누구 하나 처벌은 커녕, 최고 책임자인 노사키 사령관은 다음 해 중장으로 승진되었고, 패전 직전에는 1등 공훈장까지 받았다.

전후 1946년 이 사건의 용의자 13명이 네덜란드법정에 기소되었다.

1948년 2월과 3월에 분리된 판결에서 군인 7명과 위안소경영자 군속 4명이 유죄판결로 중형을 언도받았다. 오카다는 사형, 노사키는 징역 12년, 이케다는 징역 15년, 사건 발안자 오쿠보는 연합군의 추적을 알고 47년 1월에 자살로 생을 마감했다. 사형수 오카다의 죄목은 강제매춘 목적의 부녀자 유괴죄, 강제매춘죄, 강간죄였다.

… 「사실 4」에 대하여

인권수호자 미국의 혼다 의원은 그가 파악한 진실과 양심에 따라 결의안을 제출한 것이다. 전 위안부들의 증언은 결의안이 제출된 한참 후에 공청회에서 있었던 것이다. 혼다 의원과 결의안 지지자들은 이들의 생생한 증언으로 그들의 정의로운 신념을 확인받은 것뿐이다. 증언내용을 검토하고 판단할 사람은 미국의원들이지 죄를 저지른 가해자의 나라 일본의원의 몫이 아니다. 후안무치厚顔無恥의 일본의원들은, 두 손 조아리고 결의안 표결을 겸허하게 기다려야 하는 것 아닐까.

전 위안부들은 그들의 한 맺힌 성노예생활의 참상과 강제연행 경위를 그 후로도 유럽연합의회, 캐나다, 네덜란드, 오스트레일리아 의회 공청회에서 증언을 계속해 사죄요구결의에 큰 역할을 담당하였던 것이다.

일본 의원들은 전 위안부들이 처음엔 업자에게 끌려갔다고 증언했다가, 후에 유괴범이 경관의 제복으로 보이는 옷을 입고 있었다고 하여 증언이 극적으로 바뀌었다고 하자를 붙이는데, 언어도단이다. 납치를 당한 사실 여부가 중요하지 70년 전의 일, 납치범의 복장까지 정확하게 기억을 해야 죄가 성립되는가. 더구나, 그 당시엔 일본에선 업자건 경관이건 큰 차이가 없는 국민복이라는 것을 입고 있었다.

위 「사실 1」에서 언급된 육군성 육군통첩에 기해 북지나방면군 참모장에 의해 산하 각 부대에 보내진, 위안소 설치를 요구하는 통첩에서는 '점령지구 내에서, 교통망의 파괴 등으로 치안회복이 진척되지 않는 이유가, 주민강간사건 등의 불법행위가 반일감정을 고양시켜, 군의 작전을 조해阻害하고 있기 때문이니 조속히 위안소를 설치하라'고 지시하고 있다.

이는 무엇을 의미하는가. 위안소 설치가 군 작전의 일환으로 군에 의해 설치되었음을 입증하는 것이다. 중국 내륙이 동서로 갈라져 남북으로 6,000여km에 달하는 점령지 내에 점점이 주둔하는 수백 개의 연대규모 단위로, 230여 만의 일본군 장병을 위해 설치된 위안소의 군위안부 수요를 추계하기는 쉬운 일이다. 이 폭발적인 수요의 주 공급원으로 강요당한 곳이 바로 조선반도이며, 그 대상은 지상에서 가장 엄격한 성도덕 윤리를 이어 받은 조선의 처녀들이었다는 분하고도 슬픈 역사를 우리는 기록해 두어야 할 것이다.

… 「사실 5」에 대하여

한마디로, 일반 유곽에서 성매매를 하는 공창(매춘부)하고 강제로 끌려가 군위안소에서 성노예로 그 일을 강요당한 군위안부가 같다는 주장인데, 유곽의 나라를 대표하는 일본 의원들의 이러한 가치관이 일본 국내에서는 보편적일지 모르지만 범세계적으론 도저히 용인될 리가 만무하다. 특히 피해당사자들에게는 상처를 더 깊이 찔리는 아픔이 될 것이다.

유곽이란 성매매를 주업으로 하는 개인사업체이며, 주인은 대개 야쿠자와 직·간접으로 연계되어 있는 것이 보통이다. 유곽에 들어

가고 나오는 것은 강제성이 없다. 계약이나 금전관계로 어느 정도 행동의 구속은 받겠지만, 성매매를 본인의 의사에 반하여 강요(강탈) 당하는 것은 아니며, 감금이나 감시를 항상 받는 것은 더욱 아니다. 유괴, 납치, 강간 등은 당연히 불법이며, 물론 경찰이나 법의 보호를 받을 수 있다.

군위안소는 엄연히 다르다. 일본 육군성 육군통첩에 의하여 군부대(연대 급)가 설치한 것이며, 운영은 수마랑처럼 위안소별로 군속을 임명·직영하거나, 군과 계약·허가·지정 등의 관계를 맺은 업자로 하여금 대행시켰다. 군의 적극적인 통제와 관여로 장소제공·위안부모집·이송·위생관리·도주감시 등이 철저히 감행된다. 위안부 모집은 군·관이 연계를 음밀히 하여 군의 직접관여를 위장하기 위해 업자를 전면에 세워 대행시켰으며, 그 과정에서 거의 전부가 회유·사기·유괴·강제연행 등의 불법이 자행되었어도 군·관에 의한 통제나 보호는 전혀 없었다. 특히 전쟁 말기에는 위안부사냥이라는 신조어가 나올 정도로 불법강제연행이 다반사였다. 더욱 악질적인 것은 정신대라는 이름으로 꼬여 창고 등에 가뒀다가, 군 트럭이나 열차·군용선편으로 중국은 물론, 멀리 남태평양제도와 버마까지도 끌고 갔다가 패전시에는 현지에 버려졌고, 거의 전멸하다시피한 일본군 패잔병과 운명을 같이하기도 하였다.

수마랑에서 네덜란드여성 24명의 강제매춘 때문에 11명의 일본인 전범자들이 사형과 장기중형을 언도받은 사건과 대비하면, 조선반도에서 수만의 처녀가 강제연행되어 매춘 강요와 감금 등, 네덜란드여성이 당한 능욕과 별차 없는 인권유린을 당하였는데, 이러한 천인공

노할 일본인 범법자들은 국제법을 어긴 것이 명백한데 어떠한 처벌을 받아야 할까. 허위의 덮개로 이들을 옹호하는 일본 국회의원 등은 다름 아닌 이들의 2세들이다. 설사 선대의 죄를 대신 단죄는 못하더라도 아직도 후유증에 시달리고 있는 전 위안부들에게 어떻게 더 큰 아픔을 주려는 것일까. 제국주의 침략에 대한 최소한의 반성이 있어야 하는 것이 인류의 보편적 기본질서가 아니겠는가.

그런데도 이들의 광고는 허위날조·왜곡으로 일관되어 있다. 어느 시대 어떠한 경우에도 유괴·납치는 용납될 수 없는 중범죄이다. 가령 수십 년 전 북조선에 의한 수십 명의 일본인 납치사건도 그렇다. 일본인은 그 사실이 밝혀진 이래 몇 년을 두고, 현재까지도 북조선을 강하게 규탄하고 있다. 당연한 일이다. 그렇지만 한국인이 당한 것은 일본인이 당한 수십 명의 1,000배나 된다. 70년 전에 유괴·강제연행된 것이고, 하나 더 강제매춘과 감금까지 당한 조선처녀가 수만 명이다. 그런 직접피해자가 아직도 여러 명 살아 있어 억울함을 절규하고 있는 것이다. 차라리 우리는 조용한 편이다. 자유를 사랑하는 세계 인권수호자들이 일제의 만행을 일제히 규탄하고 있다. 너무나 당연하고 고마운 일이다.

자유세계를 대표하는 미합중국 의회가 범세계적 정의실현 차원에서 2007년 7월 30일 일본군 「위안부사죄요구결의」를 만장일치로 가결을 하였다. 이것이야말로 일본이 침략전쟁 중에 조선여성에게 저지른 반인륜적 죄악에 대한 이해관계가 없는 제3국의 공명정대한 평가이며 동시에 응징이라 할 수 있을 것이다.

아래에 우리 역사에 영원히 기록되어야 할 미국 하원의 결의문을 적는다. 치욕의 역사인 동시에, 정의는 영원하다는 진실을 보여 주는 좋은 본보기라고 생각된다.

미국 하원 「위안부 사죄요구결의(H. Res. 121)」 전문全文

미합중국 하원에서

"일본정부는, 1930년대에서 제2차 세계 대전 중, 아시아와 태평양 제도의 식민지 지배 및 전시 점령기간에 있어, 일본군에의 성적 예속을 유일한 목적으로, 점차 세계에 「위안부」로 알려지게 된 젊은 여성들의 확보를 공식으로 행한 것이며, 일본의 학교에서 사용되고 있는 새로운 교과서에는 「위안부」의 비극이나 기타 제2차 세계대전 중의 일본의 전쟁범죄를 경시하려는 것이 있고, 일본의 공인과 사인이 최근 들어서, 「위안부」의 고생에 대해 일본정부의 진지한 사죄와 반성을 표명한 1993년의 가와노 요헤이 내각관방장관의 「위안부」에 관한 성명을 약화 또는 철회를 원하는 표명을 하고 있고, 일본정부는 1921년의 「부인 및 아동의 매매금지에 관한 국제조약」에 서명하고 있으며, 또한 (생략)"

이제 **이하가 하원의 인식이라는 것을 결의한다.**

"일본정부는

(1) 1930년대부터 제2차 세계대전 중의 아시아와 태평양제도의 식민지 지배 및 전시 점령기간에 있어서, 일본군이 젊은 여성들에게 「위안부」로 알려지게 된 성노예제를 강제한 것을 명확하고 애매함이 없는 형식으로 정식 인정하고, 사죄하고, 역사적 책임을 받아들여야 한다.

(2) 만일 일본의 수상이 그러한 사죄를, 수장으로서의 자격으로 공식성명으로써 발표한다면, 이제까지의 성명의 성실성과 자리 메김에 대해 반복성명은 의문을 해결하는 자세를 나타내는 것이 될 것이다.

(3) 일본군에 의한 「위안부」의 성노예화와 인신매매는 없었던 것으로 하는 여하한 주장에 대해서도, 명확하게 또한 공적으로 반박해야 한다.

(4) 「위안부」에 관한 국제사회의 여러 권고에 따라야 하며 동시에, 이 무서운 범죄에 대해 현재와 미래세대에 대하여 교육을 시켜야 한다.”

(WAM·VAWW-NET ヅヤパソ 가역假譯 2007년 11월 12일 판)

그 후로도 캐나다, 유럽연합의회, 네덜란드, 오스트레일리아 등 여러 나라에서, 비슷한 결의안이 의결되었다.

하나 더 밝혀야 할 것이 있다. 일본의원들이 '미국이 일본에게 위안소 설치를 요청하였다'는 허위사실을 「사실 5」에 적반하장 격으로 기술한 것에 대해서다.

내막은 정반대다. 1945년 8월 18일, 일본의 패전 불과 3일 후, 일본 내무성은 전국 도·부·현 등 단위행정기관에 통달로, 미군 진주 시에 미군에 의한 예상되는 강간에 대비하여, 매춘업자를 한데 모아 「특수위안시설협회」를 설치하라는 지령을 내렸다. 일본군이 점령지에서 저지른 강간사건을 염두에 두고, 미군도 당연히 그렇겠지 하고 지레 겁먹은 약삭빠른 술책이었다.

수일 후 매춘업자들은 「신일본여성에게 고한다」라는 신문광고를

내고 매춘부 모집을 시작한다. 패전하자마자 제일 긴급한 일본의 국
가사업이 매춘업이었던 것이다. 일본정부는 업자에게 우선적으로 융
자를 해 주고 매춘소를 설치한 것이다. 관할이 육군성에서 내무성으
로 바뀐 것뿐이다. 통상적인 군의 관여가 내무성의 관여로 군위안소
의 소속이 달라진 것뿐이다.

「위안부」 문제 2

　2009년 7월 8일, 『SAPIO』에는 「한일합병100년사죄론」에 반대하는 사꾸라이 요시꼬櫻井よしこ의 기고가 실려 있다. 그녀는 2007년 6월 14일 워싱톤 포스트지 「The Facts」 광고에 주도적 역할을 한 것으로 알려진, 일본의 극우를 대표하는 저널리스트 중의 하나다.

　그런데 놀랍게도, 그녀는 서울대학교 이영훈 교수 등이 집필한 『대안교과서 한국 근·현대사』의 일본어 번역판이라는 『大韓民國の物語(대한민국 이야기)』에 언급, 그중의 일부를 인용하고 있다. 즉 이교수의 글에 "한국 교과서에는 크게 4개로 대별하여 '① 조선의 토지 4할이 일본인에게 수탈되었다. ② 매년 수확된 쌀의 절반을 일본이 뺏었다. ③ 수십만의 여성이 정신대로 끌려가서 위안부가 되었다. ④ 650만 명이 강제 연행되어 노예처럼 혹사당했다'라고 쓰여 있는데 이것은 날조된 것이지 사실이 아니다."라고 되어 있다는 것이다.

　필자는 더 이상 읽는 것이 역겨워 책을 덮고, 사쿠라이가 잘못 쓴 것이겠지 하고 생각을 돌리면서도 뒷맛은 씁쓸하였다.

　그 후 수소문하여 읽은 이영훈의 『대한민국 이야기』는, 맥은 비슷하지만 대안교과서의 번역판이 아니라, 객관적인 근거가 제시되지 않은 이영훈의 제멋대로의 생각이 일본어로 번역된 이야기책에 불과하다. 하지만, 내용은 사꾸라이가 『SAPIO』에 인용한 것과 조금도 다르지 않은 것이 틀림없다. 그녀는 2008년도에 이영훈을 서울에서 만나 확인까지 하였다고 쓰고 있다.

이영훈의 『대한민국 이야기』 제7장 「일본군위안부 문제의 실상」
을 아래에 인용한다.

위안부와 정신대는 다르다

"현재, 대부분의 한국인은 정신대라면 일본군위안부라고 생각하
고 있다. 일본이 조선의 순결한 처녀를 정신대라는 이름으로 동원
하여, 일본군의 위안부로 삼았다고 말하는 것이다. (생략) 국어사
전(금성사)에는 「정신대」가 태평양전쟁 당시, 일본군위안부로 강
제적으로 종군한 여성들의 대오라고 나와 있다. 그 수치는 한때 20
만 명으로 역사교과서에 인용된 일이 있다.

그러나 「위안부」와 「정신대」는 내용도 경위도 전혀 별개의 것이
다. 한마디로 말하면, 정신대라는 것은 일본이 전시에 여성의 노동
력을 산업현장에 동원한 것을 일컫는 것이다. (생략) 공식결정은
1944년 3월이라는 말이 있고, 14세 이상의 미혼여성이 자발적으로
학교, 지역, 직장의 각 단위정신대로 조직되어, 군수공장에 가는
것으로 되어 있었다. 그러나 특단의 효과가 없어, 1944년 8월에 「
여자정신근로령」이라는 법령을 발동한다. 이 법에 기하여 12세부
터 40세까지의 미혼여성이 국가에 의해 공적으로 동원되어, 군수
공장에 보내졌던 것이다.

그렇지만 조선에서는 이 법이 시행되지 않았다. 즉, 1944년에
시행된 징병제나 징용령처럼, 국가가 행정력을 발동하여 여성을
동원하는 일은 없었다. 공적동원에는 반드시 영장이 있어야 하는
데, 조선에서는 어떠한 영장도 여성에게 발부된 적이 없었다. 영장
을 발송하려면, 국가는 면밀히 준비 작업을 해야 한다. 먼저 모든
인간의 직업능력을 등록시킬 필요가 있다. 호적지를 떠나 사는 사

람의 주거등록 같은 것도 정비할 필요가 있고, 동원후보자의 예비적 교육도 시키지 않으면 안된다. 하지만 여자를 대상으로 하는 준비 작업은 존재하지 않았다. 그렇기 때문에, 여자정신근로령이 일본에서 발동되었어도, 조선에서는 실행하려 하여도 객관적으로 할 수 없는 상황이었던 것이다.

조선에서 여성이 학교나 직장 단위로 정신대에 나간 것은, 사실상의 동원처럼 강제성이 없었다고는 단언하기 어렵지만, 표면상으로는 어디까지나 관의 알선과 자원에 의한 모집방식이었다. 가령, 선생이 학생더러 나라를 위해 정신대에 참가하라고 권유하면 학생 입장에선 강제나 다름없었을 것이다.(생략)"

위 「위안부와 정신대는 다르다」에서, 이영훈은 '조선여성이 영장에 기해 공적으로 강제로 끌려간 정신대원은 한 사람도 없다. 따라서 강제 연행되어 위안부가 되었다는 말은 성립되지 않는다'고 확고한 결론을 내렸다. '정신대란 위안부와는 전혀 별개의 것이고, 전시에 산업현장에 동원된 여성을 가리키되, 조선에서는 오직 알선이나 자원형식이었다'는 것이다. 그런데 그의 설은 어처구니없게 별다른 근거가 없고, '여자정신근로령이 조선에선 절대로 발동되지 않았다'는 개인적 맹신에 뿌리를 두고 있을 뿐이다.

이영훈은 칙령이라는 뜻을 이해 못하는 것 같다. 칙령이란 살아있는 신[일본왕]의 명령으로 이영훈이 준비가 안되었다 한다고 시행되지 않아도 되는 것이 아니다. 그리고 위안부 연행하는 데 징병제도와 같은 준비가 왜 필요한지 이해가 안된다.

이영훈의 정신대 낱말에 대한 시비도 정상적이 아니다. 국어대사전(금성사) 기술에도 논거 없이 부정적이다.

필자가 펼친 사전들2)에는 '태평양전쟁 때, 일제가 강제징집한 한국여성근로자와 위안부를 이르는 말'로 되어 있다. 뜻이 두 가지다. 올바른 기술이다. 이론의 여지가 있을 수 없다. 원래는 자원 또는 강제 징집된 근로여성을 칭하는 말이었다. 어원은 물론 일본어이고 '몸을 던져 일하는 무리'라는 뜻이다. 그런데 이 단어가 국어사전에 채택되면서 또 하나의 뜻이 붙은 것이다. 바로 '강제 징집된 위안부'다. 앞서의 '광고문안 「사실 5」에 대하여' 난欄에는 정신대라는 이름으로 위안부사냥을 한 일이 충분히 기술되어 있다. 낱말은 쉴 새 없이 만들어진다. 정신대·위안부만큼 한국여성에게 큰 고통과 공포를 준 낱말은 별로 없을 것이다. 이영훈은 왜 언어학의 기초를 무시하는 것일까. 우리말사전에 정착한 말을 부정하려면 정도를 밟아야 한다.

되풀이 설명하면, 조선의 전 국토에서 수많은 처녀들이 일부는 군수사업장으로 일부는 전선에 위안부로 끌려간 일로 해서, 정신대라 하면 위안부로, 당시의 모든 조선인 머릿속에 못이 박힌 것이다. 어느 쪽에 더 많이 끌려간 것은 문제 밖이었고, 성에 대한 엄격한 조선인의 유교적 정서가, 위안부로 인한 충격이 훨씬 강렬하였기에, 정신대 하면 우선 위안부를 연상하게 된 것이다. 이러한 사실은 일본 정부 차원의 「가와노담화」에서 구체적으로 다 인정하고 있다. 헌데 이영훈은 이 담화와 정반대되는, 차라리 일본 극우파보다 덜하지 않은 편향된, '강제 동원 및 위안부 부정론'을 고집하고 있다. 아베처럼 협의의 정신대론에 편집偏執되어 있는 것으로 의심된다.

당시 강제징집(연행)을 피하려고 해당 처녀들이 보따리를 싸들고

---

2) 에센스, 새동아, YBM 등 대부분의 국어사전

야간에 친척집을 찾아다니던 모습이 지금도 눈에 선하다. 물론 잡히면 강제연행이다. 농촌에선 정신대를 면하기 위해 결혼을 서둘러, 아기신부가 양산되는 일까지 벌어졌다.

각설하고, 이영훈의 허구적 상상의 날개를 접어야 할 순간이 다가온 것 같다.

칙령 제94호 「국민근로동원령」

1945년 3월 5일, 일제의 패전이 다가오자, 칙령 제94호 「국민근로동원령」이 공포되었다. 기존의 여러 동원령을 폐지하고 하나로 통합한 것이다. 이 칙령은 여자정신대의 조직을 명령하였고, 조선에서는 4월 1일부터 시행하라고 부칙에 분명히 명령하고 있다. 총독부는 1945년 3월 31일부로 시행규칙을 공포하고, 〈제18호 양식 정신근로령서〉를 발부하기 시작, 드디어 그 악명 높은 강제 동원의 구실이 붙게 된 것이다.

동령(同令) 제42조

근로상시요원으로서의 여자대女子隊조직(여자정신대라 칭한다)에 의한 근로협력에 관해 필요사항은 명령으로써 이를 정한다.

부칙

본령은 조선에 있어서는 동년(1945년) 4월 1일부터 시행한다.
여자정신근로령은 폐지한다.
본령 실시시 현 여자정신근로령에 의한 협력은 이를 본령에 의한 근로협력으로 간주한다. 이 경우 근로협력기한은 종전대로 한다.

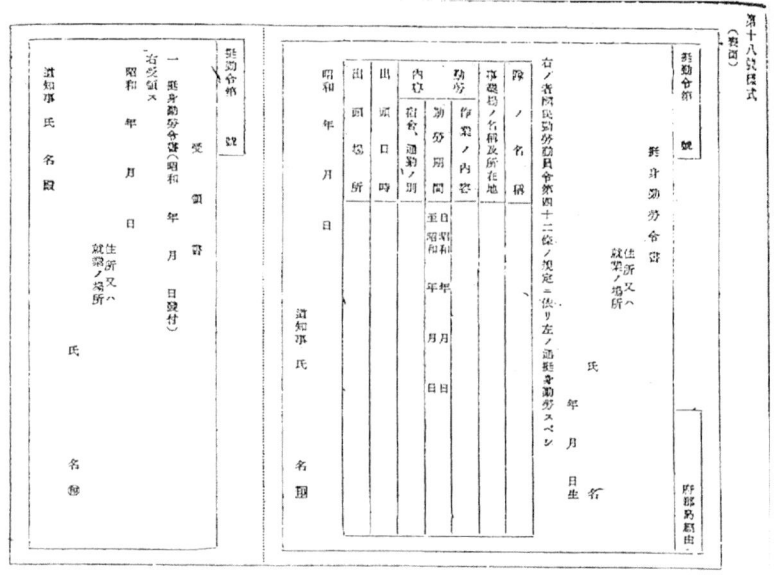

〈그림 2〉 조선총독부령 제41호 제55조에 의한 제18호 양식 정신근로령서 사본

1945년 3월 31일, 「조선총독부령 제41호 국민근로동원령 시행규칙」이 공포되었다.

동 규칙 제54조

여자정신대에 의한 근로 협력기간은 1년으로 하고 근로협력을 하는 기간은 특별히 필요할 경우 또는 본인의 동의가 있을 경우에 있어서는 이를 연장할 수 있다.

제55조

여자정신대대원은 칙령 제36조 제1항의 규정에 의하여 선정한 자의 보고에 기하여 도지사가 이를 결정하여 본인에게 그 사실을 제18호 양식의 정신근로령서로 통지하는 것으로 한다.

다음 단계는 「양식 제18호 영장」이 무수히 발부되는 것이 당연한 순서가 아니겠는가.

물론 그 직후 위 법령에 기한 뿌리째 싹쓸이(根こそぎ)동원이 조선반도에 태풍처럼 불어 닥쳤던 것이 엄연한 사실이다.

〈그림 3〉 조선인 정신대원
출처: 『일본의 역사』 15, 소학관

위 사진은 일본 하카다항에서 귀국을 기다리는 조선의 소녀들이다. 사진 우측에 '歸還 全羅南道北海道女子勤勞挺身隊'(귀환 전라남도북해도여자근로정신대)라는 깃발이 보인다.

1945년 11월, 일본 하카다항에는 조선인 1만5천 명이 조선으로 가는 귀환선 편을 기다리며 체류하고 있었다. 그중의 일부인 500명 정도의 여자정신대원들이 집에 돌아간다는 기대로 웃음을 머금고 환한

얼굴로 포즈를 취한 것이다.

종전시 북해도에 군수공장이 있었는지는 모르지만, 아마도 이들은 싹쓸이 동원된 남성노동자의 자리를 메웠던 것 같다. 이들의 전신이 학생들이 아니었던 것은 확실하다. 당시 전라남도에 조선인 고등여학생 수는 3,4학년을 다 합쳐도 300명을 안 넘었다. 또한 전라남도 출신 정신대원들이 전부 한꺼번에 북해도에 보내졌다고는 생각하기 어렵다. 따라서 징집된 정신대원들은 여러 번에 나누어져 조선과 일본 곳곳에 보내졌으리라는 것은 쉽게 짐작할 수 있다.

전쟁 말기 전라남도만의 정신대원 총 누계가 수 삼천에 달할 것이라는 추정이 사리에 어긋나는 것이 아님을 알 수 있다. 조선에는 13개도가 있다. 조선 전체에서 징집된 정신대원 수가 결코 작지 않다는 것이 확연하다. 최소 수만 대이며, 10만 대를 넘을 수도 있다.

위 사진이 제18호 양식「정신근로령서」의 남발과 정신대원·위안부 사냥이 있었다는 수많은 증언을 뒷받침하는 정황증거가 아니고 그 무엇이란 말인가. 이 사진 속의 정신대원 대집단이 조선의 13개도 중 하나의 전형임을 여실히 입증하고 있다.

이영훈은 위안부와 정신대는 다르다는 주장에 이어, 이 두 개를 전 국민이 같은 것으로 혼동하고 있는 것은, 정치화된 역사가에 의해 인위적으로 만들어진 역사책과 매스컴 소설 등의 영향 때문이라는 주장이다. 이영훈의 기술은 아래에 이어진다.

혼동하는 기억이 성립하는 과정

(생략) 정신대의 실태가 원래 위와 같은 것이었기에, 1950년대까지는 정신대를 위안부와 혼동하는 한국인의 집단적 기억은 아직

성립되어 있지 않았다고 생각된다. 예컨대 1946년에 발표된 이태준의 소설 『해방 전후』 장면에선 정신대는 특공대와 같은 뜻으로 사용되었고, 1952년 신석호가 쓴 교과서에는 정신대를 노동자로 표현했으며, 1969년 발표된 김정한의 소설 『수라도』에서 처음으로 군수공장에 끌려간 정신대원이, 소문에 의하면, 중국남방에 위안부로 끌려갔다고 묘사된다. (생략)

기억의 집단화, 공식화

1979년에서 1982년경에는 역사교과서에 '젊은 여성들까지 산업시설과 전선에 강제적으로 끌려갔다'라는 기술이 나와, 처음으로 위안부를 암시한 말이 교과서에 등장한다. 1983년에서 1996년에 걸쳐 '여성들도 침략전쟁의 희생물이 되었다'로, 1997년에서 2001년 교과서에 이르러 '이때, 여성까지도 정신대라는 이름으로 연행하여, 일본군의 위안부로서 희생되었다'로 기술, 정신대와 위안부를 같은 것으로 간주하는 기술이 명백하게 성립되어 있다. 이후, 2002년부터 현재까지는 '젊은 여성들을 정신대라는 이름으로 강제 동원하여, 군수공장 등에서 혹사시키고, 그중에 일부는 전선에 연행하여, 일본군의 위안부로 삼는 만행을 범했다'로, 다소 변했지만 위안부가 정신대로 동원된 여자들이라는 점은 동일한 글 뜻의 기술로 보인다.

이영훈이 유도한 결론은 역사교과서, 매스컴, 소설 등의 왜곡된 기술과 보도로 인해, 전 국민의 집단기억을 잘못 성립시켜, 위안부와 정신대를 동일시하는 혼동이 성립되었다는 것이다. 그렇지만, 이영훈은 위 역사기술이, 왜곡·과장·잘못되었다고 주장하는 근거나 사료를 하나도 제시하지 못하고, 소설 몇 편의 장면묘사를 예시하였을 따름이다. 조선에선 정신대영장이 발부되지 않았다는 그릇된 인식에 사로잡혀, 일종의 환각상태에서 빠져나오지 못하는 것이다. 그는 또한 낱말의 뜻을 제대로 이해 못하는 결함을 갖고 있다. 「정신대이름으로」를 올바르게 해석하지 못하는 것 같다. 이는, 위안부라는 이름으로 모집하면 극히 소수의 인원밖에 확보가 어려우니까, 군이 내세운 모집주체가, **이름을 빌려서** 대우가 좋은 일터에 가는 정신대원 모집이라고 속이고 꾀어, 일부는 군수공장에 일부는 위안부로 강제 연행한 실제 사실을 기술한 것이다. 이는, 이미 육군통첩, 가와노담화, 전 세계의 매스컴, 일본의 정통 역사학자들 등에 의해 입증되고 확인된 명백한 역사적 사실이다. 이영훈이나 미즈마 같은 일본극우와 밀착한 역사수정주의자들이 이제 와서 유력한 근거나 확연한 입증자료 없이 역사왜곡을 도모하고 있는 것이다.

우리의 역사교과서는 위와 같은 새로운 사료의 발굴·출현에 따른, 공적으로 입증된 역사자료에 의거하여 기술해 나왔다는 점을, 역사 문외한인 이영훈은 이제라도 명심해야 할 것이다.

부연할 것은, 1979년도까지 교과서에 위안부에 관한 기술이 없었던 것은, 당시까지만 해도 매춘과 같은 성에 관한 묘사언어가 청소년들 앞에서 언급되는 것이, 한국인의 정서상 터부(taboo)시되어 왔기 때문이다.

이영훈은 1960년에서 1979년까지를 위안부와 정신대가 같다는 집단적 기억증의 성립기간으로 잡았는데, 그러한 집단적 기억증이란 한국에선 전혀 없었던 일이다. 혹 좌파사회주의나 군국주의 절대독재국가에서의 이데올로기적 집단최면처럼, 외부정보 차단에 의한 조작된 집단기억의 성립은 있을 수 있는지 몰라도, 대한민국 같은 교육수준이 높고 외부세계에 개방된 민주국가에선 불가능한 일이다. 위안부와 정신대를, 무슨 집단적 기억 운운하며 혼동하고 있다고, 마치 초등학생 정도로 온 국민을 비하하는데, 국어사전의 기술까지 부정하는 혼동의 장본인은 다름 아닌 이영훈 자신과 소수의 그를 추종하는 자들의 이야기이다.

　참고로 이영훈의 위 소위 집단적 기억증의 성립기간이라는 시기 (60년대에서 79년) 훨씬 이전인 1950년대에, 이미 한국의 국어학의 태두인 이희승박사 편저로 조선어대사전 편찬 작업이 진행되고 있었다. 무려 4,770여 쪽에 달하는 방대한 작업이 오랜 각고 끝에 완료되어 1961년도에「민중서림」에 의해「국어대사전」으로 발간되었다. 동 3,381쪽에 실려 있는「정신대」의 뜻은 다음과 같다.

정신대[挺身隊] : ② [역] 태평양전쟁 때 일제가 '여자 정신대 근무령' 에 의거 강제징집한 일단의 한국여성 근로자와 위안부에게 붙여진 명칭. 주로 일본군의 종군위안부로서 전선에 배치되어 그들의 성적 노리개로 이용당하다가 종전과 함께 무참하게 도태·말살되었음. 여자 정신대.

　위 내용이야말로 일제의 학정을 실제 겪었던, 모든 조선인이 체험한 역사적 사실의 기술이다. 이영훈은 어떻게 감히 아무 증거도 없이 자기 생각만으로 역사를 수정하려 하는지, 학자다운 일이 아니다.

조선인 위안부의 추계

일본군에 의한 조선인 성노예 희생자는 얼마나 될까?

이영훈은 국사교과서에 수십만 명에 달하였다고 기술된 것은 크게 과장된 것이라고 주장한다. 그러나 그는 그의 주장의 근거나 그 자신의 추계는 끝내 제시하지 않고, 위『대한민국 이야기』에 장장 50쪽의 지면을 할애, 「자가위안부학」이라 할 수 있는 강의를 쓰고 있다. 그의 이야기를 조금 더 인용한다.

> 위안부총수는 2만에서 20만까지, 연구자에 따라 설이 각각이다. 그중 조선인위안부 수가 얼마쯤인가는 여러 증언과 자료를 총괄하면, 추측은 어렵지 않다. 예컨대, 후지나가藤永의 논문에, 전후 상하이를 통해 귀국한 위안부는 1,400명 정도. 화중華中지역이 대략 그 정도이니까, 그 지역 주둔 일본군의 수를 알면, 중국전토에 분포된 조선인위안부 수는 대략 추계가 가능하다. 같은 방법으로 동남아세아나 남태평양에 흩어져 있던 위안부 수도 추계가 가능할 것이다. 여하튼, 일본군위안부의 8할에서 9할이 조선인 여성이었다는 주장에는 찬성할 수 없다. (생략)"

고 암시할 뿐, 그의 어떤 추계도『대한민국 이야기』속엔 안 나타난다.

그의 다음과 같은 의도가 드러나 보인다. 1940년대 초기, 중국에 주둔 중인 일본군 총수는 160만 내외, 화북·화중·화남으로 3분하면, 화중은 대충 50만이다. 이에 대한 위안부 수치를, 그는 1,400명으로 잡았으니까『대한민국 이야기』138쪽에 제시된 전 일본군 280만으로 환산하면 조선인위안부 총수는 7,840명이다. 이 숫자가 상식을 벗어날 정도로 작기 때문에 슬며시 뺀 것으로 짐작할 수 있다. 이영훈은 더 나아가, 전혀 근거도 없이 '내가 보는 바로는 당시 중국에서 일본군 위안부 수가 가장 많았던 것은 중국여성이었는데, 중국인들의 비판은 별로 크지 않다'고 쓰고 있다.

허나, 이영훈이 잣대로 사용한 후지나가의 1,400명은, 양심 있는 일본인 통솔자로서 종전 후 그가 상하이에서 직접 인솔해 나온 숫자이지 화중의 조선인 위안부를 전부 망라한 것은 아니다. 이보다 훨씬 더 많은 나머지는 일군에 의해 현지에 버려져, 각자 사력을 다해 소집단으로 귀국하였으며, 현지 잔류·사고자 등은 절망적 상태에 놓여 있었다. 이는 일본군 전 주둔지에서 공통적인 현상이었다.

이영훈은 별의별 상황을 끌어들여, 교과서가 과장되었다고 주장하며 위안부 수를 최소로 줄이는 방증으로 삼으려 하는 것이 눈에 엿보인다. 그는 오랜 인류역사에서 전쟁이 원래 구조적으로 강간을 발생시켰다면서, 소련군이 베를린 여성의 50%인 대략 10만 명을 비롯하여 콩고, 우간다 등에서 대량의 강간을 자의로 행하였다 하고, 세르비아에서의 집단강간 등을 언급하였다. 하지만 정작 우리와 직결된 악명 높은 일본군의 강간과 성노예 향락에 대해선 일언반구도 없이 교묘히 우회시키고, 도리어 '일군위안소의 군·관 연계에 의한 불법관리 매춘제도를 합리적 선택으로 이해가 된다'고 아량을 베풀고 있다. 한마디로 다른 나라에 비해 일본군의 성노예제도가 양질이라는 것이다.

그리곤, 그는 난데없이 한국전쟁시의 한국군 위안소의 자세한 묘사와, 미군의 성생활에 관한 이야기로 말머리를 돌린다. 세밀한 통계치를 동원하여 성병 수치까지 거론한다.

그의 말에 의하면, '1962년에 등록된 2만 명 이상의 미군위안부(양색시)가, 6만 5천 명의 미국병사에게 성적 서비스를 제공하고 있었는데, 이러한 매춘시장을 경유한 한국여성이, 1980년대까지 100만 명(『대한민국 이야기』, 160쪽 참조)을 넘었다'고 한다.

이영훈은 15년 전쟁기간에 동원된 일본군 병사의 총수 719만여 명(전사자 230만 포함)에 18만 명[3]의 조선인 위안부는 과다하게 부풀린 수치라고 서슴없이 단정한다. 그러면서도, 주한미군 6만여 명(1960년대 이후는 월남전에 차출되어 3만여 명으로 감축)에는 30년간에 거쳐 간 위안부가 100만 명이라고 예사롭게 말하고 있다. 도저히 보편적 상식으론 납득되지 않는 이야기다. 일본군은 세계유수의 부도덕한 성수탈자로 정평이 난 군대다. 미군이 이보다 수배도 아닌 수십 배에 달하는 1인당 성욕발산기록을 한국에서 세웠다는 이야기이다.

여기서 태평양전쟁 말기의 일본군 위안부 총수를 추계해 본다. 1945년 8월 종전시 일본군 총병력은 해외 350만과 본토 방위병을 합쳐 500만 내외라고 일본역사서에 나와 있다. 위안소는 연대(약 3,000명)단위로 설치되어 있었다. 연대 당 최소 1개소, 주둔지가 도시인 경우 2~5개소도 허다했다. 평균 2개소로 계산해도 3,300개소가 넘는다. 위안소당 위안부 수를 20~50명으로 잡으면 위안부는 6.6만에서 16.5만 사이다. 여기에 15년 전쟁기간에 거쳐 간 위안부 누계를 고려하면, 그 수는 교과서에 수십만이라 하여도, 30년간에 100만여 명의 양색시가 6만의 미군을 거쳐 갔다는 이영훈의 기술에 비하면, 훨씬 현실적인 수치이다.

---

3) 《「위안부」 문제 1》 중 일본군의 위안소 관여 ─ 대다수는 조선인 여성(아사히신문 해설) 부분 참조

조선인 성노예들은 어떻게 끌려갔는가

이 문제는, 필자로선 더 이상 부언할 말이 많지 않다. 앞에서 제 논거를 제시하여, 충분히 논증하였다고 믿는다. 한 가지 미흡한 것은 이영훈의 『대한민국 이야기』중의 주장을 독자에게 알린 것이 충분하지 않은 것으로 생각되, 독자의 판단을 돕기 위해 그의 주장 중 주요한 대목을 원문대로 좀 더 소개하기로 한다. 이영훈은 그의 일본어 번역판을 존어尊語로 집필하였다. 그러한 뉘앙스를 살리기 위해 이하 인용은 원문대로 존어로 하겠다.

앞에서 밝혔듯이 이영훈의 한결같은 주장은, 위안부가 강제로 연행된 것이 아니라는 것이다.

이영훈의 제겐설(*女衒說*, 여현설)

이영훈은 『대한민국 이야기』144쪽에서 다음처럼 자문자답한다.

조선의 여성들은 어떻게 일본군 위안부로 보내졌을까. 이것이 위안부 문제의 가장 중요한 부분입니다.

내 답의 하나가 제겐(*女衒*: 일본 에도시대 매춘부 매매업자)입니다.

제겐이 그녀들을 만주, 중국, 동남아세아, 그리고 남태평양으로 보낸 것입니다. 지금 생존하는 위안부 175명의 증언에 의하면, 175명 중 62명이 협박과 폭력에 의해, 82명이 취직알선 사기에 의해 위안부가 되었습니다. 간호부나 여자군속 모집을 사칭하는 것도 조달방법의 하나였습니다. 신문에 위안부 모집 광고를 내는 방법도 있었습니다. 이상이 여성들을 데리고 간 여러 경로에 대해서입니다. (생략)

이영훈은 위에서 위안부 모집 과정의 불법성에 대해선 인정을 하고 있지만, 가장 중요한 누가 범죄를 저질렀느냐에 있어서는, 엉뚱하게 가공의 「제겐」이라는 매춘부 매매업자를 일본 에도江戶시대에서 데려온다. '가와노담화'에 담겨 있는, 위안소 설치, 위안부 모집과 이송에 일본군이 직접 관여하였고, 관헌이 강제모집에 직·간접으로 가담했다는 사실마저도 일본의 우익과 손을 맞춰 전부 부정한다.

그의 주장은 제겐이 조선인 성노예 수만 명을 인솔하고 일반인의 통행이 완전히 차단된 전쟁 말기의 태평양전쟁터 전 지역을 유령처럼 자유롭게 누비고 다녔다는 것과 다름없다.

위안부 이송경로만큼 위안부 문제에 군이 직접 관여하였다는 극명한 증거도 드물 것이다. 생존하는 전위안부 80여 명의 증언에서 밝혀진 사실은, 징집지에서 위안소까지 위안부 이송이 전적으로 군관의 주도로 이루어졌다는 사실이다. 이영훈이 주장하는, 제겐에 의한 전적 이송설은 유아적 좁은 시야로 만들어낸 이야기에 지나지 않는다.

제겐(일본뚜쟁이)이 데리고 다니며 공급하였다는 조선여성은 대부분 만주와 중국대륙에 산재한 일본인 유곽이 대상이었다.

북만주에서 중국대륙을 남하하여 인도지나(베트남)와 버마까지, 그리고 남동태평양 제도를 타고 일본본토에 다다르는 광활한 지역에 산재한 수백·수천의 위안소와, 수만을 넘어 아마도 10만 단위의 위안부에 관한 이야기다. 이를 전부 골고루 배분, 유지, 관리하려면, 이토록 거대한 조직이 일사불란하게 작동하는 데는, 현재와 같이 컴퓨터나 인터넷이 있는 것도 아니고, 적어도 일본 육군성 수준의 관리운영 주체가 반드시 있어야 한다. 육군통첩이 바로 이러한 사정의 단면을 여실히 드러내고 있다.

<表2-1>朝鮮人元軍隊慰安婦の移送における経路・手段を中心に

地域	名前	徴集年月	移送経路 (徴集地→経由地→最初の軍隊慰安所)	主な移送手段	最初の軍隊慰安所の所在地
中国	崔イルレ	1931	靈岩→光州?→大田→京城→平壌→満州	軍人トラック・汽車	満州
	李鳳和	1932	金泉→大邱→奉天	汽車	奉天より近距離
	張春月	1936	黄州→天津→武漢→湖北省廣水	汽車	湖北省廣水
	金徳珍	1937	宜寧→群北駅→釜山→長崎→上海	汽車・船・トラック	上海
	呉オモク	1937	井邑→大田→満州	汽車	満州
	河順女	1937?	光州→麗水→大阪→上海	汽車・船	上海
	裴ゾッカン	1938	鎮安→全州→巨文島→釜山→大連→上海→杭州	汽車・船	杭州
	洪江林	1938	金泉→奉天	汽車	奉天
	鄭学鉄	1938	釜山→ハルビン	軍用トラック・軍用汽車	ハルビン
	李採玉	1938	永川→大邱→平壌→中国関東	汽車・軍用車	中国の関東
	宋神道	1938	大田→平壌→天津→漢口→武昌	(汽車)	武昌
	呂福実	1939	長興→光州?→天津	トラック・汽車	天津
	李得男	1939	牡丹江→漢口	汽車	漢口
	林グマ	1939	漢山→漢口	—	漢口
	金春子	1939	清津→牡丹江→東安省	汽車・軍用車	東安省
	全錦花	1940	京城→清津→ハルビン→黒河	軍用汽車・トラック	黒河
	文玉珠	1940	大邱→安東→奉天→東北部東安省	汽車・軍用トラック	東安省
	朴必蓮	1940	釜山→天津	汽車	天津
	金学順	1941	北京→鉄璧鎮	汽車・トラック	鉄璧鎮
	黄錦周	1941	咸興→吉林	軍用列車・トラック	中国の東北地方
	洪愛珍	1942	統営→馬山→釜山→上海	汽車・軍用船	上海
	文ビルキ	1943	晋陽→釜山→京城→平壌→新義州→満洲	トラック・汽車	満州
	河君子	1944	礼山→京城→平壌→丹東→天津→南京→蕪湖・漢口	汽車・船	漢口
台湾	金ブンソン	1937	漆谷→大邱→釜山→日本→奉天→台湾	トラック・船	台湾の新竹
	李玉粉	1937	蔚山→釜山→下関→台湾	船	台湾の彰化
	廉キョンベン	1939	陜川→馬山→釜山→下関→台湾の基隆	ジープ・船・飛行機	台湾の基隆のオカヤマ
	朴ドゥリ	1940	密陽→釜山→台湾の彰化	船	台湾の彰化
	李容洙	1944	大邱→慶州→馬山→平安道安州→大連→上海→台湾	汽車・船	台湾
広東	朴ヨニ	1938	馬山→釜山の草梁→下関→台湾→広東	船	広東
	李英淑	1939	梁山→釜山→新義州→釜山→下関→台湾→広東	汽車・船	広東
	金ボットン	1941	密陽→釜山→下関→台湾→広東	バス・船・貨物船・トラック	広東
南方	李相玉	1936	京城→釜山→下関→パラオ	汽車	パラオ
	姜ムジャ	1941	新馬山→釜山→下関→広島→パラオ諸島のコロール島	トラック・汽車・船(ミトマル・大阪丸)	パラオ諸島のコロール島
	孫パニム	1941	晋州→馬山→釜山→下関→門司→広島→ラバウル	汽車・船	ラバウルのノンテブ
	朴順愛	1942	京城→釜山→下関→ラバウル	汽車・船	ラバウル市内
	文玉洙	1942	大邱→釜山→台湾→シンガポール→ビルマのラングーン→マンダレー	汽車・船・軍用トラック	マンダレー
	李用女	1942	京城→釜山→台湾→シンガポール→ビルマのラングーン	汽車・船	ラングーン
	全テソン	1944	康津→光州→京城→仁川→釜山→大阪→サイゴン→ビルマのラングーン	バス・汽車・船・トラック	ラングーン
朝鮮	崔貞礼	1942	京城→清津→咸鏡北道雄基	汽車	雄基
	尹ドゥリ	1943	釜山→日本→釜山影島	軍用トラック・船	釜山影島第一慰安所
日本	裴ボンギ	1943	興南→京城→門司→下関→門司郊外→鹿児島→那覇→渡嘉敷島	汽車・船(軍用/御用編送船のマライ丸)	沖縄の渡嘉敷島
	姜徳景	1944	富山県→地名不明	トラック	日本国内
	金郷順	1945	広島→大阪 (?)	汽車	日本国内(大阪?)

備考：①同表の移送経路地及び手段は、朝鮮人元軍隊慰安婦の証言に出ているものを基に作成している。宋神道の場合のみ、移送手段は引用者の判断による。
②移送経路地は、軍隊慰安婦として徴集された徴集地を基準に、経由地、最初に到着した軍隊慰安所の所在地までを列挙した。彼女らのほとんどは、その後も数回にわたって移動させられているが、詳細は第二部第六章で後述する。

〈그림 4〉 위안부 이송경로

〈그림 4〉의 표가 명시하듯이 이송수단은 군용열차 · 군용수송선, 그리고 주둔지역에서는 군 트럭이 이용되었다. 또한 군 인원 수송에는 특송용 화물열차의 사용도 빈번하였기 때문에 조선여성 이송에는 안성맞춤이었다. 당시 경성역을 통과 · 출발하는 대륙행 급행열차에는 빠짐없이 한두 량의 군전용객차가 연결되어, 조선여성들이 무리를 지어 이송되는 것은 흔한 광경이었다. 전쟁 말기에 필자가 경인선으로 통학하면서 경성역 홈에서 거의 매일 직접 목격한 장면들이다.

더구나 모든 수송선은 육군병참총감 관할 하에 있었기 때문에 군의 직접적인 인솔은 몰라도, 뚜쟁이가 인솔하는 여성 집단이 승선한다는 것은 상상도 할 수 없는 상황이었다.

위 이송경로에서 인솔과 감시는 당연히 군인과 군속이었다. 특히 열차편이 없는 현지에선 100% 군 트럭에 의존해야 했던 것은 자명한 이치이다.

앞서 밝힌 것처럼(≪「위안부」 문제 1≫, 일본군의 위안소 관여), 위안소 사업은, 강간방지와 군의 사기 진작, 현지 민심 회복을 위한 작전장애제거 등의 목적을 지닌, 일제침략전쟁수행의 주요 수단 중 하나였다. 따라서 제겐이라는, 기껏 수십 수백이나 다룰 수 있을까 말까 하는 개별 매춘부 매매업자들이 감당할 수 있는 일이 절대로 아니다. 즉, 일본 관 · 헌의 직접적인 통제 · 관여 하에, 모집 · 이송 · 위안소 설치 · 운영 · 관리 · 제반비용확보 등의 업무는, 범국가적 조직에 의한 처리가 필수적인 것이었다.

자진응모설

둘째로 이영훈은 위안부 자진응모설을 들고 나왔다

여성들의 행렬이 위안소를 향하는 것은 그 당시 상식이었습니다. 당시 법으로 인신약취, 취직알선사기에 해당하는 중대범죄였습니다. 그런데도 관헌은 그것을 묵인하고 여행증명서를 발행함으로써 협력한 것입니다. 그래서 모집문구에 이끌려서 여성들이 열을 지어 끊임없이 위안소로 향한 것입니다. (『대한민국 이야기』, 148쪽)

내 생각으론, 농촌의 곤궁이 너무나 심해, 여성들을 밀어내는 힘이 강력하였기 때문에, 외부에서 그것을 잡아당기는 힘도 강력하여, 관의 입장에선 굳이 강제력을 동원하지 않아도 괜찮은 상황이었습니다. 방관하고 있기만 하여도 저절로 작동할 정도로, 활발하게 회전하는 인신매매의 시장이 성립하고 있었던 것이겠지요. (『대한민국 이야기』, 167쪽)

위 이영훈의 기술을 요약하면, ① 여성들의 행렬이 위안소를 향하는 것은 그 당시의 상식 (생략), ② 모집문구에 이끌려서 여성들이 열을 지어 계속 위안소로 향한 것 (생략), ③ 강제력을 동원하지 않아도 괜찮은 상황이었기에, (이영훈의 생각으로는) 방관하고 있기만 하여도 저절로 인신매매시장이 성립되고 있었다는 주장이다.

이것이 정상적인 사고력을 가진 한국인의 기술이라고는 믿어지지가 않는다. 역사적 중대 사항을 이영훈은 자기 개인의 생각이라고 단서를 붙여, 전혀 사실이 아닌 근거 없는 이야기의 날조를 서슴지 않고 있다. 위안부 강제연행을 직접 당한 사람과 목격자의 증원은 못 믿겠다는, 일본 극우역사수정주의자와 손을 맞잡은 정치화된 사이비 한국 역사가에 의해, 인위적으로 자국 역사를 왜곡하려는 개인의 야망을, 위안부 자진응모설에서 뚜렷이 엿볼 수 있는 것이다.

가부장적 여성지배설

셋째로 이영훈은 18세기까지 소급하여 일본군 위안부사건의 저변에는 남성의 가부장적 여성지배라는 조선의 전통적 성문화가 깔려 있다는 황당한 주장을 펼친다. 그는 그러한 문화를 19세기와 20세기의 소설 작품을 예로 들 수 있다고 기술한다. (소설 내용 생략) 그의 『대한민국 이야기』는 이어진다.

이러한 난잡한 성문화에 기하여, 조선에는 이미 전근대사회부터 상당한 정도의 매춘업이 발전하고 있었습니다. 자칫하면 일본이 공창제를 조선에 도입한 것처럼 말이 되고 있습니다만, 그것은 사실이 아닙니다. 전통시대를 아무렇게나 미화해서는 곤란합니다. 주지하는 바와 같이, 이조(조선)시대에는 국가가 공식으로 운영한 기생이라는 성노예제도가 있었습니다. 그리고 서울에는 지방에서 단신으로 상경해오는 관료들을 위한 첩시장이 발달하고 있었습니다. 첩의 월급은 시세로 결정되고 있었습니다. 일본처럼 영업허가를 받는 공창은 없었습니다만, 그 대신, 어느 여자가 양良이고 어느 여자가 창娼인지 쉽게 구별할 수 없을 정도로, 민간에 매춘업이 난입되어 있던 것이, 전근대의 조선사회였습니다. 그래서 18세기의 어느 유생은, 당시의 문란한 성도덕을 가리켜 '음풍淫風이 만연하여, 마을마다 음부淫婦가 아닌 여자가 드물었다'라고 말할 정도였습니다(한국고문서학회, 『조선시대생활사 2』, 역사비평사, 113쪽).
(생략) 여성들을 일본군의 위안부로 내몬 것은, 이와 같은 전근대
적 성도덕이나 가부장제 문화에 큰 책임이 있습니다.

여기서 위안부 문제를 떠나서, 위의 기술이 한국의 전통적인 유교
적 성문화에 대한 중대한 도전임을 지적하지 않을 수가 없다. 필자
는 사안이 매우 중대함을 깨닫고 곧바로 논리적 대응을 모색하기로
마음을 돌린다.

위 기술의 근거로, 이영훈은 또다시 19~20세기의 흥미 위주의 난
잡한 풍속소설의 상황 설명과, 18세기 한 유생의 잡설을 인용하였
다. 그는 일고의 가치도 없는 저속한 소설내용을 역사자료라고 착각
하고 있다. 더욱 한심한 것은 그 자신이 쓴 문장을 무슨 학회가 발간
한 역사서라고 인용한 것이다. 그것인 즉, 위 『조선시대생활사 2』에
들어 있는 이영훈 자신이 집필한 문장에서 그가 인용한 『패림稗林 6
권』-「송설잡설松㘩雜說下 하11」의 중간부분이다. 내용의 사실 여부를
떠나서 『생활사 2』에 인용한 것 자체가 잡설雜說에 불과하다. 그것도
전후를 잘라내어, 권력자로 하여금 음풍을 방지할 교화책을 강구하
라고 호소하는 「송설잡설」 저자의 의도가, 이영훈에 의해 전도되어
있다. 장소도 유생이 살고 있는 고을로 한정된 지역에서의, 노비들
의 성풍속도에 경종을 울리는 취지로 기술한 것에 지나지 않는다.
이영훈은 이것을 자의로 크게 확대시켜, 공간은 조선사회 전반으로,
시간은 18세기에서 20세기까지, 마치 조선의 성관습이 수세기에 걸
쳐 문란의 와중에 처해 있는 것처럼 과장하고 있다. 침소봉대 정도
가 아니라 침소목대다.

그가 소설을 사료史料로 혼동하는 또 하나의 예가 있다. 아래는 위 안부모집경로를 설명하면서 그가 인용한 소설내용이다.

가부장제문화 전통 때문에 식민지시대 여성의 사회적 경우라는 것은 실로 비참한 것이었습니다. 가난한 딸이 노부호의 첩이 되어, 그 부호가 죽으면 술집작부로 팔려버리는 것과 같은, 여성의 기구한 인생… (운운)

이는 대중소설가의 가상의 세계에 지나지 않은, 한 계집의 불우한 생애를 신파조로 그린 것이지, 보편적인 현실 이야기가 아니다. 일반적인 위안부 모집 경로는 될 수가 없다.

이영훈은 위안부 모집의 경로가 ① 제겐女衒에 의한 공급, ② 가난한 여성들이 관의 강제력이 필요 없을 정도로 줄을 이어 스스로 응모, ③ 조선의 가부장제 문화로 인한 성노예제도가 위 소설내용처럼 여성을 위안부로 내밀었다는 등 3개 항목을 주장해온 것인데, 위안부 문제에 난데없이 순 한문으로 된 200년 전의 『패림』-「송설잡설」을 등장시킨 것도 같은 맥락으로 해석할 수 있다. 그의 이러한 주장은 조선의 전통적 성문화가 문란하다는 명제를 자의로 설정하여, 위안부 모집에 대한 조선여성들의 거부감이 적었다는 그의 생각을 뒷받침하기 위한 것으로 짐작된다.

그런데 이영훈은 「송설잡설」을 번역함에 있어 가볍지 않은 오역을 한 것 같다. 고의인지 착오인지, 그는 위 『조선시대생활사 2』113쪽에서, 노방관창路傍官娼이란 문구를 길가의 관창이라고 해석하지 않고 각 고을의 관창으로 해석해 관창의 수를 수십 배로 늘려 놓았다.

그보다도 "마을마다 음부가 아닌 여자가 드물다."라고 18세기 유생이 말했다는 『대한민국 이야기』169쪽 대목은 도저히 사리에 맞지 않는 이야기다. 조선의 여성 대부분이 음부라니, 더구나 유교적 성도덕이 엄하였다는 18세기에 말이다.

필자는 강한 의심으로 『패림稗林 제6권』을 펼쳤다. 369쪽 「송설잡설 하11」에서 "기불위하간지음부자역기희其不爲河間之淫婦者亦幾希"를 찾아낸다. 천만다행이다. 이영훈이 잘못 번역하였거나, 의역이 지나친 것을 발견한다.

위 구절에서 기其는 앞 구절에 나오는, 관창, 사비私婢, 천한 여자들의 음란한 행위를 가리킨다. 위 한문 구절을 각 문구 따라 직역하면 ① 其[사비와 천녀 등의 음란행위], ⑤ 不爲[…하게 않는다], ② 河間之淫婦者[하간의 음부들], ③ 亦[역시], ④ 幾希[다소 드물게]이다.

이것을 우리말 순서로 연결하면 '① 이것이 ② 하간의 음부들을 ③ 역시 ④ 다소라도 드물게 ⑤ 하지 않는다'로 된다. 의역을 하면 ① "사비와 천한 여자들은 음부 아닌 자가 드물다." 혹은 ② "이들의 음란행위 때문에 하간河間(음란이 이름난 중국의 지방명으로 '많은 음부'를 상징하는 표현)의 음부가 역시 줄어들지 않는다."

'마을마다 음부가 아닌 여자가 드물다'는 어디에도 안 보인다.

이영훈은 위안부 문제에서 일반적으로 입증된 역사사실과 전혀 상반된 관념에 몰입된 것으로 보인다. 『생활사』113쪽에 그는 그러한 배경을 짐작하게 하는 조선조 성 윤리관을 다음과 같이 적고 있다. 그의 주장을 뒷받침할 자료나 근거는, 잘못 해석한 위 『패림』-「송설잡설」 말고는 전혀 보이지 않는다. 그는 뚜렷한 입증자료도 없이 차마 입에 담아서는 안될 말을 한다.

오늘날 우리는 흔히 유교를 지배이념으로 하였던 조선시대의 성윤리가 여성들에게 매우 엄격히 그 정조를 강요했던 것으로 알고 있지만, 엄밀히 말해 양반 신분의 여인들에게만 타당한 이야기이다. 그 아래의 노비와 평민의 세계에서 성윤리는 의외로 자유분방하였으며, 그만큼 일부일처제 윤리와 그에 상응하는 가족형태는 유동적이었다.

조선의 성문화

조선의 성문화는, 첫째 부유층·중간층·빈곤층으로 삼분되는 경제적 측면과, 둘째 양반·평민·천민 간의 여러 조합(combination)을 산정한 계급적 측면에서 접근할 수 있을 것이다. 하지만 어떠한 경우에도, 성을 매매하기 위해서는, 또는 부부관계 이외의 부정한 성적 결합과 향락에는, 예나 지금이나 재물·금전과 윤리·도덕의 제약에서 누구도 자유로울 수는 없을 것이다.

과연 이영훈의 주장처럼 조선조의 성윤리가 그렇게 문란하였을까.

필자의 답은 단연 '아니다'이다. 이영훈은 노비와 평민을 성문란의 주범으로 지정하였다. 아래에 다시 기술하지만, 노비의 현실적인 수는 그다지 많지 않다. 총인구 비율로 18세기 말 기준 불과 2~3%에도 미치지 못한다.[4]

성문란·음탕·난잡 등의 낱말로 상징되는 부정한 성관계에 탐닉하는 호색가의 총인구 대비 백분율이 얼마나 되느냐가, 국가 또는

---

4) 바로 뒤쪽에 나오는 <표 1> 울산호적 부분 참조.

국가 간의 성도덕율의 기준이 될 수 있을지 모르겠다. 물론 이러한 수치를 실지로 계산할 수는 없을 것이다. 그렇지만 사회전반의 상황과 여건을 파악하면 대략의 추계는 가능할 것이다.

한마디로, 이영훈은 이 수치가, 조선조 후기에 우리의 통념과는 달리 매우 높았다고 위에서 말한 것과 다름없다.

필자는 정반대 입장이다. 당시의 조선은 위 백분율이 세계에서 가장 낮은 나라 중에 하나라고 확신한다. 이유는 그 시기의 사회적 여건이, 유교적 전통의 제약 때문에 인구의 9할을 점하는 농촌에서 성에 탐닉할 수 있는 상황이 아니었기 때문이다.

먼저 윤리적 측면에서 살펴본다. 고려시대부터, 온 식구를 망라한 가족사를 기록한 가승·족보제도가 만리장성처럼 끝없이 이어져 내려오고 있다. 고금을 막론하고 조선의 대다수의 마을은 이와 같은 동일씨족의 집단으로 형성되어 있다. 비록 가난하지만, 거의 모든 조선의 씨족이 문란한 성희性戲로 인한 혼혈이 별로 없는 순결한 피를 이어온 것이다. 그 바닥에 유교적 윤리가 깔려 있기 때문이다. 만일 불륜을 저질렀다가 탄로가 나면 집단에서 가차 없이 쫓겨났다. 남녀칠세부동석, 내외가 분명한 가부장제, 조상숭배와 엄격한 서열제, 무엇보다도 방방곡곡의 서당으로 대표되는 한문(동양철학)교육과 유교적 도덕률에 기한 사회질서가 철저하게 확립되어 있었던 것이다. 같은 동양권인 이웃의 어떤 나라와 비교하면 답은 자명하다. 그 나라에선 사촌 간에도 통간하고 결혼까지 한다. 우리나라는 10촌 간은커녕, 동성동본 간에도 어림없는 일이다.

끝으로 노비의 사회적 비중을 경제적 측면에서 검토하기로 한다.

조선조의 마지막 해인 1909년의 상황은, 인구 1,310만에 가구 수 247만, 농업인구 1,180만에 가구 수 222만이다. 이 중 농사를 직접 짓지 않는 지주가 최대 1만 5천 가구(『보정농업발달사』 자료편)이다. 노비를 거느릴 만한 연간 수입 300석 이상의 토지소유자는 7~8천 가구인데, 지주라고 다 양반이 아니다. 반으로 잡더라도 양반 부자 지주는 4,000명 정도다. 양반 한 집에 가족 8명(전국평균 5.3명), 노비 15명(가족 포함)으로 계산하면 각기 3만 2천 명과 6만 명이다. 고관대작과 기타를 합쳐도 노비는 10만 명 안팎이다. 이 수를 2배로 늘려 봐도 총인구 대비 2% 이하의 소수파에 속한다. 노비가 당시 성문란의 주역이란 말이 성립될 수는 없는 것이다.

2010년도 판 『고등학교 국사교과서』 231쪽에는 울산호적 도표가 실려 있다. 18세기에서 19세기에 걸쳐 신분별 인구변동을 보여 주고 있다. 당시 상황을 엿볼 수 있는 역사적 의의가 큰 사료다.

〈표 1〉 울산호적

(단위 : %)

시 기	양반 호	상민 호	노비 호
1729	26.29	59.78	13.93
1765	40.98	57.01	2.01
1804	53.47	45.61	0.92
1867	65.48	33.96	0.56

인구의 대부분을 구성하는 평민의 성 모럴이 곧 조선 성문화의 성격을 좌우하는 열쇠를 잡고 있는 것이 분명하다. 그런데 이영훈은 평민을 성문란의 주역으로 앉혀 놓고, 그러한 상황에 대해선 통속소

설 몇 편의 인용과 조금도 합당치 않은 「송설잡설」 외에, 다른 근거는 일언반구도 없다. 평민이 곧 우리의 조상이고 바로 우리 자신인데, 이렇게 비하·모독해서는 안되는 것이다.

오늘날, 양반이란 무엇일까. 양반이란 성씨 앞에 왕께서 벼슬을 한 시조에게 내리신 본관이 붙는 씨족을 가리킨다. 근래 한국사람 치고 본관이 없는 사람을 본 적도 들은 적도 없다. 한국 사람은 다 양반이 될 수 있는 것이다.

『대한민국 이야기』

　일본 문예춘추사의 『대한민국 이야기(大韓民国の物語)』(부제: 한국의 국사교과서를 다시 쓰라)는 일본어로 저술된 책에서 73쪽 '「식민지 수탈론」 비판' 난에 기재된 "국사교과서의 수탈론"을 필자가 우리말로 고친 것을 아래에 기재한다. 참고로, 2009년 3월 1일에 간행된 이 책의 저자는 낙성대 경제연구소장 이영훈이다.

　이제부터 나는 아래와 같은 역사연구자로서의 직업의식에서, 1910~45년에 일본통치하의 식민지였던, 우리들의 불행한 역사에 대하여 이야기하겠습니다. 주지하는 바와 같이, 그 시대에 대하여 일반의 한국인이 가지고 있는 집단기억은, 한마디로 요약하면 수탈입니다. '일본의 조선 통치는 수탈 이외의 아무것도 아니었다. 정당한 대가를 지불하는 것 없이, 타인의 재산을 뺏는 행위가 수탈이며, 일본은 무자비하게 우리 민족의 토지와 식량과 노동력을 수탈하였다. 그러니까 우리 민족은 풀뿌리와 나무껍질로 생명을 잇던지, 해외로 유랑할 수밖에 없었다….' 과거 60년간, 국사교과서는 이와 같이 국민을 가르쳐 왔습니다. 그래서 오늘날 대부분의 한국인은 그와 같이 믿고 있습니다.

　그 국사교과서를 좀 더 상세히 소개하죠. 2001년에 발행된 고등학교 국사교과서를 읽으면, '일본은 세계사에 있어서 유례가 없을 정도로 철저하고 악랄한 방법으로 우리 민족을 억압하고 수탈하였다'라고 쓰여 있습니다. 예컨대, '총독부는 토지조사사업(1910~18)

을 통하여 전국의 농지의 4할에 달하는 많은 토지를 국유지로서 뺏고, 그 토지를 일본에서 이주하여 온 일본인 농민이나 동척(동양 척식주식회사)과 같은 국책회사에 염가로 불하하였다. 또한 총독 부는 생산된 쌀의 반을 뺏어, 일본에 실어냈다. 농사작업을 전부 마치면, 경찰과 헌병이 총검을 들이대고 수확의 반을 뺏어갔다….' 이와 같이 해석할 수 있는 문맥으로 생도들을 가르쳐 왔습니다. 또 한, '일본은 노동력을 수탈하였다. 1940년대의 전시기에 약 650만 명의 조선인을 전선에, 공장에, 탄광에 강제 연행하여, 임금도 주 지 않고, 노예처럼 혹사했다. 그중에는 조선인 낭자들이 있었다. 정신대라는 명목으로 조선의 딸들을 동원하여, 일본군의 위안부로 삼았지만, 그 수는 수십만 명에 달하였다….' 교과서는 이와 같이 기술하고 있습니다. 내가, 내 강의를 받고 있는 학생에게 직접 확 인한 사실이지만, 고교의 국사시간에 이 대목이 나오면, 교사는 금 세 울상 싶은 얼굴이 돼, 생도도 눈물을 흘렸다고 합니다. 이와 같 이 악랄한 수탈을 입은 조상들이 너무나도 가엾고, 분해서 이렇게 울지 않을 수가 있겠습니까.

그러나 나는 감히 말합니다. 이와 같은 교과서 내용은 사실이 아닙니다. 전혀 사실과 맞지 않는 것도 있고, 비슷한 사실은 있어 도 내용이 과장되어 있거나, 잘못 해석되어 있는 것이 대부분입니 다. 놀랄 분도 많다고 생각합니다만, 단도직입으로 말하면, 그와 같은 이야기는 전부, 교과서를 쓴 역사학자가 만들어낸 이야기입 니다. 그에 관해…. 일반대중의 집단기억으로서의 역사가, 정치화 된 역사가에 의해, 또는 역사화된 정치가에 의해, 인위적으로 만들 어진 것이라는 역사의 본질을, 국사교과서의 수탈설만큼 적나라하 게 보여 주는 사례는 아마도 다른 데에는 없을 것입니다.

생산된 쌀의 거의 반이 일본에 건너간 것은 사실입니다. 그렇지만, 쌀이 반출되는 경로는 **빼앗겨서** 간 것이 아니고, 수출이라는 시장경제의 통로를 통해서였습니다. 당시엔 수출이 아니고, 「이출」이라고 하였습니다. 수탈과 수출은 전혀 틀립니다. 수탈은 조선 측에 기근 외에는 아무것도 남기지 않습니다만, 수출은 수출한 농민과 지주에게 수출에 따르는 소득을 남깁니다. 쌀이 수출된 것은 총독부가 강제해서가 아니라, 일본 내지의 쌀값이 30% 정도 높았기 때문입니다. 말하자면, 수출을 하면, 농민과 지주는 더 많은 소득을 얻는 것이 됩니다. 그 결과, 조선의 총소득이 늘어, 전체적인 경제가 성장하였습니다. 부족한 식량은 만주에서 조나 콩 같은 대용품을 구입하여 충당하였습니다. 그렇기 때문에, 구체적인 추계에 의하면, 인구한 사람당 칼로리 섭취량이 줄었다고는 반드시 말할 수 없는 실정이었습니다. 수출소득으로 면제품 같은 공업제품을 일본에서 수입하든지, 처음부터 기계나 원료를 구입해서 방적공장을 만들 수도 있었습니다. 실제, 김성수의 「경성방직」은 그렇게 세워진 회사입니다. 요는, 수출을 하면, 수탈과는 그 반대로 경제가 성장하는 것입니다. 그러함에도, 왜 한국의 교과서는 이러한 평범한 경제학의 상식을 거꾸로 기술하고 있는 것일까요.

미곡일본이출의 진실: '식민지수탈론 비판'에 대하여

위에서 이영훈은 "우리의 미곡 총생산량의 반이 일본에 건너간 것은 사실이지만, 이는 시장경제의 통로를 통해서 이(수)출된 것이지 수탈된 것이 아니다. 일본의 쌀값이 30% 정도 높아, 농민과 지주는 더 많은 소득을 얻었고, 조선의 총소득이 늘어, 전체적인 경제가 성장하였다. 부족한 식량은 만주에서 조나 콩 같은 대용품을 구입하여 충당하였기 때문에 인구 한 사람당 칼로리 섭취량은 줄지 않았다." 라고 말하였다.

이 말이 사실이라면, 일본식민지 수탈론자들은 설 자리를 잃게 되고, 조선농민들은 다행스럽게도 주름살이 펴졌어야 한다.

하지만 유감스럽게도 이영훈의 주장은 전혀 사실이 아니다. 단도직입으로 말하면 이러한 이야기는 정치화된 역사수정주의자 일파가 가공으로 만들어낸 허구에 지나지 않다.

내용의 진위를 가리기 전에, 먼저 미곡 수출의 여건을 짚고 넘어갈 필요가 있다. 쌀이 조선에서 일본으로 수출되려면, 이영훈이 지적한 바와 같이 일본의 쌀값이 최소 30% 정도 높아야 하는 것이 절대적 조건이다. 운송비, 유통비용, 투입된 자본의 이자, 수입업자의 이윤 등 부대비용을 계산해야 하기 때문이다.

이영훈은, 시장경로를 통한 수출론을 합리화하기 위해, 일본의 쌀값을 자의로 부풀린 것 같다. 확고한 증거가 있다. 일본정부 『탁(척)

무성탁(척)무통계拓務省拓務統計 1~4권』, 『조선총독부통계연보』, 『총독부통계요람』, 『조선연감』, 『무역연감』, 『조선은행조사부경제연감』 등에는, 쌀 이출량이 가장 많았던 14년(1927~1940)간의 전일본제국 내 곡물생산과 무역에 관한 수량 및 가격통계가 수록되어 있다. 이들 통계표는 각기, 그 내용이 거의 일치한다.

하지만 그 어느 것도 위 기간에 조선과 일본본토 사이에 쌀값 평균편차가 30%는커녕 단 8.3%도 넘는 것이 없다. 한마디로 정상적인 시장경로를 통한 쌀의 이출은 성립될 조건이 안되는 것이다.

따라서 농민이 쌀값을 30% 높게 받고 팔았다는 것도 순전히 가공의 이야기에 지나지 않는다.

그 이유는 조선 쌀의 70% 정도를 직접 생산하는 조선농민은 대부분이 소작농인데, 그들은 추수가 끝나자마자 총생산량의 60% 이상을 소작료와 농량 및 고리채 이자로 수탈당하기 때문에, 농민은 수출업자에게 팔 쌀은커녕 먹을 양식도 거의 부족하기 때문이다.

일제는 외관상 합법적인 시장경로를 통하여 매년 평균 8~9백 만 석의 미곡을 일본에 이출한 것으로 기록되어 있다.

총독부의 절체절명의 과제는 조선식민지로 하여금 일본본토의 쌀 부족을 충족시키는 것이다.

조선의 수전 소작지율이 1939년 전후로 70% 가까이까지 치솟으며, 추수 후 미곡의 지주에게로의 집중도도 그만큼 높아졌다. 위 소작지에서 생산되는 쌀의 총량은 조선미곡 총생산량 약 2,000여 만 석의 70%인 1,400만 석으로 추계된다. 이 중 지주의 몫은 실질적 소작료율 55%에 농량이자와 총 농가부채 약 2억 원의 이자를 합치면

65% 안팎으로 900만 석 정도가 된다. 이 막대한 양의 미곡 중, 일본인 지주 몫은 이출의 형식을 갖춰 일본으로 반출되는 것이고, 나머지 조선인 지주 몫은 미곡공판장에서 미곡통제령에 따른 공정가를 기준하되, 수출에 수반되는 제반비용을 공제한 터무니없이 저렴한 가격으로 일본인 수출업자에게 매매되는 것이다. 시장가와는 전혀 상관없이 강매당하는 것이다. 이러한 과정에서 쌀 직접생산자인 조선농민에게는 어떠한 이익도 돌아가는 것이 있을 수 없다는 것은 자명하다. 1933년 미곡통제법에 기해 양곡의 타지이동이나 수출입 등은 허가를 받아야 했다. 불법매매가 발각되면 벌금이 부과되고 해당 양곡은 몰수를 당하게 되어 있다. 1940년부터는 미곡 공출제(25%)까지 실시되어 농촌의 피폐는 생존의 위협을 받을 지경에 이른 것이다. 지구상에 이런 공포분위기 속에 이보다 더 악랄한 수탈은 더 이상 없을 것이다.

미곡이출(수탈)과 조선의 식량사정

이영훈은 마치 직접 겪은 일을 이야기하듯이 당당하게 말한다. "쌀을 높은 값에 이출하여 조선의 경제가 성장하였다. 부족한 식량은 만주에서 조나 콩 등 대용품을 구입하여 충당하였고, 감자나 통조림도 있고 해서 칼로리가 늘어 조선인의 몸이 커졌다."는 것이다.

쌀에 비교하여 콩이나 조의 질을 따지는 것은 사치라고 치고, 최소한 수입 양만큼은 쌀 이출량과 비슷해야 되는 것 아닌가.

이영훈은 왜 이런 거짓 이야기를 만드는 것일까. 다음 〈표 2〉는 1931년부터 1938년까지 조선의 쌀이 해마다 810여만 석씩 이출되던,

같은 기간의 쌀과 콩·조의 수이출 통계표이다.

〈표 2〉 조선 양곡 수이출 현황(1931~1938)

연 도	미곡(석)		대두(석)		조(석)
	수이출량	수이입량	수이출량	수이입량	수입량
1931	8,536,600	57,398	1,611,410	359,609	983,996
1932	7,001,762	96,246	1,708,936	172,173	1,366,438
1933	7,466,469	98,433	1,458,658	188,063	964,440
1934	9,259,213	138,208	1,448,929	314,370	1,281,515
1935	8,537,152	238,827	999,452	178,846	940,765
1936	8,423,196	161,199	1,252,905	324,502	1,152,484
1937	7,336,393	157,860	1,154,509	640,415	716,660
1938	9,520,392	49,447	1,099,355	321,993	682,666
8년간 합계	66,081,177	997,618	10,734,154	2,499,971	8,088,964
연평균	8,260,147	124,702	1,341,769	312,496	1,011,121
연평균 순이출	8,135,445		1,029,273		

출전: 『일본 척무성 척무통계』 제1~4권.

앞서의 〈표 2〉에 의하면 8년간, 해마다 쌀은 평균 813만여 석이 순이출되었고 콩은 만주에서 수입하는 양보다 일본으로 이출하는 양이 103만 석 정도 더 많이 이출되었다. 오직 조만이 연간 101만여 석이 수입된 것이다. 부족한 식량은 만주에서 콩과 조 등을 수입해서 충당하였다는 말은 날조되었다는 것이 드러난 것이다.

무려 연간 700여만 석을 적절한 대가 없이 약탈과 다름없는 수탈을 당한 것이다. 조선에 떨어진 금액은 조선인 지주가 공판장에서 시가의 50%도 안되는 염가로 강매당한 약 400만 석의 매도대가뿐이었다. **이영훈이 부족한 식량은 만주에서 콩을 수입해서 충당하였다더니 오히려 그 양의 4배의 콩이 매년 일본에 더 이출되었다.**

이영훈은 감자와 통조림을 들먹였는데 감자의 재배면적이 늘어나면 그 대신 다른 작물이 줄어든다. 감자는 계절채로 여름 한두 달이

고작이고 보관도 어렵고 부피 때문에 타지로의 반출도 힘들다. 도저
히 대체식량이 될 수가 없다. 통조림도 거명하였지만, 통조림은 일
본인과 부자나 사먹는 것이지 총인구 9할의 농민이나 노동자계급은
상한 자반도 못 사먹는 판에 '간즈메(통조림)' 이름도 모른다.

일제 자본주의 침략과 고율 소작료 수탈

조선의 쌀이 일본으로 이출된 것은 시장원리와는 전혀 관계가 없다. 따라서 수출이 아니라면 당연히 소작료 수탈이 아닌가. 수탈된 쌀을 가져가는 데는 상업적인 부대비용을 계산할 필요가 없다.

일제가 자본침략으로 조선에 막대한 자금을 투입, 일본인 지주를 국책사업으로 양산한 것은, 조선에서 전형적 식민지 소작료 수탈을 일삼기 위한 것이었으며, 근본적 목적은 일본의 심각한 쌀 부족을 수탈한 쌀로 충족시키는 것이었다.

근세사에서 제국주의 식민지 소작료 수탈이 처음 성립된 것은 인도에서 영국에 의해서였다. 영국은 18세기 산업혁명으로, 싸고 양질의 기계화된 섬유제품을 대량으로 내보내고, 반대급부로 농산물을 받아들였다. 그 결과 인도의 농촌가내공업이 파괴되고 농민들은 고율 소작료를 수탈당하는 소작인으로 전락되었다.

역사가들은 영국의 대자본이 국고와 강압 행정력의 보조 하에 광활한 인도의 농토를 염가로 매집해 들어가는 것을, 영국의 자본주의 침략이라고 호칭하였다.

일본자본주의의 조선에 대한 침략의 과정도 영국의 전철을 그대로 밟아갔다. 오히려 영국보다도 더 치열한 수탈을 조선에서 자행한 것이다. 당시 인도의 총인구는 3억4천만, 영국은 4천7백만이었다. 인도가 영국 인구 반의 식량을 댄다 해도 인도인 14명이 영국인 한 사람분 식량만 대면 충분한 것이다. 인도인 전체가 양곡총생산량의 14분의 1을 수탈당하는 것과 같다. 그러나 조선인은 총생산량의 반 가까이를 빼앗겼기 때문에 일인당 부담률이 인도인 개개인의 7배가 된다. 그만큼 혹독하고도 악랄한 수탈을 당한 것이다.

이영훈은 위에서 조선농민은 쌀 수출로 더 많은 소득을 올려, 전체적인 경제가 성장하였다고 하였는데 과연 농촌이 그만큼 윤택해졌는지, 일제가 한창 호황을 누리고 있었던 1935년 전후의 조선 농촌 상황을 들여다보자.

미곡은 오랜 세월에 걸쳐 전통적으로 조선인의 주곡이 되어 왔다. 그런데 식민지 조선에서 점차 쌀 구경하기가 어려워졌다. 그것을 다음 〈표 3〉이 말해주고 있다.

〈표 3〉 미곡수급일람표

(단위: 1,000석)

해당 연도	인구 (만)	공급			수이출고			익년도 이월고	총소비고	일인당 소비고(석)
		생산	수입	합계	이출 (일본)	수출	합계			
1912	1,483	11,568	11	11,579	291	234	525	-	11,054	0.7724
1917	1,697	13,933	64	13,997	1,296	637	1,933		12,063	0.7200
1922	1,788	14,324	167	14,491	3,316	73	3,389	-	11,102	0.6340
1927	1,914	15,300	922	16,223	6,186	10	6,197	-	10,026	0.5245
1931	2,027	19,180	66	19,568	8,409	3	8,412	619	10,536	0.5201
1932	2,056	15,872	105	16,598	7,569	16	7,585	620	8,392	0.4119
1933	2,080	16,345	110	17,077	7,972	102	8,074	494	8,508	0.4117
1934	2,113	18,192	124	18,811	9,425	75	9,501	600	8,709	0.4167
1935	2,190	16,717	292	17,610	8,856	144	9,001	475	8,133	0.3837

참조: 1938년도 조선연감, 400쪽.

주곡의 1인당 연간소비량이 일제식민통치초인 1912년의 0.7724석에서 23년 후인 1935년에는 0.3837석으로 줄어들었다. 조선 전체

미곡 생산량의 거의 반인 8~9백만 석이 1931년 만주사변 전후 이래 매년 일본으로 이출(수탈)되었으니 당연한 결과다. 위 기간에 인구는 1,482만여 명에서 2,189만여 명으로 늘어났는데 조선 내 총소비고는 같은 기간에 1,100여만 석에서 813만 석으로 감소한 것으로 되어 있다. 여기에서 일본인 거주자 65만여 명이 약 90만 석, 일본술 청주주조용 50여만 석, 그리고 통계에서 빠진 군용미 등 140여만 석이 (조선인 몫에서) 다시 빠져야 한다. 1935년도 조선인 인구 2,189만 명에게 돌아갈 수 있는 쌀은 하루에 0.8홉(밥 한 컵) 안팎이다. 쌀을 직접 생산하는 농민들이 일 년 내내 쌀밥 한 그릇 제대로 입에 넣지 못하는 사정을 확연히 설명해준다.

1933년경에 총독부는 조선 소작제도의 문제점을 인식하고 표면상 소작농의 생활 안정을 위한다고 법률 정비에 착수한다. 총독부는 궁핍의 원인으로 고리채·불량사음·소작권 불안정 등을 열거하였다. 그리고는 원인제거를 한답시고 저금리 대출, 불량사음 일소, 소작권 보호 등 농지개혁을 도모해, 소작농의 복리증진에 박차를 가하겠다고 발표하였다.

조선농민의 기대는 또다시 실망과 분노로 멍이 들 뿐이었다. 농촌 빈곤의 원인본체인 소작료율의 개선에 대해선 일언반구도 없이, 기껏 마름이 어쩌니, 소작인에겐 담보 없이는 전혀 해당되지 않는 저금리 알선이니 하는 사족만 늘어놓은 것이다.

1934년 1월 20일부 일본 아사히신문(서북선판)에는 다음과 같은 기사가 실려 있다.

[동경전화] 조선총독부에선 조선소작령 실시에 관해 18일 당국담

화라 하여 의견을 발표하였다: 조선총인구 2천1백만 명의 8할은 농업관계자이고, 이 중 다시 8할이 소작관계자이며, 소작인 수는 천2백만에서 천3백만 명 사이이다. 이 소작관계자 중에는 자작 겸 소작도 있지만, 과반수는 순 소작이며, 그 순 소작 중에는 초봄이 되면 식량이 전혀 궁핍하여 3~4월간 초근목피를 구해 식량 대신으로 삼아, 소위 춘궁민이 풍·흉년에 따라 순 소작의 4~5할(최근 조사에선 5할 8푼) 정도에 이른다. 이러한 상태는 최근의 특수사정이 아니고 조선조 시정이 낳은 현상으로 이어져 온 것이다. (생략)

위 담화의 취지는 조선농촌의 궁핍 실태를 부각시켜 조선소작령 실시의 당위성을 내세울 의도라고 해석할 수도 있지만, 그렇다고 현실을 과장한 것 같지는 않다.

여하튼 쌀을 높은 가격으로 수출하여 농민이 더 많은 소득을 얻어 경제성장 운운한 이영훈의 기술이 허위임이 드러난 것은 명백하다. 그렇지만 신문기사는 역사자료가 될 수 없다고 단언한 바도 있고 해서, 필자는 위 내용을 역사서에서 재확인해 보았다.

1935년 10월 1일 발행된 『조선총독부 30년사』(총독부 편저) 제2권 716쪽에 「농촌 궁핍의 실상과 그 원인」이라는 표제로 위와 거의 같은 내용으로 기술되어 있음을 분명히 확인할 수 있었다.

1934년 4월 6일 일본각의를 통과한 조선농지령(소작령) 내용은: 1. 사음폐해 규정 신설, 2. 소작폐해 보호개선, 3. 소작임차권 상속 인정, 4. 소작지 임대차계약 물권적 효력부여, 5. 소작지 전대금지 등, 다섯 개의 규정으로 소작농과 지주간의 관계를 정비한 것이다. 하지만 농지령의 또 다른 내용은: "조선 소작민의 복리를 어느 정도라도 증진시키는 것과 함께, 농사 진흥으로 지주의 이익도 고려한 것이다."라고 되어 있다. 즉 양편 다, 증산으로 이득을 구하라는 것이다. 지주가 손해를 보게 될 소작료율엔 손을 댈 수 없다는 이야기인 것이다.

그 결과는 쉽게 예상할 수 있는 빤한 것이었지만, 필자는 소작령이 실시된 지 6년이 지난 1941년도 조선연감 304쪽을, 그간 우리의 농촌이 얼마나 개선되었을까 하는 기대 반 우려 반의 심정으로 펼쳐봤다. 농업 난은 대뜸 피폐로 시작된다.

농가 특히 소작농 중에는 가을 수확시 소작료와 농량 변제 및 차입금 이자를 떼고 나면 뒤에 남는 것은 벼를 타작한 판때기와 벼를 떠 담는 바가지뿐인 참담한 상태가 되는 것이 적지 않다. 그래서 이들 농민은 내년 수확물을 믿고 식량을 다시 빌리는 것이 상례다. 이를 농량農糧이라 하고, 농량에도 고리가 붙는다. 이리하여 농량과 차금借金에 쫓겨, 스스로 식량을 생산하면서 그것을 먹지 못하고 단경기端境期가 되면 전적으로 초근목피로 생을 유지하는 자가 많이 있다. (생략) 자작농까지도 생활에는 상당한 곤란을 겪는데, 하물며 다수의 소작농계급은 고율소작료에 차금차입 및 농량의 변제와 이자로 수확물의 태반을 지불하는 한편 월 3~4%라는 고리채의 중압으로 그 실제 생활 상태는, 실로 말을 더 이상 이을 수가 없을 정도다.

총독부가 농촌의 피폐를 개선해 보겠다고 의욕적으로 6년간 실시한 소작령의 성과가 전혀 드러나 보이지 않을 뿐더러, 상황이 더 악화되었음을 위 기술은 적나라하게 밝히고 있다.

다음 〈표 4〉는 일제 36년간은 오직 농민의 토지소유가 쇠퇴하고 지주의 토지가 확대해 가는 과정이었음을 보여준다. 1914년에서

1936년까지 22년간에, 지주(주로 일본인)는 2배 이상 늘었지만, 자작은 약 25%가, 그리고 자작 겸 소작은 106만5천여 호에서 73만7천여 호로 44%가 줄은 반면, 소작·화전민은 91만1천여 호가 177만 5천여 호로 무려 94.8%가 늘어났다. 거기에 화전민은 2배 이상, 피용자(농업노동자)가 16만여 명이 새로 기록되었다. 특히 중간계급인 자작 겸 소작농 31만 명의 신분 저하가 농촌 빈곤화의 심각성을 여실히 대변하고 있다. 농촌의 피폐화가 끝도 없이 계속 진행되고 있는 것이다.

〈표 4〉 계급별 농가호수 누년표

(단위: 호)

연도	지주	자작	자작 겸 소작	소작	화전민	계
Ⓐ1914	46,754	569,517 [일부 지주 포함]	1,065,705	911,261 [화전민 포함]	−	2,593,237
Ⓐ1919	90,386	525,830	1,045,606	1,003,003	−	2,664,825
Ⓐ1926	104,614	525,747	895,721	1,193,099	34,316	2,753,497
Ⓐ1932	104,823	476,371 [지주 약 10만 5천 포함]	742,961	1,546,465	60,497	2,931,088
Ⓑ1936	자작에 포함	546,337	737,849	1,583,622	74,727 (116,968)	3,059,503
Ⓒ1940	〃	550,877	711,370	1,616,703	65,990 (167,596)	3,046,546 [피용자 포함]

Ⓐ: 1935년도 『조선연감』 p.355, 「총독부 농업통계표」
Ⓑ: 1938년도 『조선연감』 p.398
Ⓒ: 1943년도 『조선연감』 p.318, 「총독부 농업통계표」 참조

주: ( ) 안의 숫자는 피용자 수

조선 농촌 피폐의 근본원인

한마디로 조선조 말기의 전근대적 관행이었던 소작제도를 교활하게 이용한, 일제의 식민지 수탈정책에 기인한다고 말할 수 있다. 5할을 넘는 소작료제도가 소작농 수탈의 원흉인 것은 누구나 다 아는 사실이다. 일제가 시정 초기에 이 제도를 정비했어야 마땅한데, 반대로 탐욕스런 정복자의 본질을 드러내, 이 악습을 꿀단지로 껴안고 일본인 소·중·대 지주를 국책사업으로 대량 양산, 식민지 미곡 수탈수단으로 이용하였던 것이다.

그런데 병합 후 25년이 지난 시점에서 총독부는 조선농촌의 궁핍이 조선조 시정이 낳은 현상이 계속되어 온 것이라고 전가한다. 그렇다면 총독부는 그동안 그 현상을 왜 바로잡지 못하고, 오히려 배가시켜 초근목피로 연명하는 참상을 방관만 하고 있었단 말인가.

소작제도는 일본본토에서도 문제가 되어, 1939년 일제는 '소작료통제령'을 반포, 소작료 조정의 길을 열었다. 그럼에도 총독부는, 농촌피폐를 근본적으로 개선하는 방법은 소작료 하향조정밖에 다른 방도가 없다는 것을 누구보다도 잘 아는 입장인데, 다른 모든 법령은 본토에서 실시되자마자 조선에서도 즉시 뒤따랐음에도, 유독 '소작료통제령'만큼은 조선에 내비치지도 않고, 대신 조선농지령(소작령)을 계속 실시, 오히려 지주의 이익을 더 보호해주며, 미곡 수탈을 계속 시켰던 것이다.

일제는 왜 조선농민의 참상에 눈을 감고 반인륜적 식민지식 미곡 수탈에 끝까지 집착하였을까.

그것은 일제가 쌀소동5)으로 상징되는 심각한 미곡 부족을, 질이 우수한 조선 쌀로 메울 술책을 국책사업으로 세워, 총독부시정 내내 끈질기게 실천해온 데서 그 연유를 찾을 수 있다.

1918년은 조선에서 총독부의 토지조사가 완료된 해이기도 하다. 조사 결과, 조선은 쌀농사에 토질과 기후가 적합하여 미곡 증산의 여지가 적지 않다는 것이었다. 극심한 쌀 부족 해결책을 강구하기에 골몰했던 일제에게 조선을 식량기지화하는 데 박차를 가하는 계기가 된 것이다.

사실은 이러한 음모가 병합 전, 안중근의사에게 사살당한 전 통감 이토 히로부미 때부터 이미 태동되어 상당부분 실천에 옮겨지고 있었다. 이 음모란 일본인 농업자를 조선의 지주로 만드는 것이다. 그러면 소작료 5할의 쌀이 일본인 것이 된다는 간단한 계산이 나온다. 가령 일본인 지주가 조선의 전체 답의 20%를 소유하면 연간 미곡생산량 2,000만 석 중 400만 석이 그 땅에서 수확되는데, 일본농업의 생산성은, 관의 지원에 의한 수리시설, 화학비료, 선진영농법 구사 등으로, 천수답 위주의 조선 영세농가의 2배니까 실질수확량은 칠팔백만 석이 가능하다. 그 절반을 소작료로, 해마다 3~4백만 석씩 거둘 수 있는 것이다. 당시 일본의 쌀 부족분을 메울 수 있는 양이다.

---

5) 쌀소동 : 1918년 7~9월 일본 도야마현富山縣에서 쌀소동이 일어나 내각이 총사퇴하는 사태가 벌어졌다. 쌀값이 4년 전보다 4배가 오르자 한 어부의 처가 타지로의 쌀 반출을 거부한 데서 발단, 일본 전국으로 파급, 경찰로도 안돼 군대까지 동원, 겨우 진압시킨 소요사태였다. 일본은 당시 쌀 부족이 심각하여, 매년 300~500만 석을 수입해야 했다.

동양척식 주식회사의 등장

비록 일제가 조선 전 국토를 총칼로 위협, 통째로 뺏어 일본식민지로 만들었지만, 조선인의 개인 농지를 돈 한 푼 안들이고 강탈한 것은 큰 비중을 차지하지 않는다. 그렇다고 자본주의식 시장경제 원리로 매매한 것은 더욱 아니다. 그렇게 하였다면 갑작스런 대량 수요로 땅값이 올라 수만 정보는커녕 수천 정보도 확보가 힘들었을 것이다. 일제의 간계는 치밀하고도 용의주도하였다.

1908년(병합 2년 전) 8월 27일 일제는 동양척식주식회사법을 공포 조선에서의 이민 사업을 하나의 사명으로 하는 국책회사를 설립하였다. 동양척식東洋拓植은 관의 행정지원과 풍부한 자금공세로 조선농경지의 대량 확보에 나선다.

빚에 허덕이던 자작농이 땅을 팔고, 그 땅의 소작인이 되거나 화전민, 유랑민으로 전락하는 것이 농촌 도처에서 흔히 볼 수 있는 일상사가 되었다. 또한 동척東拓은 본국과 총독부로부터 막대한 재정지원과 국유지를 넘겨받고, 토지조사 후에는 몰수된 토지, 간척지개간, 저습지활용, 수리시설, 농지정리 등으로 농토를 확보하는 한편 토지개량사업을 벌려 광활한 특급 전답을 점유하는 데 몰두한다.

일본인 지주

한편 일본 농촌에, 1908년을 전후하여, 통감보호정치 하에 놓인 조선에서 농사경영이 유리(5할 소작료, 일본 3분의 1 지가)하다는 것이 알려져, 일본인 농사꾼들이 줄을 이어 건너와 자비로 토지를 매입하여 둥지를 틀고 있었던 터에 1910년 동척이 제1회 이민 모집에 시동을 건다. 이에 호응하여, 일본정부의 이주 장려금 교부, 저리 융자 등의 유인으로, 그해 연말에는 이민자가 2,132호에 달했다. 그 후로도 파격적 인센티브에 의해 이민자(자유이민·보호이민 1종, 2종 등)는 계속 늘어나 1932년에는 일본인 농업자가 11,439호에 이른다.

참고삼아 보호이민 2종을 소개하면: 일본인 이민자들은 할당지割當地 최대 10정보를 배정받고, 시가보다 저렴하게 책정된 토지대금의 25%를 일시불하면, 잔금은 연 7부이자로 25년 내 연부 상환하도록 되어 있다. 동시에 소유권을 양도받게 되고, 할당지의 일부는 자작, 나머지는 소작을 줄 수 있다. 부언하면 1정보를 자작하고 9정보를 소작으로 돌리면, 9정보에서 거두는 소작료로 연부금을 내고도 상당액이 남게 계산되어 있다. 즉, 일본본토에서 1정보 정도 소유한 소농이면, 그것을 팔고 2종 이민으로 조선에 건너와 10정보 소유의 지주가 될 수 있는 것이다. 이상 2종 이민이 일본의 자작소농을 대상으로 삼은 것이라면, 1종 보호이민은 자기 땅이 없는 일본의 소작인을 위한 것이다.

1종 이민은 호당 경지 2정보 이내의 할당을 받아, 그 토지대금에 연 6부의 이자를 붙여 5개년 거치 25개년 이내에 연부상환 후 해당 토지를 소유하게 되는 것이다.

빚을 진 조선의 경지소유 농사꾼이 연 3~4할의 고리를 견디다 못해 땅을 팔고 소작인으로 신분 저하되는 것에 비하면, 이는 너무나 불공평한 정복자의 처사라 아니할 수 없다. 이것은 일제의 조선 토지 수탈의 하나의 전형에 지나지 않는다.

총독부의 비정秕政

일제 시정 후 화폐경제의 확대에 따라 제 생활비용(지세·교육비·생활필수품비·관혼상제비 등)의 증가로, 주 소득원인 미곡·잡곡 농사만으로는 생활유지가 도저히 불가능해졌다. 조선농촌은 해가 갈수록 빚이 늘어나는 사회구조로 고착되어 버렸다. 해결책은 땅을 파는 수밖에 없었다. 이렇게 극한 상황에 이르도록 총독부는 조선농촌의 피폐화를 방관, 아니 시정목표인 일본의 식량기지화를 위해 일본인의 전답 점유율을 높이는 술책으로, 조장하였다고 볼 수밖에 없다.

〈표 5〉 일본인지주 조선농경지 소유현황

소유규모 (정보)	일본인 지주수	소유면적 (정보)	기준 년도	비 고
	총독부	124,000	1910	구 한국정부 소유 역둔토, 후에 연고자에게 불하
1인당 평균 924.6	143	132,220	1922	출전: 총독부 「내지인농사경영자조사」, 『조선농회보』 19권 7호
	동양척식	92,862	1927	일제하 조선의 농업혁명, p.133
1인당 평균 1820.5	15	27,307	1929	출전: 1935년도 『조선연감』, p.365, 1,000정보 이상 대농장일람표
100~500	246	73,800	1930	출전: 총독부 농림국 편, 『조선소작에 관한 참고사항적요』, 1934년
500~1,000	27	20,250	1930	〃
1,000 이상	37	1922년도와 일부 중복우려로 제외	1930	〃
5~10	3,603	18,786	1942	출전: 조선은행조사부편, 『조선경제연보』, 1948년
10~20	1,983	21,530	1942	〃
20~50	1,425	27,749	1942	〃
50~100	642	21,201	1942	〃

앞서의 〈표 5〉는 비고란에 표시한 출전을 참고하여 작성한 것이다. 일제는 일본인 농사자 전체가 소유한 조선농경지 총면적을 일정한 연도 기준, 기록으로 남기지 않아 출전이 확실한 현존하는 자료를 종합 비교하여 만든 것이다.

필자가 사용한 1930년대 전후의 대지주 소유면적은, 그 후 많이 늘어난 것이 확실하지만, 마땅한 자료가 없어 제외시켰다. 이런 사정을 고려하면 차후 새로운 자료 출현 여하에 따라 더 많이 늘어날 가능성이 높다고 하겠다.

결국 동척을 비롯한 일본인 대자본 기업·개인 지주에게 넘어간 농경지는 그 규모의 거대함에 열린 입이 다물어지지 않을 정도다. 『조선농회보』 19권 7호, 1924년 「조선총독부내지인농사경영자조사」에 의하면, 동양척식주식회사를 제외하고도, 1922년 말까지 일본인 농사경영자 (불과) 143명이, 총면적 132,200여 정보, 1인당 평균 924.6 정보를 소유하고 있다. 이 가운데 일찍이 1894년에 호소가와 후작이 1,379정보, 1903년에는 구마모토와 미야자키가 3,046정보 등이고, 최대는 1920년 창설된 애지산업의 30,250정보이다. 이와는 별도로 동척의 농토는 1913년에 이미 64,862정보, 이후 점차 늘어 1927년에는 92,862정보에 달하였고, 1938년 말에는 농장수 103에 1,001명의 감독지도원을 두고 물경 78,667명의 소작인을 직접 감독하고 있다.

다음 〈표 6〉은 1939년 말 현재 조선 남부 8도의 소작지율小作地率을 나타내고 있다. 소작지율은 총경지에서 62.4%, 수탈의 주목적물인 미곡생산용 수전에 있어서는 평균 69.1%, 미곡 주산지인 전라도·경기·충남은 70~80%대에 놓여 있다. 이들 조선 미곡생산의 주산지가 탐욕스런 소작료 수탈자들의 표적지로 설정되어 집중적인 매집공격의 희생물이 되었음을 여실히 드러내고 있는 것이다.

〈표 6〉 조선남부8도 소작지율

(농경지단위: 1,000정보)

	총경지			수전			전		
	계	소작지	%	계	소작지	%	계	소작지	%
전남	432	231	53	217	147	68	215	84	39
전북	246	189	77	176	141	80	70	49	70
경남	278	177	64	184	123	68	95	54	57
경북	386	217	56	205	120	59	181	97	53
충남	253	183	72	170	129	76	83	54	65
충북	159	106	66	74	50	68	86	56	65
경기	394	282	72	214	159	74	180	123	69
강원	357	177	49	95	54	56	262	123	47
계	2,505	1,562	62.4	1,335	923	69.1	1172	640	54.6

자료: 구마겡이찌, 『조선농업경영지대연구』, p.25(기준연도 1939년 말)

일제의 패망과 미 군정청의 소작료 인하

1945년 8월 15일, 일제는 15년간의 침략전쟁에서 비참하게 패배, 무조건 항복으로 식민지통치에 종지부를 찍었다. 그리고 역사의 엄정한 심판을 받고 조선반도에서 쫓겨났다.

같은 해 9월 8일, 조선에 진주한 미군은 일본군의 무장해제와 군정청의 설치·운영 등 업무가 산적한 가운데, 불과 28일 만인 10월 5일부로, 미 군정청 법령 제9호를 반포하였다. 소작인이 지불할 최고 소작료는 소작인이 경작한 토지의 총 수확물(농산물 및 수입)의 3분지 1로 제정하여, 전광석화처럼 소작료율을 재빨리 인하시킨 것이다.

성질은 다르지만 같은 점령군이면서도, 하나는 수탈자요 다른 하나는 빈민구호자라고 할까, 일제가 기나긴 36년간을 미곡수탈로 일관된 제국주의통치를 펼친 것과는 너무나 극단적인 대조를 보여 주었다고 할 수 있을 것이다. 해방 직후 조선에는 일제에 의해 일본본토·동남아 등 국외로 강제 동원되었던 동포들의 동시 귀국, 북에서 공산주의를 피해 38선을 넘어 온 피난민 등 3~4백만 명에 달하는 갑작스런 인구 급증으로 인해, 심각한 식량난을 겪고 있었다. 미합중국은 구호물자와 농산물 무상원조로 일제가 두고 간 조선의 빈곤퇴치에 큰 도움을 주었다.

반면 일제는 허울 좋게 무슨 '대동아공영권'이라는 미명하에 필리핀, 인도네시아, 버마, 말레이시아 등 서구의 식민지를 점령하고 원주민정부를 세워 독립을 탈취시켜 준 것처럼 위장하였다. 하지만 곧 침략의 본성을 드러내 원주민을 강제 동원하여 자원과 노동력을 수탈하였다. 연합군이 공세로 돌아서 이들 국가에 재상륙하였을 때 이들 국민들은 독립을 시켜 주었던 일본군이 아닌 연합군 측에 가세해 일본군을 공격, 그간의 일제 학정에 복수를 해대는 판국이 벌어졌던 것이다. 이들 국가들은 그 후 대한민국처럼 전부 다 민주국가로 재탄생되었다. 일본제국주의 수탈은 영원히 다시는 발 부칠 땅이 없을 것이다.

일본제국주의 침략전쟁은 결과적으로, 열강의 침략을 받아 식민지화되었던 아세아의 여러 나라를 자주독립국가로 재탄생시키는 계기가 되어 주었다. 일본 스스로는 마지막에 원자탄의 세례를 받음으로써 아무런 소산 없이, 전체 국민 중 1,000만 명의 사상자를 내는 호댄 대가를 치르고, 허무하게 자멸하고 말았다. 이걸 두고 역사의 아이러니라고나 할까, 인과응보라고 할까.

자칫 유구한 배달민족이 왜국에 녹아들어 갈 뻔하였던 아슬아슬한 찰나에 그 독아毒牙에서 벗어나, 아직은 반쪽이지만, 대한민국이라는 새 날개를 달고 청천 높이 비상飛翔하고 있는 현실이 꿈만 같다.

조선의 공업화(산업화) 현황

　일제는 병합 후 통치 중기 후반까지 25년간이나 조선을, 미곡을 위시한 1차 산업기지로, 그리고 일본의 제품시장으로 고정시켜, 전형적 제국주의 식민지 경제정책을 일괄되게 펴 왔다.

　명치유신 후 서양의 선진기술을 도입, 대량생산 체제를 갖춘 일본의 공산품에, 낙후한 조선의 가내 수공업이 맞설 수는 없었다. 면직물을 비롯한 생활용품이 쓰나미처럼 밀려와 조선이 일본의 제품시장이 되는 것은 시간문제였다. 일제는 그 대가로 표면상 자연스럽게 조선의 쌀과 원자재를 일본으로 거둬들여 갔다.

　일제 시정 이래 25년이 지나도록, 조선의 민수산업은 연간 겨우 10% 내외의 자급률을 지녔을 뿐이다. 면방산업이 여공의 저렴한 노임과 면화의 현지 염가 조달 메리트에 끌려 일본의 유수 방직업체들이 투자에 나섰고 몇몇 민족자본도 가세하여 자급률 40여 %에 달하게 된 것이 유일한 민수공업 성적표이다.

　이렇게 식민지 공업화에 인색하던 일제에게, 대륙 침략 확대 야망이 조선의 공업화에 눈을 돌리는 계기가 되어 주었다. 1931년 만주사변을 전후하여 조선에 전례가 없었던 대규모의 생산 공장이 들어서기 시작하였다. 그러나 그것은 조선이 필요로 하는 민수공업이 아니라, 조선인에게 결코 이득이 될 수 없는 군수산업과 이와 관련된 중화학공업 일색임이 밝혀졌다. 수력발전, 석탄 등 에너지 생산이 용이

하고 지역도 만주와 인접한 북부조선이 집중적으로 개발되기 시작한 것이다. 물론 이때도 민수산업은 철저하게 외면당했다. 아마 필요성이 있더라도 전쟁준비로 이때는 전혀 여력이 없었을지도 모른다.

반면 군수산업은 평양 등 여러 곳에 크게 벌려 부평 조병창만 하더라도 대지 약 100만 평에 들어찬 공장에서 각종 보병무기·탄환 등을 생산하고 있었다.

3만 명에 이르는 군인·군속·징용된 노동자, 근로 동원된 경인지방 학생들, 심지어 (근로)정신대원들까지 주야 2~3교대로 초긴장 상태에서 위험한 작업이 365일 강행되었다.

〈표 7〉 조선공업 생산추이(공장생산)(1933~1943년)

연 도		1933	1935	1937	1939	1941	1943
금액 100만 원	당년	367	607	955	1,466	1,722	2,050
	실질	453	704	955	1,004	1,031	1,062
공업 구성비율 (%)	금속	2.5	4.4	4.7	9.0	8.1	14.6
	화학	19.2	24.3	28.0	31.3	29.2	29.3
	기계기구	2.0	1.9	1.2	3.2	6.4	5.7
	방직	15.1	13.6	12.9	13.1	16.4	16.9
	식료품	33.4	27.9	41.2	30.9	25.4	19.5
	기타	27.8	27.9	12.1	12.5	14.5	14.1
도매 물가지수	※1	100	106	123	180	205	237
	※2			100	146	164	193

주1: ※1은 『조선은행통계월보』, ※2는 『일본은행전시중 금융통계요람』(1947년)
주2: 표 출처: 「전시하 조선통화인플레이션」, 일본 경도대학 인문과학연구소 보고

〈표 7〉은 1933년부터 1943년까지 일제 말기 11년간의 공업생산추이다. 도매물가로 수정한 불변가격으로 약 2.3배가 늘어났다. 전시의 급속한 인플레이션 하에서는 당년 금액은 별 의미가 없다. 따라

서 실태를 반영하는 실질 금액란을 검토해 보겠다.

1937년 이후는 금액의 증가가 미미해 전쟁 격화에 따라 실질적 성장은 거의 없었던 것으로 보인다. 그러나 구성 비율을 살피면 군수 공업에 속하는 금속과 기계기구 공업의 점유율 확대가 현저하고 약 3할 전후를 차지하는 화학공업을 합치면 43년에는 전체의 과반을 차지한다. 그만큼 일제가 중점을 둔 군수용 소재산업·중화학공업화가 진척되고 있었던 것을 나타내는데, 이는 다름 아닌 경제의 군사화를 뜻하는 것이다.

특이한 점은 민수공업으로 분류되는 방직이 약간이나마 비율이 올라가 일본본토 방직의 쇠락과는 대조적이다. 그러나 이러한 점에 대한 설명도 어렵지 않다. 일본은 전쟁 말기에 가서 원면의 수입 길이 완전히 막혔고 여공도 대부분 군수산업으로 이동시켜 한가하게 방직공업에 매달릴 게제가 아니었다. 그래서 조선의 방직산업이, 전세가 불리해짐에 따라 일제의 필사적 전력보강책으로 싹쓸이 동원되는 수십, 수백만의 징병·군속·징용 노동자 등에 소요되는 군복·국민복·작업복·천막지 등 군수용품 생산을 떠맡았던 것이다. 하지만 민수용으로는 면포 한 장도 배정되지 않았다.

또한 그나마 민수공업의 맥을 이어온 식료품공업의 극심한 감축은 식료품 부족이 본격화되어, 조선인에겐 정어리통조림 한 캔 구경도 못하게 되어 버렸다는 것을 의미한다. 간혹 일본인 거주민에겐 배급이 되는 것 같았지만 역시 대부분 일본군에게 배정되는 것이 당연하였을 것이다.

공업제품 생산이란 부품 제조와 부품 조립으로 성립된다. 근대공업의 핵심인 기계공업의 수준을 가늠하는 주요 기준이 부품공업이라는 사실은 이론의 여지가 없을 것이다. 그런데 1940년도까지도, 조선에는 일정규모의 부품공업이 없었고 전부가 일본본토에 종속되어 있었다.

〈표 8〉 주요 기계기구공업품 조선 내 자급률(1940년도)

출처: 『조선경제연보』, 1948년 판

보일러 및 부속품	3.7%
원동기	7.1
공작기계	0
제조가공용기계	19.6
철도기관차 및 차량	0
자동차 및 부속품	0.3

1947년도 조선연감 공업난을 보더라도 일제시 조선의 금속공업은 조粗공업, 반제품, 조립, 수리, 가공업이 대부분이었다. 기계공업은 광산기계, 식료품 가공기계, 농기구 등 비정밀기계의 생산, 차량·자동차·선박 등의 조립수리공업 정도이고 정밀기계·공작기계공업은 태무한 상태였다. 무엇보다 〈표 8〉의 자급률이 일목요연하게 당시 조선 내 주요 기계기구 공업의 수준과 실태를 밝혀준다.

그나마 해방 직후인 1946년 38도선 이남인 남한에 있는 공장은 설비의 노후·마손·파손·부속품결핍·원료고갈·기술자부족·전력난 등으로 가동률과 생산은 시설 용량의 10%에도 미치지 못하였다. 더구나 시간이 흐를수록 가동률은 오히려 떨어졌고 외국의 제품이 수입 대체되어 조선의 공업은 빈사상태가 되고 만다.

다음 〈표 9〉는 1932년부터 태평양전쟁 발발 해인 1941년 말까지 10년간의 주요 실업교육인 공업과 농업의 교육규모를 나타내는 생도 수 통계표이다. 일제가 군수산업 관련 중화학공업 육성에 전력투구하던 시기였건만 놀랍게도 조선인을 위한 공업교육은 식민지통치 27개년이 경과한 1937년까지 전무 상태나 다름없는 것으로, 조선인 공업학교 생도는 단 73명이다.

〈표 9〉 공업·농업학교 생도 수

연 도		1932	1934	1937		1940		1941	
실업학교		공동	공동	조선인	일본인	조선인	일본인	조선인	일본인
공업학교 (5년제)	공립	176	207	73	165	667	735	1,033	1,104
	사립	0	0	0	0	161	114	219	204
상업학교 3~5년제	공립	4,980	5,258	3,213	3,268	4,574	3,981	5,177	4,322
	사립	1,741	2,750	2,593	535	3,792	474	4,999	479
농업학교 3~5년제	공립	5,296	5,965	6,676	834	9,393	945	10,615	967
	사립	0	0	0	0	161	1	199	0

출전: 해당연도 『조선총독부통계연보』에 의함.

근대화를 위해선 모든 산업의 균형 잡힌 발전이 바람직하지만 특히 공업의 비중이 크다는 것은 보편적인 상식이다. 1935년도에 총독부는 「4반세기의 약진」이라는 식민지 시정의 공적을 자화자찬하는 「현세일람」 표를 발표하였다. 공업생산액(군수와 중화학 일색)이 조선 총생산액의 29.1%에 달한 것으로 되어 있다. 그렇다면 2년이 지난 1937년에는 그 자랑에 걸맞은 공업기술자 햇병아리가 수만은 몰라도 최소 수천 명은 양성되고 있어야 하는 게 아닌지, 도저히 납득이 가지 않는다.

공업은 큰 자본 외에, 학술과 기술, 그리고 장시간의 경험이 축적된 기술인력으로 이루어지며, 지속적으로 발전되어 나가야 하는 것이다. 특히 기계공업은 장기간에 걸친 정규적인 기술훈련과 해당 학술 연마가 필수적이다. 그런데 1938년도에 하나를 더 신설한 것까지 겨우 2개의 공업학교에서 조선인 생도 175명, 일본인 생도 264명을 가르치고 있을 뿐이다. 웬만한 규모의 대형공장 하나에도 전문교육을 받은 기술자와 숙련공이 수백, 수천을 헤아리는 것이 상례이다. 조선인구의 최소 10%가 공업인구로 바뀌어도 220만 명인 것을 고려하면 일제는 조선인을 영영 공업에서 격리시켜 오직 땅이나 파게 해 일본제국의 미곡공급이나 충실히 하라는 것과 다름없다.

반면 상업학교와 농업학교는 생도 수가 1932년도에 이미 조선인 일본인 각기 6,721명과 5,296명이었고, 1941년에는 상업학교가 조선인 10,176명, 일본인 4,801명 그리고 농업학교가 조선인 10,814명, 일본인 생도 967명을 수용하고 있다.

당시 좁은 농토에 유휴노동력이 넘쳐 많은 농민들이 땅을 내놓고 유랑 길에 올라, 도시 노동자로 전락하고 있는 판국이 벌어지고 있었다. 이 상황에 웬 농업기술자가 이렇게 많이 필요하다고 농업교육에 치중해야 하는지 불합리의 극이라 할 수 있다. 아마도 양곡증산을 위한 소위 '농사진흥'이라는 '슬로건'에 매달려 있는 모양이다.

그런데 위 〈표 9〉를 보면 1941년도에 와서 공업학교 증설에 발동이 걸린다. 공업학교 생도수가 갑자기 조·일 합산 2,560명으로 늘어난다. 불과 4년 사이에 10배 이상이 된 것이다. 1942년 말에는 공업학교가 9개교로 증설돼, 조선인 생도 1,893명, 일본인 생도 1,812명 합계 3,705명으로 다시 크게 증가한다.

태평양전쟁이 격화됨에 따라 전쟁의 특성상 한도 끝도 없는 소모전이 계속되어 일제의 전력피로가 하루가 다르게 쌓여가기만 한다. 1942년 6월 미드웨이 해전에서 일본제국 함대는 항공모함 4척을 잃는 등 대패를 당하고, 이를 분수령으로 전쟁국면은 일본에게 크게 불리하게 전환된다.

일본의 전략은 개전 초기에 동남태평양지역을 제압하여 석유를 비롯한 주요 전략자원을 확보하는 것이었다. 이 계획이 기습작전으로 실현되자 일제는 이 지역과 본토를 연결하는 수송 루트를 사이판 유황도 등의 섬을 디딤돌로 삼아 구축하고 제해권과 제공권을 장악하여 장기전에 임하겠다는 속셈이었다.

일제가 그 일단으로 동남태평양 남단에 위치한 가달가날도를 점령하고 비행장 건설이 한창이던 1942년 8월 7일, 미 해병대가 돌연 적전상륙을 감행하였다. 항공모함 10여 척 등으로 전력보강을 마친 미 태평양 함대의 옹호 하에 미군은 압도적인 전력 우세로 섬을 어렵지 않게 차지하였다. 심혈을 기울여 건설 막바지에 있던 비행장이 미군에 의해 역이용되는 심각성에 놀란 일본군은 3차에 걸쳐 3만 4천 명의 육군을 투입, 해·공 양군과 함께 결사적으로 총력전을 펼쳤지만 작전은 모두 실패로 돌아갔다. 1943년 2월 초 일본군은 힘들게 살아남은 패잔병 1만여 명을 철수시키고 참패의 막을 내린다. 일제는 이 전투에서 무려 2만 명의 전사자와 병사자, 840기의 항공기와 2,360여 명의 탑승원, 24척의 함선 등의 손실을 입었다.

이후 연합군이 이 지역 해·공권을 장악함에 따라 일제의 물자·병력의 수송과 이동 수단이 차단되어 일본군의 전력은 쇠퇴일로에 접어든다. 그리고 그간 점령한 도서들이 속수무책으로 다시 연합군으로 넘어가기 시작한다.

전세의 열세화로 다급해진 일제는 싹쓸이 동원으로 전력보강에 안간힘을 쓴다. 사무직, 상업자, 농사자를 위시하여 공업종사자까지 소집·징집·징용 등의 강제 동원 대상으로 삼지 않으면 안되었다.

하마처럼 먹어대는 물적·인적 소모에 공급의 한계에 다다른 일제는 드디어 통치시책의 변환을 찾지 않을 수가 없게 된 것이다. 동원으로 빈 공업종사자의 자리를 별수 없이 식민지 원주민으로 메우기로 한 것이다.

하지만 때는 너무 늦었다. 공업기술자가 한두 해에 양성될 수는 없다. 대량으로 급조된 공업학교 생도들이 2~3학년이 된 1944년 전후에는 일제의 패색이 완연해져 공업 교육은커녕 군사훈련과 근로동원으로 학업을 일체 접고, 모든 중등학교 생도 전원이 군수공장이나 일본인 소유 농장에 단순노동자로 투입되는 사태가 되어 버린 것이다.

결국 일제의 조선반도 공업화란 조선인의 복리와는 관계없이 대륙 침략의 병참기지로 조선을 이용한 것에 불과하다.

15년 전쟁 발발 해인 1931년 전후하여, 대륙침략 준비 및 전쟁 기에, 북부조선에 철도 항만 등의 인프라와 수력발전소가 건설되고 대형공업 시설물들이 곳곳에 들어섰다. 다수·대량의 인적·물적 동원이 북적거려 겉으로 보기에 마치 조선의 공업화가 급진적으로 진척되는 것 같은 형태를 갖춘 것은 사실이다.

하지만 이는 모래 위에 세운 성곽과 같은 것이었다. 이들 공장에서 생산된 것이 무엇이었나. 군수품과 그와 연관된 중화학제품과 소재산업 제품이다. 전시통제 경제 하에, 재정지출이나 산업투자를 통한, 통화공급·물자동원·강제노무동원 등은 전적으로 민수 쪽 희생으로 군수 쪽을 확대하기 위한 것이었다. 생산수단, 노동력, 제 자원을 전쟁목적으로 재편성한 것이다.

물론 정상적인 산업구조라면, 대형 생산 공장은 그 산하에 부품공업의 파생이 뒤따르며 부가가치를 크게 증폭시키지만, 조선의 경우는 앞의 〈표 8〉이 보여 주듯이 부품공업이 전무하기 때문에 오직 강제동원된 노동자의 화폐소득이 조선에 떨어지는 유일한 부가가치이다.

그런데 노임으로 풀리는 막대한 자금, 그리고 그 반대축의 민수산업의 극단적 위축은 소비재 공급의 소진을 가져와 심한 인플레를 초래하는 것이 당연지사일 것이다.

일제는 ① 화폐가치의 지속적인 하락은 아랑곳하지 않고, ② 노임의 80~90%까지도 강제저축을 실시하고 ③ 생활필수품의 소비규제와 배급제를 도입하지만 점차 배급품의 공급까지도 줄어들다가 차차 소멸되어 갔다.

노임이 정상적으로 지불되었더라도 구매할 물품도 바닥이 난 지가 오래되었고 돈을 쓸 곳도 없었지만, 왜 고통 받는 가족에게라도 송금을 허락 안 해 주었는지, 광복과 동시에 휴지가 되어 버린 북조선에 강제 동원되었던 조선인노동자의 원성이 두고두고 사그러들지 않을 일이다. 남부에 동원되었던 노동자의 노임도, 광복 후 출금시 그간의 화폐가치하락으로 80~90%의 인플레수탈을 당하였기 때문에 손해를 입은 것은 북부와 대동소이였다.

1945년 8월 15일 필연적으로 성립된 일제의 무조건 항복이었지만, 조선인에겐 전혀 예기치 못한 채 갑자기 찾아온 해방이기도 하다. 조선반도가 반으로 나눠지고 북조선에 급조된 공업화라는 모래성은 노동자의 저축금과 함께 38도선 장막 너머에 신기루처럼 사라졌다.

패망한 일제가 남부조선에 남기고 간 유산이 무엇인가. 공업시설로는 가내공업 정도의 소기업 외에 자급률 20% 정도의 몇몇 방직공장을 제외하면 규모의 공업시설은 전무였다. 일상생활에서 필요불가결한 전력시설은 용량이 8만㎾(38선 이북 화천수력) 정도로 현재의 인구 10만 정도의 소도시 수요량에도 못 미치는 것이었다. 그것마저도 이북 공산집단에 의해 곧 단전이 되어 미군이 들여온 1~2만㎾ 발전함 2척으로 수도인 서울이 겨우 암흑을 면하였던 것이다. 이후 남조선(이하 한국) 공업시설 가동률과 민수품 자급률은, 전력을 포함한 에너지난難, 원자재 및 부품난, 고급 기술자난 등 무엇 하나 제대로 갖추어진 것이 없었던 데다가 6·25 동란까지 겹치는 바람에 대한민국 수립 10여 년 후까지도 상당 기간 10%선 내외에 머물렀던 것이다.

이상이 일제가 한국에 남기고 간 공업화의 실상이다.

식민지기 인프라의 진실

철 도

인프라가 경제 개발의 근간임은 두말할 나위가 없다.

그러나 일제는 식민지 조선의 인프라를, 조선의 사회적·경제적 견지에서 입안한 것이 아니라 오로지 침략과 통치의 수단으로, 조선의 경제체제와 유리시켜 교통망을 깔았던 것이다. 청일·노일전쟁 후 1901년 일제는 막중한 국제적 이권인 조선의 철도부설권을 손에 넣고, 이미 병합 4~5년 전에 경부선과 군용선인 경의선을 부설하였다. 1911년 압록강 철교가 준공됨에 따라 만주와 직통되게 하였고, 1914년에는 호남선과 경원선을 개통시켰다. 하지만 예상대로 군용과 시정용도 외에는 일반인의 이용률은 극히 미미하였다. 애당초 일제가 목적한 것이 일본-조선-만주로 이어지는 침략을 염두에 둔 교통 동맥의 확보였음이 명백히 드러난 것이다.

1917년 총독부는 드디어 조선철도의 운영을 만주와 연계시켜 남만주철도에 위임 경영케 함으로써, 조선을 만주침략 병참기지로 활용하는 서막이 올라간다. 그리곤 물밑에서 어떤 술책을 준비하고 있었는지는 몰라도, 표면상 특기할 만한 상황 변화 없이 7~8년이 지난다. 1925년 1월 서로 대치관계에 있던 소련과 일본은 국교회복 기본조약 조인을 하고 2월에 이를 공포한다. 만주와 국경을 접한 소련의 중압에 살얼음을 타던 일제는 그 위협이 사라지자 때가 왔다고 판단한 듯, 곧 만철과의 철도위임 경영을 해지하고 재빨리 북부조선철도 망의 확충에 들어간다. 원산-상삼봉 간 667㎞의 함경선을 1928년 9월 완공하여 조선반도에 X자 철도망이 대충 형성된다.

물론 함경선은 조선의 경제와는 거리가 먼, 만주철도와 연결키 위한 사전작업이었다.

1931년 9월, 마침내 일제는 간계를 꾸며 만주사변을 일으켜 만주를 식민지화하고 이듬해 침략을 위장하기 위해 만주국 괴뢰정권을 탄생시킨다. 군·관·민 가릴 것 없이 일본인의 대륙에의 러시가 시작되고, 부수적으로 물동량도 기하급수로 늘어난다.

함경선의 준공은 시작에 불과하였다. 일제는 상삼봉에서 남양(도문)을 거쳐 웅기에 닿는 도문선의 공사를 서둘러, 1933년 8월에, 만주 경도선(신경-도문)과 때를 맞춰 각각 완공, 일본 쓰루가항-나진·웅기·청진-남양-도문-만주수도 신경 간의 일·선·만의 제2 동맥 선을 구축한다. 그리고 1934년 3월에는 청진과 웅기에서 각각 신경에 다다르는 직통열차의 운행을 시작하였다. 동시에 도문선의 경영을 아예 만철에 넘겨 일원화하고, 웅기-나진 간 철도부설과 나진항 축조공사도 만철이 시공을 책임진다.

조선의 철도가 만철과 연계되어, 일제의 침략용도임을 입증하는 당시의 총독부 문건이, 노골적으로 다음과 같이 야욕을 드러낸다.

조선철도는 만주국 교통망의 발달과 연계 대응하여, 선만일여鮮滿一如(조선과 만주는 하나와 같다)의 경제·국방의 근간이 될 사명을 져야 할 임무가 중대하다. 조선의 철도는 제국의 대륙정책의 거점이 될 임무를 지니고, 만주건국 후 일·만 교통의 요충지로서의 중대사명은 더욱 배가되어, 조선의 각종 자원의 기업화와 더불어 철도망의 완비와 수송력의 증대 및 열차속도의 제고가 초미의 문제로 논論하게 되었다. (생략)

일제는 병합 후 만주사변까지 21년간 조선을 농산물 공급⇔일본제품시장으로 고정시켜 전형적 식민지 수탈로 만족하고 있었던 것 같다. 그런데 대륙침략을 기획하면서 조선의 입지조건과 풍부한 지하자원·산림자원·수자원·수력발전 등의 개발에 착안하게 된다. 철도망을 위시한 인프라의 급속한 확충과, 군수물자 조달을 위한 중화학공업육성 및 자원개발 등이 긴급 긴요한 과제로 부상한 것이다. 그리하여 험준한 산악지대이며 인구밀도가 조선반도에서 가장 낮은 소외된 땅 함경도에 순전히 침략전쟁목적으로 경제성을 도외시한 개발의 태풍이 몰아닥친 것이다.

다음 〈표 10〉이 보여 주듯이 중일전쟁이 발발한 1937년을 전후하여, 만주와 연계된 제3간선인 만포선 등 10여 개의 노선, 연 거리 2,000여km의 철도가 집중적으로(제2 경부선 격인 경경선을 제외하고) 대부분 이 지역에 부설되었다.

1930년대 초까지 조선인의 철도이용률은 극히 낮았다. 전인구의 8할에 달하는 농사꾼이 한정된 생활권 범위를 벗어날 구실이 별로 없어서였다. 그러나 일제의 식민지수탈이 진행됨에 따라, 빚에 쪼들려 농토를 뺏기고 외지로 떠나는 사람이 점차 늘어나, 이들 중 일부는 만주척식이민으로 또는 일본본토 노동판에 일터를 찾아 자의 반 타의 반으로 철도를 이용하지 않을 수가 없었다.

한편 일본본토에서도 국책사업으로 대륙이민이 장려되어, 상·공할 것 없이 전쟁 말기까지 만주에 155만, 조선에 70여 만 명이 정착, 쉴 새 없이 본토를 드나들었고, 관동군의 병력 증강에 따른 병사의 빈번한 이동까지 겹쳐 조선을 종으로 관통하는 철도망들이 일제가 일찍이 계획한 대로 밤낮으로 불꽃을 튀겼다.

〈표 10〉 1933~1942년 준공된 조선철도망

	노선명	구간	거리(km)	준공연월	비고
1	도문선	상삼봉－남양－나진	198.5	1933년 8월	일본－나진－남양－만주 도문－청진－
2	흥남선	오로－부전호반	74.6	1933년 9월	부전호발전소
3	장진선	함흥－사수	75.6	1934년	장진호발전소
4	동해남부선	경주－부산진	112.3	1936년12월	경주에서 중앙선에 연결 제2 경부선 역할
5	동해북부선	안변－간성	150.7	1937년 1월	경원선에 연결
6	혜산선	길주－혜산진	142.0	1937년11월	자원개발용, 함경선 연결
7	만포선	순천－만포국경	303.0	1939년 3월	평양－순천－만포－만주집안
8	평원선	서포－고원	212.6	1941년 4월	평양－원산 연결
9	평북선	정주－수풍	121.6	1941년	평양－정주－수풍댐
10	평덕선	평양－덕천－구장	192.0	1941년	만포선에 연결
11	백무선	백암－무산	187.0	1942년 3월	협궤
12	경경선 (중앙선)	경성－경주	382.7	1942년 4월	동해남부선과 연계하여 제2 경부선 역할
	※경의선 복선화	경성－신의주	499.3		※ 1938년 예산확보 만주 안동에 연결
	계		2651.9		위 노선에서 파생된 각 선 합계 약 200km는 불포함

1937년 7월 준비된 일제의 중국침략이 시작되어 중국의 주요 도시들이 속속 일본군의 군화에 짓밟힌다. 전황이 확대됨에 따라 일본군 병력은 급팽창, 1937년 60여만 명에서 38년에는 160여만 명으로, 그리고 이에 수반되는 군수품의 수송 수요는 철도부하를 한계점으로 치켜 올린다.

이것이 일제의 필사적인 조선 철도망의 확충배경이었다. 북부조선에는 당연히 노무자 수요가 일시에 폭발적으로 증가한다. 중화학공업단지건설과 자원개발사업으로 이미 동원된 수십만의 노무자 외에, 총독부 문건에 의하면, 1935년을 전후하여 이 지역 토목공사에만 1일 35만 명의 노동력 수요가 발생하였었다. 1939년 7월, 국민징용령이 공포, 시행되고 동월 28일 조선인 노동자의 강제 연행이 시작된다(참조: 『현대일본경제사연표』, 30쪽). 전쟁 말기까지 일본 등 외지에 150여 만 명, 조선 안에서 3백20여만 명이 강제 동원된다. 징용기간만료귀환자를 포함하면 연인원 600만이 넘는다.

1941년 12월 태평양전쟁이 진주만기습공격으로 발발하자 전선이 중국에서 남태평양으로 확대되어, 관동군정예부대 50만 명이 남아시아로 이동 배치되고, 그 자리를 메우는 보충병의 북송과 한없이 소모되는 군수품의 수송대응이, 그간의 철도망 확충에도 불구하고, 점점 더 버거워진다. 수송량이 만주사변 후 1942년까지 5배 이상 늘어난 것이다.

우선 일반 여객수송이 전면적으로 제한된다. 수차의 다이야(열차운행시간표) 개정으로 1942년에 45%, 43년 1월에 31%, 44년 4월에는 16%로 줄어들어 민간인, 특히 조선인의 철도이용은 거의 불가능해졌다. 막상 조선인의 철도이용이 가장 필요하게 되었을 때 말이다. 씨가 마르도록 거의 모든 해당 조선인이 강제 동원으로 타지에 끌려와 혹독한 노동으로 기진되어, 오직 고향에 가족을 만나러 가는 것이 유일한 삶의 희망이었는데, 철도는 이들에게 그림의 떡으로 변해 버린 것이다.

1945년 8월 15일 일본의 패전·조선의 해방으로 38선 이남에 부설된 2,433㎞의 굴곡이 막심한 저질의 철도망이 조선인, 아니 한국인의 손에 넘어왔다. 전시 중의 혹사 폐해와 보수용 부품 부족, 연료난, 운영인원의 공백 등으로 노후하여 상처투성이가 된 상태였다. 철도는 한때 전면적 마비상태에 빠지기도 하였지만, 소량의 여객수송이 불규칙적으로 운행되면서 한국철도는 비로소 한국인의 손에 의해 비상의 날개를 펴기 시작한 것이다.

도 로

시정 후 총독부는 조선의 도로정비에 대해 간간이 눈을 돌렸지만 크게 신경을 쓰지 않았다. 도로의 정비가 중대문제가 된 것은 1931년 만주사변을 계기로 도로수송에 대한 필요성이 긴박하게 대두되고 난 후부터이다. 군용과 자원개발을 위한 도로신설과 기존도로 개보수를 서둘러 추진, 도로망은 점차 정리되었지만 투입자금 면에선 철도에 비하여 불과 몇 퍼센트에도 미치지 못했다. 1938년 말 기준 조선의 도로망은 1등선(노폭 7.5m) 38개선(시가지 21선 포함) 연장 3,236km, 2등선(노폭5.5m) 97개선(시가지 219선 포함) 연장 9,976km, 3등선(노폭 4m) 516개선 연장 14,675km이다. 이 중 포장도로는 시가지도로 일부와 경성-인천 간 경인산업도로 31km뿐이었고, 패전시까지 조선의 모든 노선도로는 비포장 상태였다.

문제는 이 방대한 비포장도로의 보수유지 작업이었다. 비로 유실된 부분이나 자동차부하로 지속적으로 만들어지는 노면의 요철을 메우고 고르는 작업이 연중 내내 필수적이다. 총독부는 300만 조선인 농업가구 거의 전부에게, 가까운 개울바닥에서 모래자갈을 지게로 져 나르는 도로 보수·유지 작업에, 가구당 한 사람씩 한 달에 두 번 무보수 강제부역을 의무화하였던 것이다.

항 만

일제가 축항한 조선의 항만은 인프라라는 용어가 걸맞지 않을 정도로 빈약했다. 1930년대 초 대륙 침략이 있기 전까지는 그 기능도 1차 산업 원자재와 연간 천여 만 톤에 이르는 미곡과 대두의 일본본토로의 반출(이출), 그리고 본토에서 식민지시장에 이출하는 공업제품의 수송이 대부분이었다. 그나마 관부연락선이 오갔던 부산항이 부두시설을 제대로 갖추어, 규모가 큰 무역선도 직접 적하가 가능하였다.

수도 경성을 배경으로 조선 제2의 항구로 평가받았던 인천항의 실태를 살펴보면 조선의 항구 규모를 알 수 있을 것이다. 서해안은 간만의 차가 9m에 달하고 수심이 얕아 부두를 만들어도 화물적하에 제약을 받는다. 그래서 만든 것이 갑문식 도크다. 최대 3천 톤급 선박 3~4척을 수용할 수 있다지만 대개는 2~3천 톤급 화물선 한두 척이 정박하고 있을 뿐이었다(1940년 기준).

부두 밖 도로변에는 일본이출용 미곡보관 대형 창고가 줄지어 서 있고, 네댓 개 사이사이 정미공장이 있어 연중 내내 가동된다. 일본 현지 미곡 수급사정에 따라 이출량을 조정하고 있는 것이다.

볼거리는 부두 안에도 있다. 간조가 되면, 돛단배 수십·수백 척이 물 빠진 갯벌에 닻을 내리고, 그 위로 질빵을 짊어진 노무자들이 잰 걸음으로 바삐 짐을 올리고 내린다. 수는 적었겠지만 100년 전에도 이랬을 것이다. 극히 일부의 도크시설을 제외하면 여타 부두시설은 현대화하고는 거리가 먼 이야기였다.

부산 말고, 바쁜 항구를 찾는다면 1937년을 전후하여 북부조선에서 일본과 만주 간에 군과 군수품을 쉴 새 없이 중계해대는 데가 있었다. 이들 청진·나진·웅기항이 상징하듯이 일제의 조선 인프라는 대부분 대륙침략 용도로 조선의 입지 조건을 이용한 것에 불과한 것이다.

화약이 탄환 폭탄 등 전쟁 목적에 이용되기도 하고 민수산업용으로 쓰이기도 하듯이, 인프라도 경제성을 검토하여 입안하는 것과, 경제성을 도외시한 채 주목적이 군사용으로 입안한 것과는 다대한 차가 난다.

일제는 조선의 인프라를 처음부터 주로 침략전쟁 목표로 입안하여 건설한 것이, 위 논증으로 어김없이 드러났다고 할 수 있을 것이다.

식민지기 조선의 자본주의

    자본주의 하면 한때, 특히 일정 때, '이미지'가 별로 좋지 않았다. 자본가와 임금노동자 계급으로 구성된 것이라는 선입감으로 사람들은 자칫 자본가의 착취를 연상하였기 때문이다. 그러나 현시점에서 그러한 관념은 사라진 지가 오래되었고 치열한 시장경쟁을 통한 뛰어난 생산성 때문에 전 세계가 선호하는 유일무이한 경제체제로 자리가 잡힌 것이다.

    일정 때 조선의 경제체제는 자본주의와는 정반대의 철두철미한 통제경제체제이었음에 이의를 달 사람은 별로 없을 것이다. 군국주의 독재국가에 시장경제가 성립될 리는 만무하였고, 온갖 통제령만 난무하였다. 1931년 시작된 15년 전쟁 초인 1933년 미곡통제법을 위시하여, 전시통제경제법, 국가총동원법, 미곡배급통제법, 생활필수품 물자통제령, 소매업정리요강, 금속류회수령 등 한도 끝도 없이 반시장적 법령이 쏟아져 나왔다. 이 상황에 무슨 시장경제 운운하며 더할 말이 있겠는가. 통제의 대상이 되는 것은 가격과 물품의 수급이다. 가격통제에는 당연히 가격의 왜곡이 뒤따른다. 공정가를 어기면 벌금이나 형사처분을 받게 된다. 물품의 수급은 이동경로의 자유가 없어지고 필수적으로 권한기관의 관리를 받아야 한다. 이 모든 상황은 물자부족에 기인하기 때문에, 배급과 허가제도가 등장하게 된다. 나무젓가락 한 짝도 마음대로 만들어 팔지를 못한다.

산업의 전 역량이 군수산업으로 집중되고, 원료 부족으로 민수산업은 급속히 쇠락해 갔다. 일본으로부터의 민수품 공급이 끊기자 상점 선반은 비어 갔고, 주인은 징집이나 징용으로 강제 동원되어, 상업이라는 업종은 배급품을 취급하는 몇 안되는 가게를 제외하고 대부분 문을 닫는다.

일정시대에는 애초에 상설시장이라는 것이 극히 드물었다. 도시에서는 상점이 제각기였고 시골에서는 조선조시대부터 이어져 내려오는 전통적인 장이 고을마다 5일 간격으로 섰기 때문에 아무런 불편이 없었다. 그렇던 것이 도시에서는 '야미' 시장이라는 암시장이 자연발생적으로 생겨나 저녁때가 되면 길거리에서 소량의 뒷거래가 슬그머니 이루어지기 시작하였다. 식량을 비롯해 생필품, 헌옷가지까지 거래는 점차 다양해진다. 이따금 단속을 피해 이리 뛰고 저리 뛰지만, 암거래는 줄어들지 않았다.

통제를 벗어난 암시장 물품가격은 천정부지로 올라갔다. 하지만 돌이켜보면 이것이야말로 시장경제의 잉태가 아니었던가 싶다. 일정시대의 물가지수라는 것은 당국이 고시한 당년의 공정가가 기준이었지만 진정한 실질가격을 산정하려면 암시장가격도 일부 반영시켜야 한다는 생각이 드는데 경제학자들의 의견이 궁금하다. 물론 암시장 가격의 공적인 기록이 발견된 것이 있다는 말은 아직 없다. 앞쪽 〈표 11〉은 호기심 많은 독자를 위해 참고삼아 기재한 당시의 암시장 물품가격표이다. 필자는 이 표의 가격 하에 당시 실지로 살았던 산 증인 중 한 사람이다. 공정가격 대비 암시장가격비는 물품의 공급량과 희귀 여하에 따라 10배에서 100배가 넘을 수도 있었다.

<표 11> 서울공정가격 및 암시장가격

품 명	단위	공정가격	암시장가격
1945년 8월 초			
쌀	1말	5.09원	500원
청주	1되	5.30원	120원
왜간장	백g	0.20원	2원
설탕	1근	0.46원	100원
감자	1관	1.10원	30원
쇠고기	1근	3.52원	30원
건명태	20마리	1.62원	40원
1944년 12월			
양복	1벌	56원	500원
양말	1족	0.44원	15원
세탁비누	1개	0.48원	40원
성냥	1포	0.56원	35원

출전: 『조선은행회고록 후편 2집』, 후르다니요시죠(古谷吉藏)

총독부의 조선통치 형태

　일본식민지기에 민주화가 있었나 하고 묻는다면 대답하기 전에 누구나 질문자의 진의를 의아해할 것이다. 사실은 국어사전에 민주화가 근대화의 주요 조건이라고 나와 있어, 일제가 얼마나 비민주적이었나를 기술할 목적으로 이 장을 마련한 것이다.

　민주화란 한 나라가 민주주의적으로 되어 가는 것을 가리킨다. 민주주의는 주권이 국민에게 속하며, 국민에 의해 국민을 위한 정치를 행하는 주의이다. 삼권분립 등의 요건은 차치하고 무엇보다도 자유가 있어야 한다. 언론의 자유, 거주의 자유, 직업선택의 자유, 교육의 자유 등 남을 해치고 법을 어기는 것 말고는 국민의 모든 행실에 자유가 있어야 한다. 자유의 반대는 구속이다. 국민의 의사에 반하는 강제는, 법을 어기지 않는 한, 어떠한 경우에도 있어서는 안된다. 국민의 인권도 물론 보장해 주어야 한다.

　그것이 다 무슨 소리냐. 그것을 모르는 사람이 어디 있느냐 하고 당장 되물을 사람이 많을 것이다. 그렇지만 일본식민지기에는 전혀 달랐다. 위 제 사항은 꿈속에서도, 생각할 수도 바라볼 수도 없는 일이었다. 한마디로 일제의 식민지통치 형태에는 단 한 가지도 민주주의적인 것은 없었다. 식민지민을 부당하게 억압하고 구속하는 수십 수백의 갖가지 칙령 총독부령은 도저히 지킬 수 없는 성질의 것이 상당수였다. 예컨대 농사꾼이 미곡통제법을 어긴다든가 금지된 농주

(막걸리)를 담갔다든가 부역에 몇 번 빠졌다든가 하다가 두세 번 들키는 날이면 영락없이 제재를 받아야 한다. 농주와 미곡은 압수를 당하고, 칼을 찬 순사(경관)가 해당자를 강제 연행하면서 욕설과 발길질은 기본, 주재소 문이 닫히면 본격적인 폭행이 시작되고 비명이 터져 나온다. 시말서를 쓰고 나올 무렵이면 반 주검이 되어 버린다. 이것보다 더 심한 경우가 있다. 징용을 기피한 아들을 가진 아버지의 처지가 그렇다. 아들 대신 잡혀온 아버지가 수난자가 되어야 한다. 숨긴 자식을 찾아오라고 족치는 것이다. 아버지가 거의 돌아가시게 되었다는 소식이 아들에게 전해져 자수해 오기까지 온갖 수모를 다 겪어야 하는 것이다.

이상의 두 사건 예는 총독부 폭정의 전형적인 단면을 보여 주고 있다고 할 수 있을 것이다. 일본 관헌이 주재하고 있는 곳이라면 조선팔도 언제 어디서나 흔히 목격되는 다반사였던 것이다. 이와는 비교가 안될 정도로 심각한, 민족성의 존폐에 관한 문제가 별도로 산적되어 있다. 창씨개명을 위시하여 한글사용 금지, 신사참배 강요, 각종 강제 동원령, 동아·조선 등 민족 언론 폐간, 조선민족의 정체성과 민족고유문화 완전 말살의 시도 등등 일일이 열거할 수 없을 정도의 억압이 자행되었던 것이다. 특히 사상범(독립운동가)에 대한 비인도적인 학대와 가혹한 고문에 이은 처벌은 세계에 다른 예를 찾을 수 없을 정도로 악랄의 극에 달하였었다.

일제의 갖은 학정 중에서도, 조선인의 저항이 가장 강했던 것의 하나가 일제의 창씨개명이었을 것이다. 일본인은 조선인이 성씨에 대하여 가지는 신성불가침의 고귀한 상념을 이해하기가 도저히 불가능하였을 것이다. 조선에서 성씨는 거의 신앙과도 같다. 혈통중시의 전통은 조상 대대로 연연히 이어 내려져 왔고, 앞으로도 자랑스럽게 이어져 갈 것이다.

일본은 명치유신 때까지도 일반 서민은 대부분 이름만 있을 뿐 성씨가 없었다. 갑자기 호적제도를 도입하면서 성씨를 급작하게 된 것이다. 따라서 혈통과는 전혀 관계가 없는 일종의 기호와도 같은 것이다. 없던 성씨를 별안간 만들자니, 다나까(田中, 밭 가운데), 나까무라(中村, 마을 가운데), 오가와(小川, 작은 개울) 등, 논·밭·마을·산·개울 등을 손쉽게 성으로 등록한 것이다. 친족 간에도 성씨가 다를 수 있고, 여자가 시집을 가면 서양처럼 남편과 같은 성으로 바꾼다. 그렇기 때문에 성씨에 대한 존귀한 관념이 희박하고 혈족 간의 위계질서도 없어, 사촌 간에도 혼인을 하는 경우가 드물지 않으니, 더 말할 나위가 없다.

조선인이 일제의 창씨개명 정책에 격렬한 반기를 든 것은 너무나 당연하다. 청천벽력. 이것이 무슨 날벼락이란 말인가. 촌로들의 분노와 한탄은 이루 표현할 수 없을 정도였다. 하지만 총칼을 쥔 일제가 물러설 리가 만무하였다. 조선조 600년 사직도 일제에게 감쪽같이 빼긴 마당에 사사로운 가계家系가 무슨 힘으로 버티겠는가. 왜놈 성으로 바뀐 이 못난 후손들이 조상의 기제忌祭를 앞으로 얼마나 더 계속할 수 있을까가 더 걱정스러웠다. 그러나 감히 누가 일제와 맞서 총독부령을 거역하겠는가. 등록 첫날 사람들이 눈치만 살피자, 일제는 앞잡이를 내세워 등록을 솔선수범시켜 물꼬를 트게 한다. 그리고 다른 한편, 행정기관으로 하여금 주변을 독려하고 가가호호를 방문, 반 회유 반 협박으로, 점차 가장들을 등록의 길로 내몬다. 만일 등록을 회피한다면 어떻게 되는 것일까. 어떠한 불이익을 각오해야 할까. 사람들이 가장 두려워하는 것은, 생존과 직결된 배급통장이 제한을 받을 것과, 자칫 잘못 보였다가 사소한 건으로도 주재소에 끌려가야 하는 걱정거리일 것이다.

창씨개명은 기한을 연장까지 하여 독려하였지만 결과는 총인구의 8할 내외가 등록을 하였고, 나머지 2할의 미등록자는 자동적으로 구성씨를 일본발음으로 바꿔서 등록이 되었다.

창씨개명에 한동안 따라다닌 가슴이 저리는 에피소드 한 토막이 있다. 당시 그 이름을 대면 다 알 만한 민족자긍심이 매우 투철한 연예인 한 사람이 있었다. 당국의 독촉에 견디다 못한 그는 창씨등록을 하러 가서 서류를 냈다. 그가 원한 성씨는 '이누노고'였다. 한자로 견자犬子다. 일본 성씨로 고쳐야 하는 나는, 개새끼라는 것이다. 물론 받아들여질 리가 만무하였고, 그 결과는 독자의 상상에 맡긴다. 참고로 그는 6·25 때 행방불명이 되었다(납북되었다는 설도 있다). 이것이 아마도 조선인 전체의 속내였을 것이다.

강점기 조선인의 생활상황

농 촌

『조선총독부 30년사』에 의하면 1930년 당시 조선에는 극빈층에 속하는 춘궁민이 125만 3천여 호에 달했다. 당시 전 농가호수의 43%에 미친다. 이 수치는 그 후로도 계속 늘어나 1940년도에 가서는 150여 만 호로 추계된다. 춘궁민은 주로 소작농 이하 계급에서 발생되는데 소작·화전민·피용자의 1940년도 합계가 185만여 호로[6] 1926년도의 122만여 호보다 대폭으로 증가된 것이다.

전 농촌인구의 반이 극빈층에 속하는 사회에 대해 새삼스럽게 근대화 여부를 검토한다는 것이 우스꽝스럽기도 하지만, 젊은 독자층을 위해 당시의 상황을 구체적으로 적는 것도 의의가 있을 것도 같다.

필자는 1930년도에 경기도 수원군 서신면 광평리(현재의 수원시에서 35km 떨어진 서해안)에서 태어나 8세까지 그곳에서 성장하였다. 집안은 지주계층이었고 어려서 선친에게 천자문을 배우다가 7세부터 8세까지 이웃동네 서당에 다니기도 하였다. 그해 4월 초 일면일교—面—校제도로 유일하게 면사무소 소재지에 있는 4년제 보통학교에 응시를 하였지만 뜻밖에 불합격이 되었다. 선친은 즉각적으로

---

[6] ≪일제 자본주의 침략과 고율 소작료 수탈≫ 중 <표 4> 계급별 농가호수 누년표 참조.

필자를 데리고 도회지(인천)로 나가 6년제 공립보통학교 입학을 시도하였지만 이미 학기가 시작되어 어쩔 수 없이 '미션'계의 학원에 입학을 시키셨다. 이리하여 1년간 예비교육을 받고 이듬해에 13 대 1의 경쟁을 뚫고 인천송림공립보통학교 1학년생이 되어, 학원에 이어 재수를 하게 된 것이다.

필자개인이력서는 이만 줄이고 필자가 직접 겪은 조선농촌의 실상으로 돌아가 보자.

일정 때 조선농촌에는 불이 없다시피 귀했다. 불하면 빛을 내는 불과 열을 내는 불이 있다. 시대를 구분할 때 이 두 가지 불이 다 귀하다면 아마 원시시대에 가까워질 것이다. 1937년 기준 조선의 총가구 4,227,117호 중 전등이 있는 가구는 504,405호였다. 이 중 전등을 빠짐없이 사용하는 일본인 가구 158,344호를 제하면 전깃불이 들어오는 조선인 가구 수는 346,061호이다. 이것을 조선인 가구 4,058,867호에 배분하면 평균 100가구당 8.5호가 된다. 전등수용 가구는 배선공사의 편이성과 요금부담 문제 때문에 아무래도 도시나 인구밀집지에 편재하게 된다. 농촌에는 기껏 면사무소 소재지 정도가 행정 편의상 혜택을 받았을 뿐이다.

총인구의 8할이 살고 있는 조선농촌은 밤이면 원시시대로 돌아가야 하는 운명이었다. 전쟁 말기에는 석유배급이 완전히 끊겨 등잔불도 없었던 것이다.

열을 내는 불 사정은 어떠하였을까. 불을 일으키려면 발화기가 필수인데 조선농촌에는 성냥이 귀했다. 성냥을 살 경제적 여유가 없을 정도로 가난한 사람이 많았던 것이다. 경성(서울)에서는 공정가가

0.56원 하는 성냥 한 포가 암시장에서 35원(〈표 11〉 참조)에 거래가 되는데, 시골에서 어떻게 성냥을 구경할 수가 있었겠나. 성냥은 지주계층이나 살 수 있는 것이었다. 가난한 소작인들은 나름대로 집집마다 불씨를 보존하고 있었다. 나뭇가지를 태운 새빨갛게 불에 탄 재를 화로에 담아 꼭꼭 누르고 그 위에 납작한 돌을 올려놓는 것이다. 아침저녁으로 재를 갈아주면 불씨는 삭지 않고 계속 유지된다. 아마도 태고 적부터 인류는 이렇게 불씨를 지속시켜 왔을 것이다.

이번에는 농사자의 식·의·주를 살펴보자. 셋 중에 어디에 더 무게 추를 올려놓아야 할지는 의견이 분분하겠지만 필자는 식에다 놓고 싶다. 식은 배고픈 사람에게는 생사가 걸린 문제이기 때문이다. 식민지기에 대부분의 조선 사람은 항상 배가 고팠다. 특히 농사를 직접 짓는 농사자의 처지가 심각하였다. 그들이 생산한 주요 농산품이 소작료 수탈과 공출로 인해 그림의 떡에 지나지 않았던 것이다.

필자가 기술하고 있는 대상자들은 극빈자계층에 국한된 것이 아니라 대다수 농민의 평균치에 해당하는 사람들 이야기이다. 따라서 초근목피 같은 이야기는 일부러 피해 갈 것이다.

농촌에서 쌀 반 잡곡 반을 섞어 밥을 짓는 계층은 상위 10% 이내에 드는 자작농 또는 소지주들이다. 나머지 태반은 보리, 조, 수수, 콩 등으로 된 잡곡밥이다. 혹 노인이 계신 집에서는 쌀 한 움큼을 잡곡 위에 얹었다가 노인 밥그릇에만 넣어 드린다. 조선에서 생산되는 미곡의 절반 가까이가 일본으로 나가고 나면 조선인에게 돌아가는 쌀의 양이 반으로 줄어든다. 그 반을 소비하는 사람은 조선에서 살고 있는 일본인, 일본 술 주조업자, 쌀을 사먹을 수 있는 윤택한 도시인, 대·소지주, 여유가 있는 상공인, 상위 자작농, 공무원, 중·고급 회사원 등이 차지하게 된다. 300만 농가 중 적어도 200여만 가구는 일 년 내내 쌀 구경하기가 어렵다는 이야기이다.

자급도가 낮았던 생필품의 공급도 문제지만, 농촌의 근본문제는 이렇다 할 화폐의 취득원이 없었다는 데에 있다. 유일한 소득원인 미곡은 55%의 소작료를 떼고 나머지를 공정가로 현금화하더라도, 빚 이자 갚고 나면 기본생활비에도 못 미쳤다. 그래도 아낙네들은 손수 물레를 돌려 무명포를 짜서 앞을 가리고 핫것을 장만하기도 하여 주어진 삶에 안간 힘을 쏟았다.

도 시

1937년 항구도시인 인천은 중일전쟁 발발로 어수선하였다. 수년간 지속된 호경기의 마지막 해로 기록되어 있지만, 시가지는 확장공사가 한창이었던 가운데, 헌병대 기마병의 말발굽소리가 요란스런 작렬 음을 터트리며 달려 나간다. 인천이 중국 산동성의 대안에 위치한 관계로, 많은 수가 정주하고 있었던 중국인들의 기색이 불안으로 위축되어 있음이 역력하였다.

그때까지만 해도 정육점에서는 10전어치 고기를 팔았고, 쌀가게에는 쌀이 가마째 널려 있었으며, 청관靑館이라 불리던 중국인 밀집지역 포목점에는 중국산 비단이 높이 쌓여 있었다.

신문은 연일 중국전선에서의 승전보를 대서특필하고 있었지만 조선인 사회의 분위기는 왠지 무거워 보였다. 해가 바뀌자 전시체제로의 변환이 겉으로도 완연해졌다. 전쟁이 일본군의 일방적 승리로 조속히 끝날 것이라던 신문예상은 어긋나고, 전황은 점차 가라앉아 가더니, 시정市井의 양상은 하루가 다르게 변모해 갔다. 일본인 해당자에 대한 징집영장이 마구 쏟아져 나왔다. 가장 먼저 변화를 보인 것은 상점들이었다. 가게에 진열한 일용품이 하나둘씩 줄어들었고 가격이 슬금슬금 올라갔다.

선과 점으로 연결된 중국전선은 밀고 밀리는 양상으로 변한 듯 신문보도에서는 새로운 점령지의 지명이 보기 어려워졌다. 시원치 못한 전황에서 오는 중압감이 어두운 그림자를 드리우며 다시 해는 바뀌어, 1939년으로 넘어갔다. 이 해에, 조선전토엔 엎친 데 덮친 격으로 전무후무의 대 한발이 닥쳐왔다. 조선인의 생명선과 다름없는 미곡수확이, 평년보다 무려 1,000만 석이 감소한 1,435만 석에 그친 것이다.

이러한 천재지변 와중에도 일제의 소작료 수탈은 가차가 없어서 미곡 490만 석과 콩 78만 석을 일본으로 실어가 버렸다. 앞에서 이영훈은 "쌀을 수출하고 부족한 식량은 만주에서 콩이나 조를 수입해서 충당하였다."고 말하였는데, 이 해에 만주에서 수입한 콩은 143만 석, 조는 195만 석, 합계 338만 석에 불과하다. 일본에 수출한 미곡 양에도 훨씬 못 미친다. 대흉년에도 수출이 수입보다 많은데, 평년에는 더 말할 나위가 없다. 이영훈이 『대한민국 이야기』에 기술한 것이 허위라는 것이 다시 입증된 것이다.[7]

중요한 것은 조선인의 식생활 상황이다. 조선인의 태반은 농촌 도시를 불문하고, 열악한 정도가 아니라, 거의 기아선상에 있었다고

---

7) ≪미곡 일본이출의 진실≫ 중 <표 2> 조선 양곡 수이출 현황 참조.

말할 수밖에 없는 지경이었다. 1939년 4월 12일, 미곡배급통제법이 공포되었고, 도시에서는 이 무렵부터 곡물배급제가 준비되고 있었다. 해를 넘기며 일부지역에서 쌀 배급이 실시되기 시작하였다. 처음에는 쌀 반 잡곡 반으로 1일 1인당 2홉 5작(성인 1인당 필요 칼로리는 4~5홉)이다. 그것도 전쟁 말기에는 다시 2홉 1작으로 줄었고, 그나마도 잡곡 비율이 더 높아졌다.

배급이 원활치 못할 때, 만주에서 수입한 콩깻묵으로 대체된 적도 있다. 콩깻묵이란 콩에서 기름을 짜낸 찌꺼기로 평소에는 비료나 가축사료용으로 사용되는 것이다. 콩깻묵이 나눠지는 날이면 정회(동사무소)에서 종을 쳐 주민들을 모은다. 사람들이 조그마한 바구니를 들고 모여든다. 트럭 바퀴 크기에, 소시지를 직각으로 짧게 자른 것 같은 모양을 한 두께가 20cm 가량 되는 원추 덩어리가, 마차에서 맨 땅에 굴려 떨어트려진다. 그것을 힘센 사람이 도끼로 찍어서 조각을 낸다. 사람들은 흙과 모래, 범벅이 된 조각들을 바구니에 주워 담는다. 배급통장에 도장을 안 찍어도 되는 것이 다행이라고나 할까. 집에 와서도 문제다. 끓이기 전에 물에 담가서 조각에 박힌 모래와 흙을 조심스럽게 제거시켜야 한다. 맛은 어떨까. 굶는 한이 있더라도 차마 먹을 것이 못된다.

일반적인 가정에서 다른 무슨 먹을거리가 있을까. 한마디로 별로 없었다. 야채가 고작이었다. 일본인에게는 설탕을, 조선인에게는 소금을 배급품이라고 나누어 준 적도 있었다. 왜된장, 왜간장도 배급품인데 일본인에게만 나갔다. 차별은 도처에 자리를 잡고 있었지만, 그것을 감히 조선인이 불평한다는 것은 엄두도 내지 못할 일이었다.

식민지기 교육실태

미즈노는 『SAPIO』-「조선반도 근대화의 진실」에서 「본토와 동등한 교육 실시」라는 표제 하에 "학교 교육은, 근대국가의 초석인데 구미제국과 일본의 식민지정책의 결정적 차이는, 본토와 동등한 교육을 식민지에서도 실시한 데에 있다. 예컨대 일본의 최고 학부인 제국대학을 1924년에 경성에 설립하였다. 일본 통치시대의 조선반도에는 1924년까지 법학전문학교, 고등공업학교, 고등상업학교, 고등농림학교, 사범학교, 관·공립중등학교 등 148교가 있었다."고 대단한 공적인 양 찬양하고 있다.

하지만 이들 학교가 대부분 조선인을 위한 학교가 아니라, 식민통치세력인 재주일본인 자녀를 위주로 하여 설립한 학교이며, 조선인은 명목상 극히 소수의 인원을 유화정책의 일환으로 수용하였을 뿐이라는 것은 널리 알려진 사실이다.

공교육

다음 〈표 12〉는, 1933년·1937년·1941년도 『조선총독부 통계연보』를 참조하여 작성된, 당시 조선의 관·공립제 학교 일람표이다. 태평양전쟁 발발 직전, 일본제국주의 팽창의 절정기였던 9년간의 총독부 공교육 실태를 일목요연하게 보여 준다.

공교육은 초등·중등·고등의 3단계로 나눌 수 있을 것이다. 초등교육은 문맹률을 줄이는 게 고작인 기초단계이고, 다음 단계인 중등교육은 고등교육을 받기 원하는 자를 위한 인문교육과 졸업 후 바로 사회에 진출하려는 자를 위한 실업교육으로 나눠지는 것이 상례이다. 그리고 3단계인 고등교육은 장차 국가의 각 분야에서 중추적 역할을 하거나 사회를 이끌어 갈 지도자를 양성하는 과정이라고 할 수 있다.

〈표 12〉 공립 제학교 일람표

연 도	1933		1937		1941		비고
	학생 수		학생 수		학생 수		
학교종류	조선인	일본인	조선인	일본인	조선인	일본인	
초등학교	537,566	78,788	858,941	89,189	1,503,818	98,719	
중학교	7,680	6,107	9,212	7,488	13,586	10,238	
고등여학교	2,490	8,673	3,513	10,703	7,411	13,244	
농업학교	4,968	641	6,676	834	10,615	967	
상업학교	2,497	3,025	3,213	3,268	5,177	4,322	
공업학교	48	134	73	165	1,033	1,104	
직업학교	197	333	697	619	3,683	797	
수산학교	223	5	226	6	637	74	
사범학교	1,138	753	2,084	1,574	5,403	2,081	
전문학교	553	1,163	635	1,227	833	1,691	
대학교	202	407	161	355	308	406	
예과	97	217	165	296	219	395	

출전: 『조선총독부통계연보』

<표 13> 공립초등학교 취학상황

연도	1924	1933		1937		1941	
종족	조선인	조선인	일본인	조선인	일본인	조선인	일본인
조선 인구	17,619,540	20,205,591	543,049	21,682,885	619,512	23,913,063	717,011
초등 학생 수	374,349	537,566	78,788	858,941	89,189	1,503,818	98,719
인구대비 취학률	2.12%	2.65%	14.62%	3.96%	14.4%	6.32%	13.3%
학령 아동 수	246.7만	295.4만	7.94만	312.2만	8.92만	318.0만	9.5만
학령아동 취학률	15.17%	18.14%	99.99%	27.51%	99.99%	47.54%	99.99%

주: 조선인 학령아동 수는 해당연도 일본인 인구대비 취학률을 적용하여 산정

　사회발전을 기하기 위해선, 위정자는 반드시 공적자금을 우선적으로 투입해 위 3단계 교육을 공정하고 균형 있게 발전시켜 나가야 한다.

　그런데 <표 13>을 보니 한숨이 절로 난다. 교육상황 평가에서 거의 절대적이라 할 수 있는 학령아동 취학률이 1924년도에 조선인 15.17%, 1933년도에 18.14%이고, 일본인은 해마다 99.99%가 계속 이어지고 있다. 식민통치 27년째인 1937년도에 와서도 조선인은 겨우 27.51%에 머물러 있다. 초등학교조차도 학령아동 4명 중 1명만이 취학을 하고 있는 것이다.

　중등교육은 더욱 한심스럽다. 식민지 노예교육과 다름없는 제도 하에선 오히려 당연하다고 해야 되는 것인지 모르겠다. 인구 2,200여 만 명의 조선인과 불과 60여 만 명인 통치세력 일본인 재주자의 관·공립 중등학교 학생 수가 거의 엇비슷하다. 더구나 고등여학교

학생 수는 일본인이 조선인의 2배가 넘고, 좁은 농토에 별 쓸모없는 농업학교는 반대로 조선인이 일본인보다 10배가 많다.

고등교육의 장인 관공립 전문학교와 대학교는 일본인학생 수가 조선인학생 수의 2배 안팎이다. 실로 세계에 전무후무의 전근대적 노예교육제도의 표본이라 하겠다. 조선인은 10만 명 중 한 사람만이 자기 땅에서 대학교육을 받을 수 있는 것이다.

일제의 숨겨진 식민지 교육정책의 흑막은 이상 드러난 실태에 의해 어렵지 않게 다음과 같이 유추할 수 있을 것이다.

1. 조선에서 거둔 세금으로 설립한 조선의 관·공립학교 및 학생 정원은, 일본인 재주자在住者를 기준으로 정한다.

2. 조선인학교와 학생 수는, 특별한 경우(일본인 거주자 미달)를 제외하고, 인구와 취학희망자 수에 관계없이, 위에서 정한 일본인 학생정원 범위 내에서, 초·중등교육은 동일한 수준으로, 고등교육은 반 정도로 줄여 정한다.

3. 입학시험은 조·일 종족별로 채점하여 각 종족 순위로 선발한다.

이는 조선인의 초·중·고등교육 욕구를 전적으로 억압하고 차단한 혹독한 차별정책을 노골적으로 드러낸 것이다. 중·고등교육을 받는 조선인 수가 일본인보다 많아서는 곤란하다는 것이다. 조선인 엘리트 수가 일본인을 능가하면 일본인의 지적知的 우위가 무너지고, 자연히 민족의식을 일깨워 식민지 통치에 반기를 들게 되는 것을 우려한 것이다. 또한 일본인이 조선인 엘리트의 부하로 일하게 되는 상황을 못 보겠다는 것이다.

위 표에서 1941년도 학령아동 취학률이 갑자기 47.54%로 오른 것을 비롯하여 각종 학교정원이 크게 늘어난 것은, 전쟁 사투화로 소모되어 씨가 말라가는 일본인 인력을 조선인으로 보충하기로 하고, 일제는 조선에 징병제도 실시와 온 국민 강제 총동원에 앞서 엉뚱하게도 식민지 조선을 일본본토화하는 흉계를 꾸민 것이다. 그리곤, 조선인의 의사와는 관계없이 창씨개명·내선동조內鮮同祖·황국신민화·조선말사용금지·신사참배·일본말강제보급 등 일련의 강압정책을 추진하면서 제대로 된 시설확충도 없이 학생 수만 대폭 늘린때문이다. 일본어를 모르는 조선인을 일본 군인으로 또는 산업현장에 투입하면서, 의사소통이 안되는 상황에 대비하여, 전쟁 막바지의 필사적인 발버둥이 결국 우리민족 본연의 정체성 말살시도로 이어진것이다. 물론 그 시도는 좌절될 수밖에 없었다.

외국인의 눈에 비친 식민지기 교육

병합 직후인 1911년 8월 조선교육령이 공포되었다. 한 외국인이 기술한 「일본점령기 교육」에 대한 글 중 일부를 발췌하여 적는다.

Extract 1: The Chosen Education Ordinance of 1911 states as follows in Article II: "The essential principles of education in Chosen shall be the **making of loyal and good subjects** by giving…….

발췌 1: 1911년의 조선교육령 제2조는 다음과 같다. 조선에선 교육의 본질적 원칙이 충성스럽고 훌륭한 일본 황국신민을 만드는데 있다.(생략)

Extract 2: Loyalty to Japan and homage to the Emperor were to be achieved through a three-pronged policy. One was that of forcing on the Koreans positive acts of commitment in the hope of their voluntary acceptance in the long-run. The second was that of doing everything possible to make the Koreans forget their cultural heritage, and their distinctive identity as a people with a historical past. The third was that of inculcating in the minds of Koreans a feeling of inferiority as human beings vis-a-vis the superior Japanese. Educational policies subserved these ends.

발췌 2: 일본국에 대한 충성심과 천황에 대한 헌신은, 삼지정책三枝政策으로 세 가지를 각각 달성할 계획이었다. 첫째는 장기작전으로 조선인들이 결국 자진해서 받아들일 것을 기대하고, 그들이 손을 들도록 강압적으로 밀어붙이는 것이다. 둘째는 자신들의 문화적 유산과 역사적 배경을 지닌 조선인들이 그들의 독특한 민족적 정체성을 잊도록 가능한 모든 수단을 동원하는 것이다. 셋째는 조선인의 가슴속에 인간으로서 일본인의 우월성과 조선인의 열등성을 주입시키는 것이다. 교육정책은 이와 같은 목적달성을 촉진하는 역할을 한 것이다.

Extract 3: Conclusion – It is difficult to be enthusiastic about the effects of Japanese educational policies in Korea. They were oppressive in the extreme, successfully oppressive in the short-run in curbing Korean nationalism, but unsuccessful in the long-run as nothing could hold down a nationalism, as vibrant and resilient as the nationalism of the Korean people with their long and proud historical and cultural heritage. True, the modernization process took place during Japanese rule, but who could say that it would not have taken place without the Japanese presence, as both indigenous forces and missionary influences were already moving in that direction, when the Japanese made their intervention.

발췌 3: 결론 – 조선에서 일본의 교육정책의 효과가 있었다고는 말하기 어렵다. 일본인들은 극단적으로 억압적이었지만, 조선인의 민족성을 배제시키는 데 단기적으로만 성공하였을 뿐, 장기적으론 유구하고 자랑스러운 역사와 문화유산을 지닌 활달하고 끈질긴 조선인의 민족성을 억압하는 데 끝내 성공하지 못하였다. 일본 식민지기에 조선에 근대화과정이 (다소) 있었던 것은 사실이지만, 일본사람들이 없었다면 조선의 근대화가 진행될 수 없었을 것이라고 그 누가 말할 수 있을까. 왜냐하면 일본이 간섭을 하였을 때, 원주민(조선인) 개화세력과 선교회(미국인)의 영향력이, 이미 근대화 방향으로 둘 다 나아가고 있었기 때문이다.(필자 주: 일제 침략 이전에 개화세력과 선교회는 이미 조선의 근대화를 실천에 옮기고 있었다.)

일제의 교육 억압과 사립학교의 저항

1890년을 전후하여 미국의 선교회가 조선에 포교를 목적으로 서구식 교육제도를 소개함에 따라, 민족의식을 자각하게 된 선각자들의 사립학교 설립의 물꼬 트기가 시작되었다. 제1차 『조선총독부통계요람』에 의하면 병합 당년인 1910년 5월 말에 조선에는 일반사립학교가 1,227개교에 생도 62,270명, 종교계 사립학교가 1,973개교에 생도 83,852명이 있었다. 반면에 공립보통학교는 173개교에 생도 수가 20,094명으로 되어 있다. 이 상태가 오래 계속될 리가 없었다. 1906년부터 조선통감부는 조선의 교육제도를 재조직하라는 포고를 내기 시작하였다. 일제는 조선의 모든 교육을 장악하기에 전력을 기울였다. 일제는 이를 위해 두 가지 흉계를 꾸몄다. 하나는 정부가 운영하는 공립보통학교를 크게 확장하는 것이고, 다른 하나는 중등교육제도를 최소로 축소하는 것이었다. 일제는 목적달성을 위해 사립학교와 '미션'학교의 교육 사업을 좌절시키는 데 간섭을 집중시켰다. 민족의식을 주입시키는 것을 더 이상 방관하지 않겠다는 것이었다. 특히 조선인사립학교에 대해선, 일제는 이들 사립학교가 민족주의요람 역할과 독립운동의 온상이 되고 있다는 사실을 너무나 잘 알고 있었다. 사립학교의 교과과정이 조선의 문화유산을 특출한 것으로 부각시켜 주고 있었기 때문에, 일제는 그들에겐 눈엣가시인 조선의 독특한 문화유산의 정체성을 말살하는 데 혈안이 되어 있었던 것이다.

병합 익년인 1911년 조선총독 데라우치는 도지사회의 석상에서 "조선의 사립학교 생도 수가 20만이 넘는데, 이는 총독부가 운영하는 공립보통학교 생도보다도 많은 수이다. 귀관들은 구 한국정부교육부에서 편찬한 교과서를 이들 학교에서 절대로 사용하지 못하게 감시할 의무가 있다. 어떤 사립학교에서는 독립을 고양시키고 일본제국을 반대하도록 선동하는 노래가 실려 있는 음악책을 아직도 사용하고 있다. 이러한 용서 못할 불법에 대하여 귀관들의 각별한 주의를 환기하는 바이다."라는 훈시를 하였다 한다. 곧이어 사립학교에 관한 여러 개의 칙령과 총독 부령이 공포되었다. 잇따라 총독부는 수많은 사립학교에 대해 강제폐교를 단행하였다.

이에 대한 조선민족주의자들의 반응은, 정식 6년제 초등학교를 포기하고 5년제 학원을 개원하여 공립보통학교에 입학을 못한 아이들을 가르치는 것이었다. 학원을 졸업해 봤자 중등학교 응시자격이 제한되었기 때문에 일제의 의도대로 2단계 교육 희망자 수가 자동적으로 제동을 받게 되어 있었던 것이다. 1937년도에 인천시(당시 부)에만 대형학원이 7개소가 있었다. 앞서 ≪강점기 조선인의 생활상황≫에서 언급한, 필자가 다녔던 학원은 기독교에 속한 작은 학원이었지만 지금도 뚜렷이 기억나는 것이 있다. 아침에 수업 전에 '삼천리강산 금수강산'으로 시작되는 노래를 합창하는 것이었다. 그 노래가 찬송가인지 독립에 관한 것인지는 지금도 모르고 있지만 그때를 생각하면 왠지 숙연해진다.

중등학교 이상의 조선인 학생들이 독립운동에 참여한 이야기는 별도로 장을 만들어도 못다 할 것 같다. 한 가지 분명한 것은 거의 전 학생이 민족의식과 독립에 대한 갈망을 세계 어느 민족보다도 강하게 표출하고 있었다는 사실이다. 그들은 어떠한 경우에도 일본 관헌에게 굴복당하는 일은 없었다. 수많은 학생들이 일본관헌의 회유, 협박, 구타, 심지어 고문에 견디며 민족의 특성을 지키고 자주독립운동에 참여하였던 역사적 사실은 3·1운동 후에 전 세계에 널리 알려진 대로이다.

조선의 교육근대화와 미국선교사의 역할

조선에 미국선교사가 들어온 것은 1890년 전후이다. 그들이 들어온 근본 목적은 물론 기독교 포교활동일 것이다. 그러한 선교활동의 일환으로 그들은 '미션'계 학교로 알려진, 초등부터 중등 전문까지 실로 많은 수의 교육기관을 자비로 설립하였다. 1926년에 조사된 한 통계는 기독교 '미션'학교 수가 766개에 달하고, 학생 수는 남자가 24,170명, 여자가 13,597명이다. 같은 해 '미션'계 중등학교는 48개교에 남학생이 3,428명, 여학생이 1,679명이다. 이 밖에 고등교육기관으로 이화여자전문학교에 70명, 2개의 기독교계 전문학교에 400명, '세브란스'의과전문학교에 62명, 2개의 신학교에 315명의 학생이 있었다.

1919년 3월 조선민족의 항일독립투쟁이 폭발되기 이전까지는 서양식 신교육에 대한 조선인의 관심은 소원하였다. 물론 일제에 대한 반감 때문이었다. 그것이 3·1운동을 계기로 일제에 대항하기 위해서는, 신문명을 배워야 된다는 무언의 동의가 갑자기 형성된 것이다. 제임스 피셔(James Fisher)는 그의 저서 『한국에서의 민주주의와 미션교육』에서 "3·1운동 후에 조선에서의 신교육에 대한 욕구는 전례가 없을 정도였다."고 지적하고 있다. 그는 말한다.

이 당시 환기된 격렬한 민족적 자각심은, 교육에 대한 열정과 욕구에서 다른 어떠한 나라에서도 견줄 수 없을 정도로, 스스로를 그렇게 빠르고 강렬하게 표출하는 것처럼 보였다.

'미션'학교들은 이러한 취학욕구를 도저히 일시에 수용할 수가 없었다. 일제가 까다로운 조건을 내세워 '미션'학교의 증설은커녕 기존의 학교에도 제약을 가하기 시작하였던 것이다.

일제는 '미션'학교에서 조선인에게 민족자주의식을 주입시키고 있다고, 이미 제동을 걸고 있었던 터였다. '미션'학교에서는 조선말로 수업을 진행하였을 뿐 아니라 조선총독부의 교육지침을 고분고분 잘 지키지 않았기 때문이다. 총독부는 선교사들이 조선인을 황국신민화하는 데 장애가 되고 있다는 인식이었지만, 자칫 강압적으로 나갔다간 미국정부의 항의나 개입을 초래할 우려가 있어, 교활한 수단을 이용해 간접적인 규제를 일삼았던 것이다. 예컨대 미국시민의 기부금으로 운영되는 선교회재단의 한정된 자금으로는 감당키 버거운 건물시설투자 기준을 정한다든가, 조선말로 하고 있는 수업을 일본말로 하라든가, 수업시간에 종교교육을 금지시킨 것 등이다. 조선역사나 심지어 미국독립전쟁 이야기조차 금지사항이었으며, 매우 비열한 술책도 서슴지 않았다. 총독부 기준미달 학교 졸업생은 자격을 인정 못한다고 하여, 학생들로 하여금 엉뚱하게도 선교회를 상대로 시설개선 요구 스트라이크를 행하게 유도하였다.

그러나 이러한 모든 난관에도 불구하고 미국선교회는 태평양전쟁이 발발할 때까지 '미션'교육계를 굳건히 지켜 그들의 원래의 목적인 기독교 포교와 더불어 낙후된 조선에 선진문명을 전달하는 데 지대한 공헌을 하였다 하여도 과언이 아닐 것이다. 아래에 그들이 '미션'교육에 더하여 어떠한 영향을 조선에 끼쳤나를 열거한다.

　가. 조선인이 신교육에 접함으로써 사회적 계급차별이 점차 소멸되어 갔다. 빈부관계 없이 기독교교육은 누구나 받을 수 있었

고, 성적이 우수한 자는 월사금이 면제되었다.

나. 조선에서 최초로 여자들의 입학이 허용되었고, 점차 전통적인 학교에서도 여자들을 받아들이게 되었다. 신교육을 받은 여성들은 식자율을 확대하는 운동을 선도하였고, 또한 다방면에 걸쳐 여성의 복지향상에 기여하였다. 결과적으로 가정에서의 여성의 지위가 올라갔다.

다. '미션'학교의 수업엔 기초수학에다 과학과 기술과목이 포함되어 있다. 특히 선교회는 조선 최초의 서양의술 교육을 실시한 세브란스의과전문학교를 설립하여 운영하였다.

라. 선교회가 조선어와 한글을 사용함으로써 조선인의 지대한 정신적 재산을 보호하는 데 앞장섰으며, 성서를 한글로 번역·출판함으로써 한글보급에 기여한 바가 적지 않았다.

마. 자유민주주의 사상이 '미션'학교를 매개체로 조선에 번져 나갔다. 선교회는 "조선인의 모든 민족적 특성과 제도와 전통이 일본식 문명에 상응하는 형식으로 대체되어야 한다."는 일제의 정책에 대하여 전혀 찬동할 수가 없었다. 따라서 그들은 조선인의 특성적 문화를 제거하려는 일제의 온갖 음흉한 음모를 반대하는 조선인 편에 섰던 것이다.

바. 선교회는 많은 조선인 남녀에게 미국에 유학을 갈 수 있는 길을 터주고 기회를 제공하였다. 유학을 마치고 돌아온 그들은 조선의 사회적인 지도자가 되거나 경제계를 이끄는 위치에 올랐다. 물론 이승만 박사처럼 미국에 남아서 조국의 독립운동에 몸을 바치는 사람도 있었다.

조선인의 교육열

조선인의 교육열만큼 특출한 경우는 아마도 다른 나라에선 찾아보기 힘들 것이다. 필자는 그 유래를 조선조 시조인 이태조에게서 근원을 찾을 수 있다는 다소 황당한 화두를 던져 본다.

조선조는 태조 이성계의 반란으로 성립된 국가다.

건국 이래 새 왕조는 또 다른 무武의 반란을 방지할 통치개념을 확립, 문이 무를 예속시키는 방편을 세워 철저히 이행해 왔다. 왕조는 일찍이 과거제도를 도입하고 과시를 통하여 등용된 문관 위주의 통치기구를 구성하였다. 무과시험을 통과한 무관이 문과 출신에 종속되도록 품계를 차별화한 것이다. 지위 상승을 갈망하는 방방곡곡의 영재들이 과시준비에 열중하는 현상이 자연히 전국 도처에서 향교와 서당을 중심으로 경쟁적으로 일어났다. 장장 5~6백년간 이러한 전통은 변함없이 이어져 온 것이다.

개화기에 조선에 들어온 서양 선교사들이 가장 놀란 것은 전국 곡·방 아무리 외진 곳이라도 빠짐없이 들려오는 서당의 글 읽는 소리였다는 견문기가 있는 것도 무리가 아니다. 더욱 놀라운 것은 그것이 종교행사가 아니라, 순 윤리·도덕·동양철학 교육임을 알게 된 것이다. 이 나라가 정신문명에서 서양에 뒤지지 않는다는 사실을 발견했던 것이다.

조선총독부 서당통계표는 1910년에서 1944년까지 대략 생도 수

15만에서 최고 1921년도 29만 8천여 명, 평균 18만 명 내외로 기록하고 있다. 다른 교육기관이 별로 없었던 1910년 이전에는 서당 수가 더 많았을 것으로 짐작이 되지만 이용할 자료가 없으므로 총독부 통계치로 조선인의 한문이수자 누계를 개략적으로 계산해 보겠다. 보통 한문공부는 천자문으로 시작, 동몽선습, 계몽편, 통감 순으로 깨우쳐 나간다. 하루 6~8시간씩 24개월 정도 이수하면 한문 식자율 형성자가 될 수 있다. 따라서 학생 수를 평균 18만 명으로 잡고 24개월을 평균이수 기간으로 산정하면, 해마다 9만 명의 새로운 한문 식자가 배출되는 것이다.

1910년대의 평균수명 약 40세에서, 20%대의 높은 영유아 및 유년 사망률을 제하면, 평균 12세인 한문이수자의 기대 생존율은 차후 35년간으로 계산된다. 이것이 한문 식자율 형성자의 누계연수다. 1910년의 조선인구 1,310만 명 중 식자율 계산에서 제외되는 유·소아 300만 명을 빼면 1,010만 명이 계산 대상 인구수다. 한문 식자는 35개년에 연간 9만 명을 곱하면 315만 명이 된다. 1910년도의 한문 식자율은 31.2%이다. 그런데 이것으로 끝나는 것이 아니다. 한문 식자는 거의가 남성이다. 따라서 남성만의 백분율은 약 62% 안팎이다. 여기에 한글 읽기·쓰기가 가능한 여성들이 가산되어야 한다. 식자율은 자국어를 읽고 쓰는 것이 요건이지 반드시 한문을 익혀야 하는 것은 아니다.

한글의 읽기·쓰기를 배우는 데는 별로 시간이 안 걸린다. 한 달이면 충분하다. 엔간한 처녀들은 출가 전에 한글을 떼고 시집을 가 친정에 소식을 전했다. 한글전용 소설책을 이 집 저 집 돌려 읽는 것도 흔히 볼 수 있는 풍속도였다. 아주 작게 잡아 35%만 가산해도 조선의 평균은 51.6%가 된다. 1910년 병합 당시 조선의 식자율은 세계 최고 수준이었음에 의심의 여지가 없다. 조선반도의 자연조건은 대다수의 국민이 경제적으로 결코 넉넉할 수 없는 상황이었는데, 그러한 조상들한테 우리가 이어받은 교육열이라는 DNA의 가치는, 이 시점에서 비교대상이 얼핏 보이지 않을 정도로 값지고 소중한 것이다.

1944년도 조선반도의 문맹률은 78%임이 일제의 통계이다. 동시에 그것이 36년간의 일본식민지 노예교육의 성과이기도 하다.

조선말은 쓰지 못하게 하였으니 당연한 결과 아니겠는가.

자주교육의 본격화: 광복과 노예교육 해방

극도로 억압되었던 조선인의 교육 욕구의 폭발은, 학교가 방학 중이던 1945년 8월 초 미국이 히로시마에 원자탄을 투하함으로써 기폭제가 되어 주었다. 원폭은 종전을 가져왔고 종전은 조선을 해방시킨 것이다. 9월 8일 미군이 진주하여 일본군을 무장해제시키고 동시에 군정을 선포하고 실시에 들어갔다.

9월 24일경부터 학교 문이 열리고 온갖 악법이, 쌓인 쓰레기와 함께 거짓말처럼 다 사라졌다. 자유! 자유 아니면 주검을 달라. 그 자유를 우리가 찾은 것이다. 일본말도, 일본책도, 일본인 선생도, 그리고 창씨개명도, 신사참배도, 근로동원도 다 사라진 것이다.

도시의 모든 학교에 빈자리가 갑자기 반이 생겼다. 전체의 반을 점했던 일본인 학생이 떠난 자리다. 그 자리에 1학년은 신입생을 새로이 모집하였고, 위 학년은 시험을 치러 보결생으로 채워 나갔다. 이들의 태반은 일본·만주·북한에서 들어온 귀환자나 피난민이었다. 신학기가 미국과 같은 9월로 바뀌고 졸업도 6월로 늦추었다.

해방이 되자마자 무엇보다도 전 국민이 한글학습에 낮밤을 가리지 않고 열중하였다. 제 학교는 물론, 학령기를 넘긴 청소년들까지도 신설된 공민학교와 주·야간 강습소에서 실시된 한글교육을 받아, 47년 2월 말까지 350여 만 명의 문맹을 퇴치하여 문맹률은 44년 80%에서 44%로 저하되었다. 그리고 놀랍게도 그 후 전적으로 실시된 성인교육으로 9월까지는 상당수가 퇴치된 것이다.

　한글이 이렇게 편리하고 쉽고 좋은 줄이야 누가 꿈엔들 생각해 보았겠는가. 학생들은 첫 시간부터 한글과 한자로 된 등사판물 교재로 별 어려움 없이 수업과정을 자연스럽게 따라갈 수 있었다. 같은 민족끼리 같은 글로 공부한다는 것이 꿈만 같았다.

　중학교 영어시간도 재미가 쏠쏠하기는 마찬가지였다. 일제가 전쟁 말기에 영어교육을 금지하였기 때문에 1~2학년이 다 같이 ABC부터 시작하였다. 학생들은 눈이 뜨이기 시작했다. 일본제국주의라는 허상의 가리개를 젖히고, 진주군의 병기·통신·건설 등의 첨단장비와 고품질 민·군수품을 통하여, 새까맣게 높은 서구문명에 당목瞠目하여 눈을 확 뜨고 신천지를 본 것이다. 세계 최강국 대열에 서 있다는 일제의 실체가 그렇게 빈약하고 후진적일 줄이야 전혀 상상도 못했었다. 그들이 가야 할 길은 서구문명 도입 하나뿐이라는 것이 선명하게 드러났다. 중등학교 이상의 학생들은 뒤처진 영어공부에 약속이나 한 듯이 온 힘을 쏟아 붓기 시작하였다. 하지만 한 주일에 6시간의 영어수업만으로는 숙달은 요원하게 보였다. 이에 학교에서도 영어를 혼자서 공부하는 방법을 알려주고, 특히 입학시험 경쟁이 치열하였던 학교일수록, 학생들의 학구열을 자극시켜 영어와 수학의 집중적 자습을 독려하였다. 어떤 학교에서는 교과서를 BOOK ONE 부터 차례로 공략하라고 권하기도 하였다. 영어사전, 간단한 영문법, 공책, 빈 단어장이, 필요한 무기의 전부였다. 모르는 단어와 숙어를 사전을 뒤져 단어장에 옮기고 공책에 해석을 쓰는 것이다.

　학생들의 영어실력은 일취월장으로 늘어, 겨울방학이 끝난 46년

2월부터는 각 해당 학년에 상응하는 정상수업이 모든 과목에 걸쳐 차질 없이 진행되었다. 수리數理과목도 대체로 비슷한 경로를 따라 제 길을 찾아갔다.

1946년 9월 광복 후 첫 신학기엔 학령기아동 거의 전원이 초등학교에 취학을 하였고, 교실이 부족한 데서는 2부제 수업도 마다하지 않았다. 6학년 졸업생들은 활짝 열린 중등학교에 대다수가 쇄도 하였다. 일제가 두고 간 세계 최빈국 상태에서는 부족한 것이 너무 많았고, 각 가정에는 경제적 여유가 있을 수가 없었다. 그렇지만 그들에겐 배우기만 하면 밝은 내일이 있다는 희망과 믿음이 있었기에 이를 악물고 불사조처럼 굳건히 일어선 것이다. 그들은 배를 주리고 소를 팔아서라도 자식들 교육 뒷바라지를 감수하였던 것이다. 공부가 왜 중요한가는 재언할 필요가 없을 것이다. 가령 근대화를 구조물로 형상화하여 주요소별로 분해를 한다면, 교육은 그 골조에 해당된다고 할 수 있을 것이다. 교육 없이는 근대화에 어울리는 산업화의 성립은 불가능하다고 생각된다. 교육으로 터득한 학식에 훈련과 경험으로 얻은 기술력을 지닌 전문 기술인을 필요한 만큼 충분히 공급하여야 한다. 그 수는 몇 십만이 될 수도 있다.

다음 도표는 1945년 일제의 패망과 조선의 광복을 기점으로, 그 이전 35년과 그 이후 35년간의 전체, 모든 종류의 학생 수 추이를 대칭으로 대비시킨 것이다. 식민지기 교육실태가 얼마나 열악하고 억압된 것이었나를 확연히 보여주고 있다.

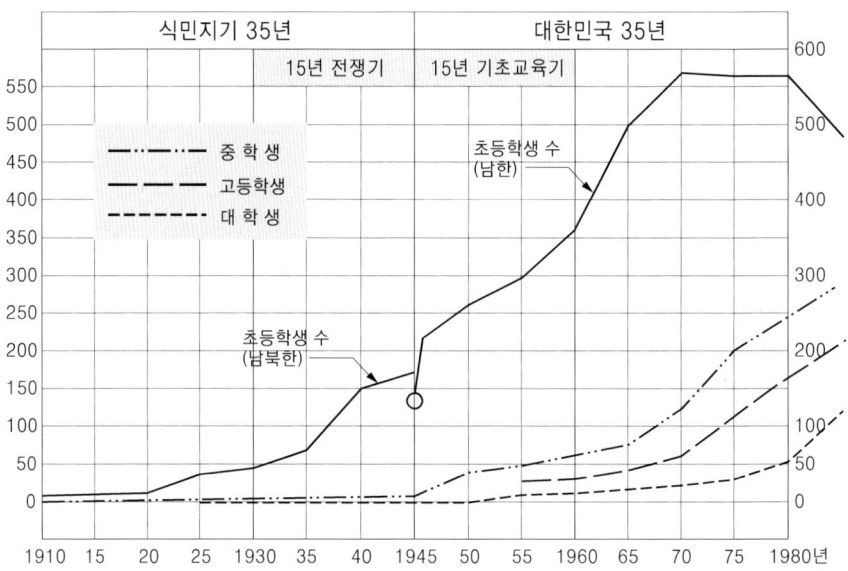

〈그림 5〉 1945년 전·후 70년간 학생 수 추이

(단위: 만)

이 도표에서, 1945년을 축으로 좌편과 우편의 학생 수 그래프가 두드러지게 차이가 나는 것이 한눈에 들어온다. 좌편은 남북한을 합친 것인데도 35년간 학생 수 누계가, 우편 남한 단독의 35년간 학생 수 누계의 7.5분지 1에 불과하다. 좌우의 각기 특징은, 좌편은 초등학생만 돋아 올라 있고 중등학생은 바닥에 깔려 있으며 전문·대학은 아예 보이지도 않을 정도다. 필수적인 3단계 교육이 전혀 균형을 못 잡고 절름발이가 되어 버렸다. 그나마 초등학생마저 마지막 해인 1945년도에도 (학령아동 취학률에서) 반 쪽정이를 벗어나지 못하고 있다. 더 말할 필요도 없이 다른 어떠한 식민지에서도 볼 수 없는 교육 최후진국 상태다.

반면 도표의 우측 그래프는 3단계 교육이 균형 있게 잘 발달되어 있음이 뚜렷하다. 같은 35년간 대한민국의 학생 수 증가추세는, 일제와는 비교가 안되는 완전히 선진국 형을 하고 있다.

다음 〈표 14〉는 1910년부터 1945년까지 35년간의 식민지기의 교육 실태를 나타내는 연도별 학생 수 추이 기록이다. 〈표 14-1〉과 함께 앞서의 〈그림 5〉 도표 작도에 사용되었기 때문에 자세한 설명은 생략한다. 시정 25년째인 1935년도에 초등학생 수는 720,107명 학령아동 취학률은 23.7%였다.

15년 전쟁 기에 들어선 지 4년째 되는 해이다. 중국 침략전쟁 준비에 분주하던 일제는 갑자기 조선인에게 일본말을 가르쳐 황국신민을 만든다고 초등학교 생도를 늘리기 시작, 전쟁 말기까지 177만 명 (학령아동 취학률 50%)까지 늘려 놓았다. 그것이 전부이다. 더 시급한 중등학생 이상의 증원은 전혀 없었다. 1943년 말 제 중등학교 전체 학생 수는 85,673명이다. 초등학교 수료자가 중등학교에 입학할 수 있는 확률은 100명 중 4~5명이며 전체인구 대비 300:1이다.

〈표 14〉 식민지기 35년간 연도별 학생 수 추이

연도	초등학교	중등학교	각종학교	전문학교	대학교
1910	20,121	1938	83,852		
1912	45,068	4,034	55,313		
1915	60,223	4,440	51,724	141	
1920	107,365	7,655	51,008	454	
1925	385,687	19,544	57,895	1,260	
1930	459,457	30,424	54,643	2,450	190
1935	720,107	39,238	70,128	2,834	210
1940	1,381,682	68,281	69,981	3,615	250
1942	1,710,948	86,110	65,745	4,110	395

출전: 1. 『일본탁무성탁무통계』
    2. 『조선총독부통계연보』

<표 14-1> 광복 후 35년간 연도별 학생 수

연도	초등학교	중학교	고등학교	전문대학	대학교
1945	1,366,024	83,514			
1947	2,231,788	216,891			20,729
1952	2,369,861	312,071	141,218		
1955	2,877,405	475,342	260,613		78,649
1960	3,622,685	528,593	273,434		92,930
1965	4,941,345	751,341	426,531	23,159	105,643
1970	5,749,301	1,318,808	590,382	40,537	153,054
1975	5,599,074	2,026,823	1,123,017	62,866	208,986
1980	5,658,002	2,471,997	1,696,792	174,476	402,979
1990			(2,283,806)	(323,825)	(1,040,166)

출전: 『대한민국통계연감』, 경제기획원 조사국, 『한국교육통계연보』

〈표 14-1〉은 1945년부터 1980년 8월 조선이 세계 최빈국의 상태로 일제의 사슬에서 벗어난 후 1980년까지 35년간에 걸쳐, 대한민국이 성취한 교육성과의 지표가 될 수 있는 전체학생 수 누년표이다.

해방 당시 남한의 전체학생 수는 초등학생이 136만 6천여 명, 중등학생이 8만 6천여 명, 그리고 전문·대학생이 5천 명 안팎, 합계 146만 내외였다.

그것이 1980년도에는 초등학생이 565만여 명으로 4.1배, 중·고등학생이 417만여 명으로 48배, 전문·대학생은 57만여 명으로 114배가 늘어났다. 해방 전후 같은 35년간에 이렇게 크게 차이가 나다니 더 이상의 말문이 막힐 따름이다. 더구나 1960년대 초까지도 한국은 일제로부터 물려받은 최빈국 상태에서 벗어나지 못하고 있었는데, 그러한 와중에도 일제 35년간의 교육성과를 단 15년간에 초등학생은 2.6배, 중·고등학생은 9.6배, 전문·대학생은 18.5배로 키운 것이다.

이는 역설적으로 일제가 세계에 유래가 없는 노예교육을 조선식민지에서 자행하였다는 확연한 반증이라고 단정할 수 있을 것이다.

　광복 후 1960년대 초까지도 한국의 1인당 GNP는 50~80달러를 맴도는 최빈국 지위가 계속되었지만, 교육열만큼은 요원의 불길처럼 더욱 넓고 깊게 타들어 갔다. 학업을 마치고 사회에 나가더라도 이들을 수용할 만한 일자리는 가뭄에 콩 나기보다 드물었다. 유휴 고급인력이 쌓여가기만 하는 사태가 벌어졌지만 향학열은 초지일관 식을 줄을 몰랐다.

한국의 근대화

　한편 교육을 제외한 사회전반을 되돌아보면, 한국이 해방의 기쁨과 자유를 만끽한 것도 잠시였을 뿐, 호사다마라고나 할까, 시국은 혼돈 속에 빠져 있었고, 국민은 갈피를 잡지 못하고 있었다. 우익과 좌익 간의 사상의 갈등과 빈약한 경제력에 더하여, 식량 결핍과 산업시설 태부족으로 인한 생필품의 자급이 안되고, 인플레까지 겹쳐 국민생활은 도탄에 빠져 있었다.

　미국의 경제원조에 지탱하여 일어서 몇 발짝 옮겨 보지만, 난데없이 1950년 6·25동란이 일어난다. 3년여를 밀리고 밀다가 휴전이 되었지만 전 국토는 폐허로 변해 버렸다. 온 국민은 다시 이를 악물고 재건에 나선다. 외국의 자금지원도 있고 해서 5~6년간 상당한 성과가 있었지만, 근본적으로 산업시설이 태무하여 생필품을 비롯하여 공업 제품을 원조자금을 통한 수입에 의존해야 했다. 정치상황은 자유당 독재가 장기화되며 부정부패가 잉태되고, 민심이 이탈하여 부정선거까지 행하여지는 판국이었다. 마침내 학생들이 주동이 되어 4·19혁명이 일어나, 민주화 정권이 들어서지만 그것도 오래 지탱하지를 못한다. 취약한 경제기반에 정국불안이 가시지 않아 사회 안정은 멀어져 간다.

한국의 산업화

1961년 5·16쿠데타가 일어난다. 계엄령이 선포되고, 국민정서가 위축된 가운데, 군사정부는 부정부패 척결과 사회불안 일소의 기치를 내걸고 동분서주하여 질서를 잡아가더니, 일련의 정치개혁과 경제개발 계획을 입안하여 반포하고 실천에 옮겨 간다. 새마을운동이 벌어지고, 산업화 공업화 수출입국을 표방하는 진군나팔소리 아닌 새마을종소리가 전 농촌에 울려 퍼지며 초가지붕이 슬레이트로 교체되어 간다. 이어 가발로 시작한 제조업은, 섬유제품 등 경공업제품의 수출액이 가속도가 붙어 하루가 다르게 늘어난다. 그뿐 아니라 경인과 경부 고속도로, 부산과 인천의 항만, 포항제철 등의 건설공사가 다발적으로 착공되어, 드디어 한국 근대화의 시동이 걸리며 한강의 기적을 향한 질주가 시작된다.

이 과정에서 진가를 발휘한 것이 바로 한국인의 교육열로 광복 이래 꾸준히 축적되어 온 인적 자원의 등장이었다. 그간 20년 가까이 배출된 중·고등학교 이상의 수백만에 달하는 이수자 중, 공업고등학교와 이공계 전문·대학 졸업생 수만도 총 누계가 수십만에 달한다. 특히 광복 초기에 제 학교에 달려 들어갔던 일단의 소년들은, 이때쯤에는 30~40대의 무르익은 청장년 엘리트로 성장하여 각 전문분야에서 중추적인 역할을 맡아, 한국의 근대화를 견인하는 중심세력으로 자리 잡게 된다. 이들 중에는 일제의 잔재에 물들지 않은 순수한 한국인 기술자의 제1세대로서 서구의 선진 과학기술을, 구·미 유학 또는 원서로 배우고 익힌 최고급 인재들이 적지 않았다. 그들은 외자유치와 기술제휴로 양질의 제품을 만들어 내다 파는 수출역

군이 되었던 것이다. 적어도 섬유를 위시한 경공업분야에서는 단숨에 일본을 따라잡을 수가 있었다. 물론 정부의 지원 자금이 이들에게 우선 배정된 덕도 있었다.

어차피 일제의 잔재는 38선 너머와 현해탄 건너로 소멸되어 버렸지만, 차라리 구·미에 비해 상대적으로 낡고 뒤진 일본의 공업기술을 우리가 받지 않았던 것이 전화위복이 되어, 광복 후 미국의 선진기술을 직접 받게 된 것이 천만다행이었다고 할 수 있을 것이다.

어떤 자들, 이영훈을 비롯해 소위 식민지근대화론자들은 한국의 근대화가 식민지기에 일제에 의해 이루어졌다는 허무맹랑한 주장을, 어떠한 기준이나 근거도 없이 추계와 추론만으로 서슴없이 해대고 있다.

이들은 근대화란 용어의 개념을 전혀 이해 못하는 무지를 드러내고 있는 것이다. 맨 첫 장 ≪일제의 조선식민지 근대화론≫ 부분에서 한일 양국의 국어사전의 해설을 예시한 바 있지만, 근대화란 근대적 상태로 이행하는 것을 말한다. 우선 경제개발이 가장 긴요한 과제이다. 자본주의와 시장경제에 입각한 산업화·공업화가 관건이라 할 수 있다. 그런데 공업화를 위해선 필요불가결의 3가지 요소가 있다. 자본과 기술, 그리고 가장 중요한 기술 인력의 확보이다. 앞의 둘은 방편의 문제이니까 해결책은 찾기에 달려 있다. 하지만 기술 인력은, 발전단계에 따라 수만·수십만이 필요할 텐데, 한두 달에 쉽게 얻어지는 것이 아니다. 장기간에 걸쳐 학식과 기술을 가르치고 훈련을 시켜야 하는 것이다. 근대화와 병행하여 꾸준히 필요한 만큼의 인력을 양성해야 하는 것이다. 두말할 필요 없이 항구적인 전문 교육기관이 충분히 있어야 한다는 말이다.

식민지기 조선에는 그런 것이 없었다라고 말하면 믿을 사람이 있을까. 놀랍게도 조선에는 조선인을 위한 일정 규모의 중·고급 공업 교육기관이 전혀 없었던 것이다. 1938년도까지 조선에는 단 하나의 5년제 공업학교가 있었지만, 일본인을 위한 학교로서 조선인은 명목상 1년에 10~15명을 입학시켰을 뿐이다.[8]

1941년도에 가서, 일제는 조선인 인력을 전쟁수행 목적으로 이용하기 위하여, 갑자기 공업학교를 여러 개 증설하여 조선인 학생 수를 일시에 1,000여 명으로 늘려 놓았다. 하지만 학생들에겐 곧 근로동원령이 내려 공부는커녕 노동력만 수탈당하는 꼴이 되고 말았다. 모처럼 찾아온 것처럼 보였던 조선인 기술자 양성의 기회는 이렇게 별 성과 없이 허사가 되고 만 것이다.

일제가 북조선에 군수공장과 그에 부수되는 화학공장을 짓고 일본인 기술자만으로 운영하다가 전쟁에 지고 철수한 것은 주지의 사실이다. 조선이 38선으로 갈라지는 바람에 한국은 이들 공장들과는 아무런 관계가 없게 된 것도 누구나 다 아는 사실이다. 당시 남한에는 발전시설도 공업시설이라 할 만한 것도, 그리고 공업시설을 운영할 기술자도 전무한 상태였다. 해방 후 20년 가까이 한국의 산업화는 정체된 상태가 이어졌지만, 일제의 잔재인 제 악법과 비민주적 제도, 그리고 미곡수탈의 주범인 소작제가 일소되었으며, 비합리적인 교육제도는 선진교육제도로 대체되었고, 낡고 유치한 기술 인력은 무의한 세월 속에 스스로 도태되어 버렸다.

식민통치 36년간에 배출된 조선인 정식 기술자의 누계가, 초보인

---

8) 《조선의 공업화(산업화) 현황》 중 <표 9> 공업·농업학교 생도 수 참조.

반 기술자를 제외하고, 500명을 넘지 않을 것이라는 필자의 추계배
경이, 이상의 논거로 불급하지는 않을 것이다.

**한국의 진정한 산업화와 그에 뒤따른 근대화는 1960년대 중반에
긴 공백 기간을 뛰어넘고 시동이 걸려, 순전히 한국인의 힘으로 새
술은 새 자루에 담듯이, 광복 후 새 교육을 받은 한국인 기술 인력의
손으로 100% 다 이루어진 것이다.** 거기에 왜 새삼스럽게 식민지근대
화론이 끼어들려는 것인지, 왜 한국인의 공적을 뺏어 일본인에게 주
려는 것인지 그 저의가 의심스럽다.

가령 한국 근대화의 근간이며 동시에 빈곤으로부터의 탈출로가 된
경부고속도로의 건설만 해도 당시 세계 최고 수준의 설계와 시공기
술이 요구되는 난 공사였는데, 오직 한국인의 역량으로 이를 최단 시
일 내에 완공시켰던 것이다. 이들이야말로 광복 후에 미국의 첨단 토
목공학을 익힌 일단의 기술자와 기능공 무리들 중의 일부인 것이다.

B.C. 250~200년 경 신석기시대에 살고 있었던 왜倭인에게 우리
의 조상들이 지금地金을 갖고 가서 당시 선진 문명이던 청동기 주조
와 철기물 제작기술을 전수시켰다는 사실이 일본의 역사연포 서에
적혀 있다. 신석기시대에서 졸업을 시켜 준 것이다. 그 후 서기 550
년을 전후하여 백제는 왜국에 불교의 전달과 동시에 오경・역・역・
의五經・易・曆・医박사를 파견하여 불교와 한자를 포함한 당시로선
최고도의 문명을 전수시켜 주었다.

조선이 현대 산업문명에 접한 것은 대원군의 쇄국정책이건 아니
건 일본보다 50년이 뒤처졌었다. 그 최초의 접촉은 포교를 앞세운
서양의 선교사에 의해서였다. 그와 거의 동시에 일제의 침략에 곁들

여 서양문명이 따라 들어온 것도 사실이다. 하지만 우리가 고대에 일본에 문명을 전달해 준 것을 생색을 내지 않듯이 설사 현대문명이 일본을 통하여 들어왔던들, 그 공과를 지금 따질 이유가 전혀 없다. 어차피 현대문명이라는 높은 파도가 어떤 경로를 통해서든지 조선에 들어오는 것은 시간문제인 동시에 필연이었기 때문이다. 오히려 병합 후 일본의 폐쇄적 식민지 정책이 조선인과 서구문명의 접촉을 인위적으로 막고 방해하였다는 인식을 필자는 최근 갖게 되었다. 일제는 조선을 영구 식민지로 확보하고 조선인을 황국신민으로 개조할 목적으로, 조선인이 교육을 통하여 서구의 민주주의를 알게 되고 민족적 자각심을 깨우치게 되는 것을 두려워하였던 것이다. 일제의 이러한 증조는 여러 면에서 일일이 열거할 수 없을 정도로 쉽게 감지된다. 특히 교육면에서 극심하였던 것은 이미 앞에 ≪식민지기 교육실태≫와 ≪자주교육의 본격화≫ 중 〈그림 5〉 및 〈표 14〉와 〈표 14-1〉에서 논증한 바 있다.

Epilogue (결말)

이상으로 사전이 명시하는 현대화의 정의定義에 해당하는 제 중요사항을 검토한 성적표를 정리해 보겠다(100점 만점).

1. **산업화** – 가장 밀접한 관계인 공장공업화가 당시의 조선남부(현 한국)에는 거의 없었다 하여도 과언이 아니다. 조선인에게는 강제 동원의 대상일 뿐 아무 이득이 없는 군수공장과 유일한 민수공장인 방직공장이 각각 두어 군데 있었을 뿐 나머지는 가내공업과 다름이 없었다. 조선 전체의 민수품 자급률이 10%

내외밖에 안되었다.[9] 조선남부(한국)만의 산업화 점수는 20점 미만이다.

2. **자본주의화** – 자본주의라는 낱말도 없었다. 전전 30%, 전쟁기 암시장 5% 및 통제경제 95%.[10] 점수: 10점 미만

3. **합리화 및 민주주의화** – 제국주의 절대독제 식민지통치에 합리화는 없었다. 일제는 조선인의 정체성, 기본인권, 민족전통문화, 언론자유 등의 말살정책으로 시종일관하였다. 점수: 도저히 줄 수가 없다. 민주주의화도 유감스럽지만 일제의 식민지통치하에는 해당사항이 없다.

4. **교육** – ≪자주교육의 본격화≫ 중 〈표 14〉와 〈표 14-1〉을 보면 식민통치 30년째인 1940년도 중등학교 이상의 조선인 생도 수는 중학생 68,281명, 전문학생 3,615명, 대학생 250명이다. 반면에 한국인 자주정치 30년째인 1975년도 중학생 수는 2,026,823명, 고등학생 1,123,017명, 전문학생 62,866명, 대학생 208,986명이다. 하늘과 땅 차이라는 말이 이런 데에 쓰는 것 같다. 일제는 조선인에게 2단계 이상의 교육을 의도적으로 막고 있었던 것이다. 조선인이 근대문명에 접근하는 것을 정책적으로 봉쇄하였다고밖에 다른 설명을 찾을 수가 없다.

일제의 식민지 교육성과 점수는 같은 기간 학령아동 취학률 평균 20% 미만을 고려해 최대 20점을 매긴다.

---

9) ≪조선의 공업화(산업화) 현황≫ 참조.
10) ≪식민지기 조선의 자본주의≫ 참조.

5. **기타** – 이 밖에도 근대화의 지표가 될 만한 몇 개를 더 열거하면 문맹률과 1인당 국민총소득 등의 직접적 지표와, 당시의 생활수준을 반영하는 전등수용가구수와 상수도 등의 보급률, 그리고 영유아 사망률을 포함한 보건복지문제와 원주민언어로 된 간행물 상황 등을 들 수 있을 것이다. 조선인의 입이 되고 귀가 되는 한글간행물은 허가가 안 나왔고, 조선민족의 대변지인 동아와 조선일보가 강제 폐간을 당했다. 언론의 자유는 꿈도 못 꿀 일이었다.

일제 말기의 문맹률은 당국 발표치가 77%이다. 전등수용가구율은 ≪강점기 조선인의 생활상황≫에서 기술한 대로 8.5%, 상수도전栓의 수는 조선 전체가 1943년 기준 134,419개, 같은 해 수도급수 호戶수는 299,175호이다. 이 중 일본인호수 18만여 호가 차지하는 것이, 최소 15만 호가 된다. 이를 제한 나머지가 조선인 몫이다. 당시 조선의 도시 전체호수는 약 100만 호 내외였으니까 도시에서조차 조선인만의 상수도 보급률은 15% 내외에 불과하다. 경성, 평양, 부산, 대구, 인천 같은 대도시에서는 공동수도와 공동우물을 식수원으로 이용하고 있었다. 위생상태가 취약할 수밖에 없는 환경이었던 것은 두말할 나위가 없다.

일본 내무성 출전에 의하면 1944년도의 일본의 1인당 평균 총소득은 당년 가격으로 558원圓, 조선은 156원으로 일본의 28%이다. 일본은행 1960년도 통계치는 약간 다르다. 같은 1944년도 수치가 일본은 명목소득이 771원, 실질소득은 1935년도(쌀 1석 도매가격 28원88전) 기준 209원이고, 조선은 일본의 28%로 계산하여 명목 275원,

실질소득 58.52원이다. 전전 일본경제 최성기인 이 해 쌀 2석 (240kg) 값이다. 현 2010년 시세로 환산하면 50만 원에 못 미친다. 1인당 연간 실질국민총소득(GNI)은 한 달에 5만 원 미만이다. 노동자 하루치 노임밖에 안되는 금액이다. 1944년 당시 당년소득 156원이 어느 정도의 가치(구매력)가 있는가를 가늠하기 위해서는 그 돈으로 쌀을 얼마나 살 수 있는가를 알아보는 것이 한 방법이 될 것이다. 1944년도는 생필품이 고갈되어 인플레이션이 막심하던 때였다. 쌀값은 공정가가 43년 4월 기준 석당 44원 70전(조선은행발표)이고 암시장 가격은 한말에 500원이었다.[11] 둘 다 별 의미가 없는 수치이다. 공정가는 배급이나 미곡강제 구매시에 적용되고, 암시장은 부자에게나 해당되지 일반서민에게는 그림의 떡일 뿐이다. 하지만 일 년 소득 156원이라는 돈이 얼마나 보잘것없고 쓸모없는 금액이라는 것은 절실히 실감할 수 있을 것이다. 전 세계에 이렇게 소득이 낮은 나라는 더 이상 있을 수가 없다는 것은 자명하다. 일본식민통치 35년째인 1944년에 조선은 근대화된 국가라고는 어림도 없는, 의심의 여지없이 세계최빈국 중의 하나였던 것이다.

이상에서 밝혀진 바와 같이 조선의 근대화에 시동을 거는 역할을 한 것은 일제가 아니라, 차라리 조선인 선각자와 미국선교사들이라는 정설이 설득력을 갖는 것 같다. 일제의 역할은 근대화가 아니고 단순히 초보단계의 산업화(군수공업을 배제한 민수공업만 평가)를 진행시키다가 참담한 패전으로 초토화가 되는 데 그친 것에 불과한 것이다. 산업화 말고도 근대화의 다른 주요 요건은 다 미달이다.

---

11) ≪식민지기 조선의 자본주의≫ 중 <표 11> 서울공정가격 및 암시장가격 참조.

민주주의화 자본주의화 합리화 교육수준 GNI 문맹률 생활수준 등 어느 하나 충족되는 것이 없다. 제국주의군부절대독재통치가 일괄되게 조선인의 인권과 인격을 무시한 채 정복자의 우월성을 강요하고 있었던 것뿐이지 실재로 우월한 성과는 하나도 없었다.

역사수정주의자들의 망언

2010년이 한일병합 100주년, 일제패망-조선광복 65년째 되는 해이다. 일제의 학정을 조금이라도 기억하고 있는 조선인에게는 악몽 같은 세월이었으며, 몸서리치는 기억으로 점철된 나날이었다.

그런데, 다시는 되풀이되어서는 안되는, 다시 언급하기도 싫은 그러한 일들이 아직도 간간이, 아니 종종 귓전을 불쾌하게 어지럽힌다. 바로 역사수정주의자들의 망언이다. 한동안 일본의 각료들이 조선식민지기를 정당화하거나 미화하는 발언을 정권이 바뀔 적마다 일삼더니, 근래에는 일본과 국내에서조차 식민지기 근대화론자가 활개를 치는 현상까지 나타났다. 그들의 공통점은 일제 조선식민지기에 국토(토지) 미곡 노동력 등의 수탈은 없었고, 군위안부 정신대 노동자 등의 강제 동원도 없었다는 것이다. 또한 교육 산업화 공업화, 그리고 전력 철도 등 인프라의 발전과 경제성장으로, 엥겔계수가 줄고 칼로리 섭취가 늘어 조선인의 키가 커졌고, 쌀 생산량의 절반이 30% 비싸게 매년 일본에 수출되어 조선농촌이 잘 살게 되었다는 것이다. 이러한 주장의 대부 역할을 하고 있는 자가 서울대학교 낙성대경제연구소장을 맡고 있는 이영훈이다. 그는 한국의 국사교과서에는, 그가 주장하는 위와 같은 사실과 정반대로, 역사학자에 의해 전부 과대·왜곡·날조로 일관되게 기술되어 있으니 교과서를 다시 쓰라는 요구까지 하고 있다. 그런 요구라면 당연히 한국에서 해야 할 것 같은데 그는 그것을 일본에서 일본말로 하고 있다.[12] 본서에 등장하는 세 인물, 일본의 저널리스트 미즈마 마사노리, 일본 극우파의 여성 대표주자 사꾸라이櫻井 요시꼬, 그리고 한국의 이영훈은 묘하게도 같은 내용을 순서까지 맞춰 같은 주장을 하고 있다. 필자는 이들을 동일 선상에 놓고 싸잡아, 이들 주장의 부당성을 입증하는 노력을 하고 있는 것이다.

망언 1. 위안부관계 - 일본의 가와노 관방장관 담화와 육군통첩, 미 하원결의안 등은 말할 것도 없고, 심지어 극우파인 전 일본 수상 아베 신조조차도 위안부 강제연행에 관하여, 의회의 질 의에 "광의廣義의 강제연행은 있었다."라고 답변하였다.

그런데, 유독 국립서울대의 이영훈만큼은 요지부동으로, 아무런 증거제시도 없이 오직 비틀린 자기생각만을 내세우며 위안부 강제연행은 전혀 없었다는 날조된 망언을 지금도 하고 있다.

2009년에 일본에서 일본말로 발간된 『대한민국 이야기』에, 50쪽에 걸쳐 사실이 입증되지 않은 소설 같은 이야기를 늘어놓아, 일본인 우파들을 즐겁게 해 주고 있는 것이다. 필자는 앞서 위안부 문제 1과 위안부 문제 2에서 그의 주장의 허구성을 입증사료에 의거 상세하게 논증한 바 있다.

망언 2. 일제의 식민지수탈 - 이영훈은 조선국토의 40% 수탈설을 비롯하여 일제에 의한 모든 수탈설은 한국의 역사학자에 의해 과장·왜곡·날조된 것이라 하였다.

---

12) ≪『대한민국 이야기』≫(부제: 한국의 역사교과서를 다시 써라) 참조.

미즈마는 한 술 더 떠 수탈은커녕 조선농민의 농토를 지키고 키운 것은 일제였다고 주장한다.

국토 문제는 매우 중차대하므로 필자는 별도로 장을 만들어 이들 주장의 허구를 충분히 논증하였다.[13]

이들과 연대를 한 것인지, 보조를 맞춘 것인지, 일본 여성 저널리스트 사꾸라이 요시꼬는 2009. 7. 8.일자 『SAPIO』에 「한국병합 100년 사죄론」이라는 기사를 썼다. 사죄는 이제 그만 하자는 것이다. 그 구실이 이영훈의 『대한민국 이야기』 속의 다음과 같은 망언이다.

> 한국에서는 자존사관을 다시보기(見直し)하는 경향이 있다. 서울대학 이영훈 교수 등이 대안교과서 『한국근현대사』를 집필하였는데 일본에서도 『대한민국이야기』로 번역·출판되었다. 이교수는 이 책에서 "당시의 자료를 조사하니 교과서의 수탈설은 전부가 잘못이라는 것이 밝혀졌다. 예컨대 농민의 토지대장에는 한국농민의 토지가 탈취되어 일본인의 소유가 된 예는 한 건도 없었다"(필자 주: 40% 국토수탈설의 부정)고 비판을 하면서, 그는 경제학자로서 일본의 식민지 지배가 조선에 연률 3.7%의 경제성장을 가져왔고, 공장 등의 생산시설과 철도 등의 사회간접자본, 근대적 법 제도, 그리고 시장경제 시스템, 높은 교육수준을 지닌 인적자원을 유산으로 조선에 남겼다라고, 치밀한 통계를 제시하며 지적하고 있다. (생략) 서울에서 이교수를 만나 의견을 나누었다.

물론 본서에서의 필자의 논리적인 반박을 알 리가 없는 사꾸라이는 이영훈의 이러한 터무니없는 주장을, 하나도 빠짐없이 인용하여 액면 그대로 즐거운 마음으로 자신 있게 기사화하였을 것이다.

---

13) 《일제의 국토수탈》 참조.

이것은 엄밀히 말해 사꾸라이 자신의 직접망언은 아니다. 그녀는 수탈당한 식민지민의 한 변종 후예가 기술한 식민지 예찬론을 받아들고 자기편으로 달려갔을 뿐이다. 장소와 때를 가릴 줄 모르는 이영훈의 망언의 위력은 대단하다. 그가, 『대한민국 이야기』에 아무런 입증자료 하나 없이 기술한 내용 중 그 책 전체의 3분지 1 이상이 진실을 왜곡·과장·축소·날조한 소설 같은 이야기(物語. 모노가타리)에 지나지 않지만, 사꾸라이의 이름으로 다시 『SAPIO』 독자에게 전달된 그 만들어진 이야기는 수백만 일본인 독자에겐 꿀맛같이 흐뭇한 이야기가 되었을 것이기 때문이다. 이영훈의 망언을 일일이 거론하기에는 지면이 아깝지만, 몇 개만이라도 더 적어보겠다.

망언 3. 토지조사 – 이영훈은 찬양 일변도이지, 토지조사의 부작용에 대해선 일언반구도 없다. 물론 다소의 이점이 있는 것은 사실이다. 그러나 객관적인 득실을 따질 때 일본인의 득에 비하면 식민지민의 실은 너무나 크다. 더구나 장기적으로 볼 때 그 차는 기하급수적이다. 따라서 그의 편향된 예찬과 망언은 마치 그가 정복자의 대변인 역할을 하는 것 같다.

이영훈은 그의 『대한민국 이야기』 중 「토지수탈설이 만들어진 과정」 84쪽에 다음과 같이 적고 있다.

경남 김해군청에서 토지조사사업 당시 작성된 문서 뭉치가 대량 발견되었습니다. 그 사료를 이용한 연구가 1985년부터 발표되기 시작하였습니다. 그 과정에 나도 참가하여 한 역할 하였지만, 결론적으로 말하면, 총독부는 국유지를 둘러싼 분쟁의 심사에 있어서는 공정하였으며, 더군다나 기존의 국유지일지라도 민유라는 근거가 어느 정도 증명되면, 그것을 민유지로 전환하라는 판정을 내리는 데 인색하지 않았습니다. 이와 같은 분쟁을 치른 다음에 남은 국유지는 전국의 484만 정보의 토지 중에서 12.7만 정보에 지나지 않았습니다. 그것조차도 대부분은 1924년까지는 일본의 이민에 대해서가 아니라, 예부터의 조선인 소작농에게 유리한 조건으로 불하되어 버렸습니다.

독자는 필자가 왜 총독부의 선정善政을 묘사한 것 같은 글을 인용하였는지 짐작이 안 갈 것이다. 총독부를 일본인이 치켜세운 것 같은 글이다.

하지만 위 글에는 이영훈의 음모가 들어 있다. 그는 일제의 조선 식민지 토지수탈이 전혀 없었다는 그의 주장을 합리화하기 위하여 고도의 위장술을 쓴 것이다.

위에 적힌 사건은 사실에 가깝다. 하지만 그것은 동전의 한쪽만 적은 것이다. 당시 조선의 행정구획은 218군으로 되어 있었다. 그 중 하나에 불과한 김해군의 토지조사문서 뭉치 하나를 조선 전체에 적용하여 확대해석하고 있는데, 이는 어불성설이다. 더구나 토지 사정査定에 대한 이의 신립이 김해군이 타군에 비해 많았다는 증거도 없다. 김해군의 비중은 전국대비 0.5%도 안된다. 토지조사에 관련된 이의 신립은 전국적으로 2만 건이 넘었었다. 국유지를 사이에 놓은 분쟁에서 총독부의 판정이 공정하였다는 말은 신립이 된 모든 사건의 판정을 검토한 후에나 할 소리지, 이영훈이 김해에서 발견한 기껏 몇 건 갖고 자랑할 일이 아니다. 그는 일제의 대변인을 자처하고 있는 것이다(토지사정에 관련해서는 ≪민·형사법의 도입과 시행의 진실≫ 참조).

이보다 더 황당한 것은 분쟁을 치른 다음에 남은 국유지가 12.7만 정보에 불과하다는 말이다. 다시 말해 토지조사 후에 총독부가 소유하고 있는 토지는 12.7만 정보인데 그것마저 불하했으니까 총독부가 수탈해서 갖고 있는 땅은 한 평도 없다는 이야기다.

그런데 그 12.7만 정보의 땅조차도, 이영훈의 말과는 달리 토지조사 후 분쟁을 거치고 난 다음에 남은 땅이 아니다.

그 땅은 1910년 병합 당시 대한제국의 역둔토驛屯土를 총독부가 인계(수탈)해 간 것이다. 역둔토는 구 한국정부 국유지로 분쟁의 대상이 된 적도, 될 수도 없는 땅이다. 수백년래, 대를 이어 관리·경작해 온 연고소작인이 정해져 있어, 버젓이 소작료까지 수납하고 있었던 것이다. 그것을 연고소작인에게 1924년까지 불하한 것인데, 그 일을 갖고 이영훈은, 일본인 이민을 제쳐 두고, 조선인에게 유리한 조건으로 불하해 주었다고, 마치 총독부를 대신하는 것처럼, 생색을 내고 있다.

사실은 역둔토 자체도 총독부에 의해 강탈당한 대한제국의 국유지다. 조선인 입장에서 보면, 총독부는 약탈한 땅을 팔아먹은 것이다. 훔친 땅은 일본민법상 장물이다. 장물은 원소유자에게 돌려주어야 하는데 대한제국이 소멸되었으니, 법으로 토지점유 20년 이상 된 연고자가 무상으로 승계받아야 한다. 그런데 연고자에게 땅값을 받아 조선농민이 아닌 일본인 이민자에게 보조금으로 나눠 준 것이다. 물론 조선농민에겐 한 푼의 혜택도 없었다. 이영훈은 이 일을 두고 총독부의 행실이 통치법상 합법이라고 하지만, 그것은 일제의 입장이지 피식민지민인 조선인이 승복할 일이 아니다.

망언 4. 조선인 강제 동원 – 이영훈은 일제에 의한 조선인 강제 동원이라는 역사적 사실을 부정하는 망언을 서슴지 않는다. 필자는 그의 부당성을 다음 장에서 상술하겠다.

망언 5. 기타 – 일일이 열거할 수 없을 정도로 본서 도처에서 여러 문제에 관하여 충분히 논거되었다고 사료하는 바이다. 독자의 판단에 맡기겠다.

조선인 강제 동원

이영훈은 『대한민국 이야기』-「역사교과서수탈론」에서 "한국역사
교과서에 1940년대의 전 시기에 약 650만 명의 조선인을 전선에, 공장
에, 탄광에 강제 연행하여, 임금도 주지 않고 노예처럼 혹사했다고 기
술하고 있는데, 이것은 사실이 아니다. 전혀 사실과 맞지 않는 것도 있
고, 비슷한 사실은 있어도 내용이 과장되어 있거나, 잘못 해석되어 있
는 것이 대부분이다."라고 기술하고 있다. 더욱 놀라운 일은, 이 모든
것이 교과서를 기술한 역사학자들이 만들어 낸 이야기物語라는 것이다.

그 시기에 조선에서는 어떤 일이 벌어지고 있었는지를 일본의 역
사서를 통하여 알아보자. 2001년 판 『현대일본경제사연표』 30쪽에
는 "1939년 7월 8일 국민징용령공포(7. 15. 시행), 동년 7월 28일 조
선인노동자강제연행 시작"이라고 적혀 있다. 전쟁기간에 조선인 몇
명이 강제로 연행되었나를 밝힐 일이지, 강제연행 자체는 재론할 여
지가 없을 것이다.

〈표 15〉 조선의 노무동원(朝鮮の勞務動員)

(단위 : 1,000명)

동원지역	1942년	1943년	1944년	3년간 합계
조선	383	746	2,552	3,681
일본본토	120	130	289	539
기타지역	17	6	3	26
총계	520	882	2,844	4,246

출전: 『일본인 해외활동에 관한 역사적 조사 조선편』 제9분책, 72쪽.

앞서의 〈표 15〉에는 1942~1944년 3년간에 총 4백24만 6천 명의 조선인이 노무동원된 것으로 나와 있다. 가장 강압적인 뿌리째 강제연행이 난무하던 1945년도 조선인 강제 동원 통계는 일제의 의도적 은패인지, 미처 작성을 못한 것인지 발견된 것이 없다. 이 밖에 강제 동원이 시작된 1939년부터 1941년까지 조선 안에서 강제 동원된 노무자는 제외하더라도, 전쟁 말기에 일본본토에 강제로 끌려가 탄광, 군수공장, 터널 등 지상·지중군사기지 공사장, 기타 중노동 현장에서 노예처럼 혹사당한 조선인은 일제공식통계가 93만 명이지만 이는 전혀 비현실적인 숫자이다. 분명 1945년도 분 50만 내외로 추산되는 싹쓸이동원이 누락된 것이다. 45년도 통계는 다른 모든 항목처럼 패전의 혼란 속에서 계수를 기록할 경황이 아니었던 것 같다.

재일조선인 수는 1935년에 62만여 명이던 것이, 1940년에 119만여 명, 1944년에 193만 6천여 명으로 늘어났다. 1945년도에는 더 많이 늘어나 최소 240~250만 명으로 추계된다. 이렇게 갑자기 증가한 인원은 물론 거의 다 강제 동원 노무자들이다. 이에는 확실한 근거가 있다.

1945년 초에서 중반까지는 일제의 패색이 완연해져 소위 싹쓸이 동원이 일제의 전 세력권 내에서 기승을 부릴 때였다. 14~60세 사이 남성은 거의 전원이 징병·군속·징용·근로보국대 등에 강제 동원되었었다. 특히 연합군의 오키나와 상륙작전을 비롯하여 일본본토에 대한 위협이 긴박하게 거세지자, 소모된 전투병의 보충과 본토방위 병력의 확충으로 제 산업현장에서 차출이 불가피해져, 신규로 소집된 병력은 1943년에 96만 명, 1944년에 68만 명에 이어서, 1945

년에는 물경 115만 명이나 되었다. 상업자·농업종사자·공무원·학도병 등이 이미 바닥이 난 상태에서, 마지막 보루인 탄광 군수공장까지도 차출이 불가피해졌던 것이다. 그 자리를 메우게 된 것이 조선인노무자로, 강제연행의 희생자가 된 것이다. 이러한 연유로 전쟁 말기 일본 내 조선인 수는 급증해 1945년 8월 종전시에는 일본 내 조선인 수는 245만 명 내외가 된 것이다.

1946년 11월 마지막 조선인송출선이 부산항에 닿았을 때 일본으로부터의 귀환자 총계는, 수송 업무를 주관하였던 군정청통계로 1,862,678명이었다. 당시 귀환자는 군정청이 관리하는 군 수송선을 예외 없이 이용하였기 때문에 계수에는 차감이 있을 수 없다. 귀국을 포기하거나 망설이던 잔류자가 60만 내외였던 점을 고려하면 종전시 재일조선인 총수가 250만 정도라는 정설과 일치한다.

이들은 거의 단신이었으며 귀환자 중 가족동반자는 볼 수가 없었다. 물론 촌각을 다투어 고향에 돌아가기를 갈구하는 강제 동원된 노무자와 정신대원들이 대부분이었다. 따라서 귀환자 186만여 명 중, 위 표와 중복되는 54만 명을 제한 약 130만 명의 일본본토 강제 동원자를 가산하면, 〈표 15〉의 총계는 554만여 명이 된다.

여기에 당연히 계산에서 빠져서는 안될 인원이 또 있다. 생명을 위협받을 수 있는 23만 명의 징병과 25만 명의 군속, 그리고 적게 잡아 2십만에 달하는 조선 내 여자정신근로대원과 일본군위안부 등 일일이 열거하기도 어렵지만 최소 60~70만 명이다. 이상과 같이, 주로 1942~1945년까지의 전쟁 말기에 강제 동원된 자 총수는 대략 614~624만 명에 달한다.

1941년 이전 조선 내에서 특히 북부조선 탄광이나, 발전소 건설, 철도부설, 중화학공업단지, 산림·지하자원 개발공사 등에 강제 동원 된 누계 60여만 명을 합치면 역사교과서의 650만 명을 넘고도 남는다.

참고로 필자도 1942~43년도 초등학교 5~6학년 때, 월사금에 분명히 난방용 연료비가 포함되었는데도 일제에게 강제 동원되어, 한 달간 솔방울을 따러 다녔고, 비행기 연료로 쓰인다는 송진(탄)유 원료인 관솔을 꺾으러 끌려가서, 소나무에 올랐다가 떨어져 팔꿈치를 다친 적이 있다. 학도보국대 근로동원이라는 것도 일본인학생에게는 의무이며 애국행위가 될지 모르지만, 식민지민에게는 엄연한 강제 동원이며, 무보수 노동력수탈인 동시에 교육시간 수탈이다.

조선에서 강제 동원이란 본인의 의사에 관계없이 정복자인 일제가 식민지민을 임의로 끌고 가서 강제로 일을 시킨 것을 말한다. 노동의 대가를 주기도 하고 안 주기도 하고 정복자가 형편 따라 결정한다. 일본본토로 동원된 경우 작업은 더 힘들고 보수는 동일 업종에 종사하는 일본인 노무자의 3분지 1이 보통이다. 그나마 전 동원자가 노임의 80~90%를 극심한 인플레 하에서도 강제저축을 당해야 하였고, 화폐가치는 돈을 찾을 무렵엔 반 이하로, 패전 후에는 상당액이 휴지로 변해 소위 인플레 수탈까지 당하였던 것이다.

식민지민이 정복자가 제멋대로 만든 법에 의해 강제로 연행되어 열악한 환경에서 중노동을 강요당하였다. 그리고 노임의 20%만 받고 나머지는 강제저축을 하였는데, 일제가 패전하자 인플레로 반 휴지가 되었다. 식민지민 입장에서, 노동력수탈인가 아닌가를 이영훈에게 묻고 싶다.

총독부 조선인혈세 군사비 전용

아래 표는 1935년도부터 1944년도까지 10년간 조선총독부재정에서 일본군군사비로 지출된 금액을 나타내는 자금지출표이다.

<표 16> 조선총독부 군사비 지출액

(단위 : 100만 원)

연 도	1935	1936	1937	1938	1939	1940	1941	1942	1943	1944
군사비	22	26	60	66	69	41	223	239	231	605

출전 : 1937년까지『소화재정사 XIV 구외지재정(하)』, 114쪽.
1938~1944년은『소화재정사 IV 임시군사비』, 216~217쪽.

<표 16-1> 조선총독부 재정

(단위 : 100만 원)

연 도	1935	1937	1939	1941	1943	1944
수 입	263	347	561	722	1,332	1,648
지 출	250	360	600	785	1,260	1,935
군사비	22	60	69	223	231	605
수입대비	8.4%	17.3%	12.3%	30.9%	17.3%	36.7%

출전 :『소화재정사 III』, 세계(歲計), 1955년.
주 : 1944년도는 예산, 그밖에는 결산.

총독부의 1937년도 군사비 지출액은 6,000만 원이다. 당시 쌀 한 석의 가격이 30원도 안되었는데, 쌀로 환산하면 200만 석이 넘는다. 1941년도 군사비는 2억 2천3백만 원, 쌀(석당 공정가 40원)로 550여만 석이다. 이 금액의 상당액은 물론 조선인에게서 걷은 혈세이다.

조선인의 8할인 농민이 낸 토지세는 시가의 반도 안되는 가격으로 강매당한 쌀값으로 받은 돈이다. 그 기가 막힌 돈을 침략전쟁 전비로 사용한 것이다. 높은 이자로 고통 받는 1,300만 빈농의 고리채 총액이 2억 원이고, 적령아동 취학률이 25%임을 감안하면, 아무리 총칼을 거머쥔 침략자라도 해마다 거액의 군사비전용은 사람 탈을 쓰고 할 짓이 아니다. 그 돈의 10%만이라도 매년, 조선농촌을 도와주고 학교를 짓는데, 돌렸어야 되는 것 아닌가. 10년간 그렇게 하였다면 농촌의 빈곤은 대부분 사라졌고 미취학아동 수는 획기적으로 줄어들었을 것이다.

아니다, 이는 필자의 백일몽일 뿐이다. 만일 그렇게 한다면 조선 농촌이 잘살게 되고, 농민은 일본에 수탈되던 미곡으로 쌀밥을 먹게 될 것이다. 그러면 일본에 가져갈 쌀은 어디서 나온단 말인가. 일본의 쌀 부족은 어떻게 메우게 되는 것일까. 그렇다, 일본이 멸망하지 않는 한, 조선이 독립하지 않는 한, 일제의 쌀 수탈은 이어질 수밖에 다른 방도가 없었던 것이다.

필자는 총독부의 군사비 지출이 조선인에게 막심한 부담을 가중시켰음을 지적하고, 아울러 그 부당성을 힐문 안할 수가 없다.

총독부는 매년 총 재정지출액의 20~30%를 엉뚱하게도 침략전쟁 용도의 군사비로 전용하였다. 일본인들이야 자국 영토 확대에 자진해서 참가할 수도 있겠지만, 식민지 원주민인 조선인은 전혀 입장이 다르다.

조선토지조사의 목적과 결과

　일제 총감부는 강제병합 3개월 전인 1910년 5월에, 버젓이 국권이 있는 대한제국에서 불법으로 조선토지조사를 시작하였다. 그러고는 1918년까지 장장 8년에 걸쳐 당시로선 천문학적 거액인 2천만 원을 들여 조사를 끝마쳤다. 그렇게 조급하게 서두른 조사의 목적은 무엇이었으며 결과는 어떠하였을까.

　『조선총독부 30년사』 1권 248쪽에는 조선토지조사사업의 목적에 대해 다음과 같이 적고 있다.

　토지조사목적:
　1. 부동산등기실시에 대비한 토지대장 정비
　2. 지세부과의 기초 확립을 위한 제 사항, 특히 지가의 책정
　3. 토지이용 및 개량촉진을 염두에 둔 기초자료, 지형도 및 지도
　　작성

　이를 상세히 풀이하면, 일제는 병합 이전에 이미 조선을 식민지로 삼을 것을 기정사실화하고, 국토세부사항과 실태를 조사·파악하기로 계획을 세워 실천에 옮긴 것이다. 국유지와 사유지의 분별, 사유지 각 개별필지의 면적·소유주·소유권 확인, 토지등급(지가) 책정, 새로 개간 가능한 토지·습지·미개간지 등의 제반 현황을 조사하는 것이다. 궁극적으로는 광대한 임야의 국유화와 토지과세, 그리고 소

유를 증명 못하는 토지의 몰수가 주목적이며, 아울러 철도·도로·항만·군사용지 등 토지이용계획에 필요한 자료수집이었다.

8년간에 걸친 조사결과는 전혀 예상치 못한 일이 벌어졌다. 황당하게도 농경지면적이 대폭 늘어난 것이다. 1910년 조사 착수시, 조선의 총 경지는 246만 4천9백 정보였다. 이것이 토지조사가 끝난 1918년 말에는 433만 7천여 정보가 된 것이다.

〈표 17〉 경지면적

(단위 : 보)

1910년	2,464,904
1914년	2,959,159
*1918년	4,337,104
1919년	4,324,679
1929년	4,392,116
1938년	4,436,825
1942년	4,396,003

*필자 기입

맨 첫 장에서 언급한 바와 같이, 기고자인 미즈마는 2009. 11. 11일자 판 『SAPIO』 84쪽 「아사히신문(조선판)의 연구 제7탄」 기사에서, 〈표 17〉를 제시하고, 이렇게 크게 늘어난 농경지에 대해, 총독부의 대단한 공적이라고 치켜세우며 매우 자랑스러워하고 있다.

미즈마는 쓰기를, "전전에 편찬한 『조선총독부통계연보』를 정밀히 조사하니 수탈은커녕 도리어 농업발전에 크게 공헌한 것을 읽어낼 수가 있다. 한일병합 시점인 1910년에서 1942년에 이르기까지, 경지면적은 약 2배로 늘어나 있다(도표 참조). 그렇다면, 조선반도에서 「농지개혁·근대화」를 조선총독부는 어떻게 실현하였나를 당시의 아사히신문 기사를 보러 가보자."고 하였다.

필자는 아무래도 미심적어 위 도표를 엄밀히 검토해 보았다. 다른 통계와 비교한바, 미즈마가 제시한 도표상의 수치 자체에는 분명 하자가 없다. 하지만 상식으로는 도저히 납득이 가지 않는 것이 머릿속을 계속 맴돈다. 첫째 의문은 농경지의 증가시기와 증가속도다. 미즈마는 1910년에서 1942년까지 32년간에 2배 가까이 늘어났다고 하였다. 시간적으로는 가능한 이야기이다.

그런데 도표를 살펴보니, 1910년에서 14년까지 2,464,904정보에서 2,959,159정보로 불과 4년간에 494,255정보 20.05%가 증가하였으며, 다시 4년 후인 1918년에는 4,337,104정보로 크게 늘어나 물경 1,377,945정보 46.56%가 증가한 것으로 되어 있다. 1910년부터 1918년까지 단 8년간에 1,872,200정보 75.95%가 증가한 것이다. 이는 물리적이나 현실적으로 도저히 불가능한 일이다. 당시 조선은 말할 것도 없고 일본에서조차도 건설장비는 전 근대적 상태에서 벗어나지 못하고 있었다. 기껏 삽이나 곡괭이와 지게로 수삼 년 힘들여 호당 논밭 한두 두락 장만할 수 있는 것이 고작이었을 것이다.

그렇다. 농경지가 실지로 늘어난 것이 아니다. 토지조사의 결과 토지는 그대로이고 토지대장에 숫자만 바뀐 것이다. 그 증거로 토지조사가 끝난 1918년 이후에는 1942년까지 24년간 경작지 면적에 변동이 거의 보이지 않는다. 일제가 실지로 경작지를 늘릴 의도가 있었다면 그 후라도 꾸준히 경작지가 늘어났어야 하는 거 아닌가.

일제가 노린 것이 바로 이것이었다. 토지과세 면적을 거의 2배로 늘리는 것이다. 일제는 조선 전 국토를 수탈해 식민지화한 것도 부족해, 조세수탈 면적까지 토지조사 이름하에 턱 없이 늘린 것이다.

이러한 상황이 한눈에 들어오는데, 일본의 지식인을 대표하는 소위 저널리스트인 미즈마는 일부 일본 극우파의 특유의 교활한 사기술을 쓰고 있는 것이다. 선량한 대다수 일본인의 명예를 더럽히고 있는 것이다. 왜 한 평도 안 늘어난 멀쩡한 조선농경지를 2배로 숫자만 늘려 전 세계 독자에게 총독부의 공적이라는 거짓 기사를 일부러 내보내고 있는 것일까. 땅은 그대로인데 세금만 2배로 수탈당하게 된 조선농민의 수난을, 언론인으로서 대변은 못할망정, 어떻게 이런 날조극을 연출한단 말인가. 제국주의는 떠나갔다. 더 이상 일제의 속임수에 넘어갈 사람은 없다는 것을 알아야 한다.

1918년 10월 조선토지조사사업이 완료되었다. 조사는 조선 전 지역에 걸쳐 삼각 측량과 기준 측량을 실시, 지형조사를 수행하여, 매 필지마다 지번·지목·면적·지가·지주·토지등급 등을 기재한 토지대장과 지적도를 제작 각 부군도府郡道에 인계하였다.

이리하여 조사는 끝났지만 남은 것은 조선의 영세농민이 겪어야 할 고통스런 부담이었다. 첫째가 대폭 늘어난 토지세 부담이었다. 일제의 본래 의도대로 숫자만 크게 늘어난 토지대장상의 면적에 대해 가차 없이 인상된 토지세가 부가될 것이었다. 토지 면적이 평균 76%가 늘어난 만큼 토지세도 그만큼 따라오를 것이었다. 일제도 이 상황을 알아차리고 첫해는 세율을 다소 조정하였지만 다음 해 증액 되리라는 것은 쉽게 예상되는 일이었다.

〈표 18〉이 보여 주듯이 토지조사가 끝난 1918년과 그 이듬해에 걸쳐 1인당 국세부담이 무려 60%나 증가한 것이다. 이러한 추가부담은 전 인구의 8할이 넘는 농민에게는 그 충격이 너무나 컸다. 성냥 한 갑 제대로 살 돈이 없는 그들을 더 깊은 빈곤의 수렁으로 넣는 채찍과 다름없었다.

<표 18> 국세 1인당 부담 누년비교

(단위 : 원)

연 도	1인당 부담	증가율(%)	연 도	1인당 부담	증가율(%)
1912	0.901		1916	1.134	5.5
1913	0.900	-0.1	1917	1.337	17.9
1914	1.048	16.4	1918	1.711	28.0
1915	1.075	2.6	1919	2.249	31.4

출전 : 『일본탁무성탁무통계개요 제1회』, 76쪽.

식민지민의 국세부담률의 급격한 상승은 다른 어떤 곳에서도 그 예를 찾을 수 없는 수준이다. 병합 초기인 1912년과 토지조사완료 다음 해인 1919년까지 7년간의 증가율을 산정해 보니, 1912년 1인당 부담이 0.901원에서 1919년에는 1인당 2.249원으로 무려 1.348원이 올라, 순증만 150%가 되는 것이다. 같은 기간, 일본의 또 하나의 식민지인 대만은 46.1%가 올랐을 뿐이다. 국세에서 지세地稅만을 분리 계산한 세액만도 1912년에 6,272,619원에서 1922년에는 14,832,871원으로 토지조사 전후 10년간에 236%가 늘어난 것이다. 토지조사를 이용한 세금징수가 얼마나 가혹하였나를 잘 보여주고 있다 하겠다.[14]

두 번째는 일본인지주들의 횡포였다. 개인의 토지소유권 확립을 기화로 소작농에 대해 부당한 압박을 가하기 시작한 것이다. 앞(71쪽 고율소작료 수탈)에서 논한 것처럼 일본인 지주에 의한 소작료 수탈은 35년간의 시정 내내 시간이 경과할수록 도가 심해져 소작농 호수는 늘어만 갔다. 농토를 잃은 소작 희망자가 계속 대기하고 있

---

[14] 『조선총독부통계요람』, 1926, 212쪽 참조.

는 추세 하에 일본인지주는 개인·기업 할 것 없이 소작계약에 칼자루를 쥐고 거의 노예계약을 강요하였던 것이다. 기간을 1~2년으로 짧게 잡고, 일본식 심경법과 화학비료사용 등을 계약조건에 기입하였으며, 어기거나 마음에 들지 않으면 해약을 통보하거나 재계약을 안해 주는 등 소작농의 피해가 막심해졌다. 총독부조사에 의하면 1929년 10월에서 1930년 9월까지 한 해에만 소작권 이동건수가 23만 7천238건에 이르고 있다. 당시의 통계로는 소작권의 이동에 따른 소작쟁의는 총 소작권쟁의 건수의 6할 내외를 나타내는 것이 보통이었다. 그 폐해가 얼마나 심각한가를 말해 준다. 이는 영세농민의 생명선과 다름없는 소작권이 대를 이어 내려져 오던, 조선조나 구 한국시대에서는 전혀 겪어보지 못한 현상이었다.

일본인 대지주는 우선 농장에 속하는 거대한 농지를 세분하여, 그 하나하나를 각 농민과 소작계약을 체결한다. 계약서에 기입된, "경지는 항상 시비施肥와 심경을 해야 하며, 작물의 종류와 품종 및 농사개량 등 귀사의 지도사항을 반드시 준수 시행한다."는 포괄적 규정에 따라, 소작인에게 상세한 지시와 감독으로 임하였고, 만일 위반시에는 즉각 계약을 해지하였다. 총독부의 보호 하에, 이와 같은 불안정한 소작제도를 이용하여, 소작료를 인상도 하고, 또한 일본식의 개량농법(후쿠오카식)을 강요한 것이다. 이 일은 무엇보다 먼저 노동의 강도와 양을 상당한 수준으로 가중시켰다. 종래의 조선의 벼농사는, 일본의 근대적 '후쿠오카식 농법'에 비하면 현저히 뒤처져 있었다. 일본인 대지주는 이러한 뒤처짐을 근대적인 관리조직에 의한 강제경작으로 당장 일본과 같은 수준까지 높이려 든 것이다. 일본인농장은 정부의 보조로 빠짐없이, 수리시설과 경지정리에 의한 생산기반이 완비되어 있었다. 그렇지만 소작인의 노동수단의 개선은 전혀 이루어지지 않은 채, 필연적 노동 강화로, 소작권 해약과 그에 따른 쟁의가 끊이지 않았던 것이다.

일제의 국토수탈

국토라 함은 나라 땅 전체를 말한다. 국토는 산림 농경지 미개간지 도로와 철도 용지·가옥 대지·호수·하천·도서 등으로 이루어진다. 다 합치면 국토면적이 된다. 국토 하면 국가의 땅이고 당연히 국가가 주인이지만, 편의상 자본주의국가에선 소유권제도를 도입하여 국유지와 사유지로 구분한다.

이영훈은 그의 『대한민국 이야기』 79쪽에 국토수탈설에 대하여 이렇게 기술하고 있다.

> 토지수탈설이 만들어진 과정 – "1967년에 민영규閔泳珪가 쓴 교과서에, 전 국토의 40%가 수탈되었다는 기술이 나오지만 무슨 근거가 있는 주장이 아니었다. (생략) 하지만 1974년부터 교과서가 국정제도로 바뀐다. 그때부터 지금까지 30년 이상에 걸쳐, 민영규가 만들어낸 40% 수탈설이 정설로서 교과서에 게재되어 왔다."

이영훈은 전 국토의 40% 수탈설을 부정하고 있는 것이다. 국토의 대량수탈은 없었다는 이야기다. 하지만 전 국토의 40% 수탈설은 올바른 말이다. 이영훈이야말로 아무 근거도 없이 터무니없는 허위주장을 하고 있는 것이다.

위 교과서에서 일제의 국토수탈이라 함은 침략자인 총독부를 위시하여 일본인 개인과 기업이 수탈하여 국유화·사유화한 것을 총괄적으로 일컫는 말이다.

필자는 일제에 의한 40% 국토 수탈을 아래에 입증하려 한다.

조선반도의 국토면적은 220,740.72㎢, 즉 2,207만 4천2백72정보이다. 1927년 말 기준, 이 중 임야가 1,647만 2천 정보이며, 경지면적은 같은 시일기준 438만 7천여 정보이다. 나머지 121만 5천여 정보가, 도로·철도·항만 등의 인프라 용지와 공·사유 건축물대지, 도시 기반과 공공시설물 용지 등이 차지하게 된다.

전 국토의 73%가 임야인 이 땅에서, 산림의 가치와 중요성은 무한대라 할 수 있다. 더구나 삼천리금수강산은 외관의 아름다움은 말할 것도 없고, 무진한 부존자원을 품고 동북아의 지리적 요충지에 터를 잡았으며, 천혜의 사계절까지 갖추고 있다.

임야는 국유지와 사유지로 지목이 갈라진다. 총독부 소유의 국유지는 917만 3천 정보에 공유지가 57만 5천 정보[15], 합계 974만 8천 정보이고 조선인과 일본인 지주가 소유한 사유임야는 합계가 672만 4천 정보다. 조선 총 국토에 대한 총독부 국유임야지 백분율은 41.5%이다. 일제 침략자는 산림 한 지목만으로도 어느새 조선 전 국토의 41% 이상을 소유하고 있는 것이다.

토지조사의 이름을 빌려 산림을 마음대로 수탈한 것이다. 한일병합시까지 오랜 세월에 걸쳐 조선에서는 관행적으로 임야의 소유권은 문서화하는 일이 드물었다. 대대로 내려오면서 아무개네 산으로 정해져서 땔나무도 거둬들이고 가족이나 씨족의 묘지로도 사용해 왔던 것이다. 떠돌이도 아니고 대를 이어 수백 년을 정착하여 살아온 씨족 사회에서 누가 감히 주인 없는 땅이라고 엿볼 엄두를 내겠는가.

---

15) 『일본탁무성탁무통계개요』 1권, 제1회, 35쪽 참조.

그런데 엉뚱하게도 총독부는 토지조사를 한답시고 시한을 정해놓고, 임야주인은 증빙서류를 구비하여 신고를 하라는 것이었다. 이래놓고선 신고를 못하거나 안하거나, 신고를 한 임야도 조사기관의 심사기준에 미달이면, 억울한 자는 이의신청을 하라는 여지가 주어지긴 하였지만, 무조건 몰수하여 국유화한 것이다. 이것이 임야만으로도 전국토의 반 가까이를 일제가 수탈한 경위이다.

임야 외의 다른 국토 중 총독부는 농경지와 잡종지를 상당량 소유하고 있었는데, 이는 병합 때 구 한국정부로부터 수탈한 12만 정보에 달하는 역둔토와 기타 국유지, 그리고 토지조사 결과 소유증명을 못해 몰수당한 사유지와 새로이 찾아낸 저습지·미개간지 등이다.

이상으로 일제가 수탈한 국유지 총계가 조선국토의 반 가까이 된다는 사실이 유감없이 입증되었다고 사료되는 바이다.

이영훈은 총독부가 국유농경지 12만 정보를 일본인日本人 아닌 연고 조선농민에게 싼 값으로 불하하였다고 칭송하였는데, 내용을 전혀 모르고 있다. 그 땅은 총독부가 강탈한 대한제국의 역둔토驛屯土이다. 피탈자 입장에서 보면 그것은 한마디로 장물이다. 장물을 연고식민지민에게 되판 것이다. 그 일을 칭송하고 있는 것이다.

그 돈을 조선인 복지를 위해 사용하였다는 증조는 추호도 안 보인다. 왜냐하면 일제는 조선에서 걷히는 세금으로 통치비용에 전액 충당하였을 뿐 아니라, 점령군인 대일본제국군대의 군사비까지 부담하느라, 가장 기초적 복지인 적령기 조선인 아동의 취학률조차도 시정 내내 평균 25%에도 도달시키지 못하였기 때문이다.

이상으로 필자의 일제 국토수탈 40%설은 충분히 논증된 것으로 사료되지만, 그 주장을 뒷받침할 확고한 증거를 아래에 옮긴다. 총독부 자체로 편찬한 『조선총독부통계요람朝鮮總督府統計要覽』1926년 말 기준, 간행연도 1928년 판 2쪽이다. 역둔토 12만여 정보를 불하한 2년 후에 작성된 것인데, 그 땅 말고도 국유농경지가 아직 답 38,086정보, 전 68,207정보, 합계 106,293정보가 남아 있다. 여하튼 간에 1926년 말 현재 총독부소유국유지 총계는 9백55만여 정보이다. 이는 조선 총국토의 43.27%에 해당된다. 이 중에 총독부가 돈 주고 산 땅은 분명히 한 평도 있을 수가 없다. 대부분 토지조사 후에 몰수한 땅이라고밖엔 달리 생각할 수가 없다.

〈표 19〉 지목별 국유지

1926년 말 (단위 : 정보)

	전	답	대지	늪지	잡종지	임야	기타	합계
경기도	9,033	5,620	865	224	1,126	180,179	18,037	198,216
충청도	2,265	5,113	237	132	214	434,993	8,530	443,523
전라도	11,858	5,650	194	2,508	845	424,862	22,080	446,942
경상도	4,602	7,034	726	1,744	648	577,928	16,964	594,892
황해도	15,107	5,089	213	239	3,591	699,679	25,498	725,177
평안남도	3,905	2,938	315	13	4,700	727,907	12,588	740,495
평안북도	7,331	2,073	133	28	148	1,249,620	10,347	1,259,967
강원도	5,939	2,296	94	126	75	1,437,960	8,890	1,446,850
함경남도	4,641	1,344	185	183	92	2,264,567	7,275	2,271,842
함경북도	3,526	339	414	38	244	1,416,907	5,378	1,422,285
총계	68,207	38,086	3,376	5,235	11,683	9,414,602	135,587	9,550,189

출전: 『조선총독부통계요람』 1926년, 조선총독부편찬, 토지 2쪽

강점기 일제의 수탈

위에서 일제의 조선국토수탈에 대해 논하였거니와, 침략과 식민지화의 특성상 제국주의식 수탈은 필연적일 수밖에 없다. 침략 자체가 수탈 이외에는 다른 아무 목적도 없기 때문이다. 침략을 당하는 민족만의 고통이며 서러움인 것이다. 방법은 이 통탄스러운 치욕을 영원히 잊지 않고 이에 대비하는 길뿐이다. 우리가 무엇을 잃었었나를, 무엇을 수탈당하였나를 기억해 두어야 하겠다.

수탈에는 물질적인 것과 정신적인 것으로 대별할 수 있을 것이다. 일제의 주요 수탈대상이었던 국토와 미곡, 강제 동원, 정신대·위안부 문제 이외에도 빠트려서도 잊어서도 안될 수탈이 한두 가지가 아니다.

문화재

첫째, 조선조 황실재산과 값을 매길 수 없을 정도로 귀한 왕실유물을 위시한 각종 문화재를 꼽을 수 있을 것이다. 그 고귀하고 찬란한 문화재 수십만 점이 일본 관·민에 의해 도굴·약탈·장물매수 등으로 수탈되어 현해탄을 넘어갔다.

둘째, 문화재의 고의적인 훼손이다. 궁궐건축물을 비롯해 성벽·도성문·석탑 등을 훼손·해체·파괴·철거는 말할 것도 없고, 일본 본토로 반출(수탈)을 일삼아, 유구한 민족문화를 말살하려 분주히

날뛴 것이다. 그뿐 아니라 민족정체성을 말소하기 위해, 조선민족 수천 년의 얼이 담긴 귀중한 서적 20~30만 권을, 집집마다 샅샅이 뒤져 부당하게 압수(수탈)하여 불살라 버린 것이다. 식민지민 머릿속에 민족자주독립정신을 불어넣을 단서나 우려할 만한 내용이 들어 있는 서적들이 표적이었다.

하지만, 그것을 가릴 능력이 없는 일제의 하급 하수인들이 마구잡이로 탈취해가는 바람에 매우 소중한 희귀 사서나 학술지까지도 잿더미로 변해버린 것이다. 천인공노할 일이란 이런 것을 가리키는 말이다.

지금 당장 우리에게도 그렇고, 앞으로도 우리의 후손에게도 무거운 짐이 되었지만, 무슨 수를 써서라도 수탈된 문화재는 반드시 되찾아 와야 한다는 것이 우리가 명심하여야 할 과제이다.

자유와 인권

식민지기에, 자유와 인권을 거론한다는 것은, 일종의 정신적인 사치라고도 볼 수 있을 것이다.

이영훈은 일제가 조선에 남기고 간 대단한 유산 중에, 법제도의 확립을 그 하나로 꼽았다. 일본과 동일한 민·형사법을 제정·시행하여 조선을 근대적인 법치국가로 만들었다는 것이다.

일제가 침략을 안하였다면, 조선은 독립국가로서 민·형사법도 못만들고 전근대국가로 머물러 있었을 것이란 의미를 내포하는 것으로 들리는데, 과연 그랬을까.

일본의 법도 명치유신 때 독일 것을 베낀 것에 불과하다. 법의 제정이 뭐가 그렇게 어려운 작업인가. 법은 민주국가인가 독재국가인가에 따라 내용이 다소 차이가 날 뿐이지, 어느 법이던 논리적이고 합리적이기만 하면 족한 것이다.

법은 제정보다도 어떻게 운영되느냐가 중요하다. 법대로 운영되느냐 아니냐가 문제이다. 일제는 조선에서 형사법을 어떻게 운영하였을까. 단도직입으로 조선독립운동에 관여한 투사들을 법대로 처리를 하였을까. 일본법에 조선독립운동은 물론 불법이다. 반역죄라는 중범죄임이 분명하다.

가령 한 독립운동가가 거리에서나 집회에서 조선독립을 촉구하는 연설을 하든가 대한독립만세를 외친다면, 즉각 일경과 헌병에 의해 개 잡혀가듯이 끌려가, 욕설 구타 고문이 시작되고 반 주검이 되면 철창 속에 던져 넣어진다. 다음 날 그리고 그 다음 날도 같은 일이 되풀이된다. 유치장이 꽉 찼거나 운이 좋으면 며칠 후 시말서를 쓰고 보증인에게 인계된다.

만일 이런 일이 동일인에게 다시 일어난다면 먼저 번보다 더 심한 체벌을 당하고 기소되어 재판을 받게 된다. 형을 언도 받으면, 주로 사상범을 수용하는 서대문형무소나 함흥형무소에서 복역을 하게 되는 것이다.

이 예시에서 형사법이 적용된 것은 정식재판과 형무소 복역뿐이다. 나머지 전 과정은 불법이다.

하나 더 예를 들어 보겠다. 이는 필자와도 직접 관계되는 실지 있었던 이야기이다.

1920년대 초에 경기도 옛 수원군서신면광평리에 천석꾼 지주가 있었다. 대한제국의 무관까지 지냈던 50대의 이 지주는 30대의 장조카와 소금제조업으로 축재를 하여 농경지를 매집해 200정보가 넘는 답을 소유하고 있었다. 당시 소금제조업이란 천일염 방식이 아니었다. 갯벌을 둑으로 막아 저수지를 만들고 거기에 해수를 잔작하게 가둬서 증발을 기다려, 염도가 충분히 높아지면 염수를 웅덩이에 모았다가 사방 8m쯤 되는 철판으로 된 솥에다 넣고 불을 때 수분을 증발시킨다. 그렇게 하여 얻은 소금결정체를 가마니에 담아 창고에 쌓아간다. 봄부터 여름, 가을 늦게까지 수백 가마가 쌓이면 돛단배 두어 척에 나눠 싣고 인천부두나 서울마포나루에 실어다 파는 것이다.

소금생산은 숙질이 같이 하지만 내다 파는 일은 전적으로 조카의 몫이었다. 소금이 귀하고 비쌌던 까닭에 30대의 조카는, 쌀 한 가마에 5원 하던 그 당시에 1,000원 이상의 큰돈을 지니게 되니 돈 씀씀이가 커질 수밖에 없었다.

소문이 번져, 상해에서 밀파된 독립자금 모금책이 젊은 선주에게 다가가 설득작업을 벌였다.

원래 양반집안 출신이고 한문지식이 학자급이었던 이 젊은이는 이해도 깊고 행동도 빨랐다. 조선독립이라는 대의명분이 젊은 피를 들끓게 하기까지 긴 시간이 걸리지 않았다. 그는 허리춤을 풀고 덥석 기백 원을 건넸다. 이런 일이 몇 번이나 되풀이되었는지는 필자도 잘 모른다. 가족들 증언에 의하면 적어도 2~3년 계속되었던 것은 틀림없다.

3·1 독립운동의 불씨가 아직 덜 꺼진 시점이어서, 독립에 대한 열망이 식자 간에 도처에서 분출되어 울분을 토하는 숨소리가 거센 곳

이 한두 곳이 아니었다. 해방 후에 밝혀진 일이지만, 뜻밖에도 친일파로 짐작되던 인천 제일의 갑부 인천흥업(주)의 장 사장을 위시해서 자금을 댔거나 직접 활동에 가담한 사람들은 의외로 상당수에 달했었다. 이들은 엄벌에 처해지는 위험을 무릅쓰고 순수한 조국사랑만으로 지하저항운동을 한 것이었다. 이들 무명의 독립투사들 태반은, 해방 후에도 표면에 모습을 드러내지도 자신을 내세우지도 않고 초야에 조용히 묻혀버렸다. 진정한 애국자란 이러한 사람들일 것이다.

일제의 앞잡이들이 들끓던 좁은 인천 바닥에서 이런 모금운동이 그리 오래도록 순조롭게 진행될 리가 만무하였다. 모금책의 뒤를 밟던 왜경 고등계 형사에게 꼬리가 잡힌 것이다. 이 소문은 확 번졌고 누累가 젊은 선주에게 미치는 것은 시간문제였다. 젊은이는 독립운동조직의 도움으로 황급히 몸을 피했다. 고향집에도 못 돌아가고 멀리 전라도를 옮겨 다녔다.

고문에 못 견딘 모금책의 자백으로 젊은이가 지명수배되고, 자금이 떨어지자 집에 연락을 안할 수가 없게 되어 별수 없이 사람을 보냈다. 숙부는 노발대발 야단을 쳤지만, 돈을 안 보낼 수도 없었다. 한겨울 눈이 발목까지 빠지는 오솔길을 질부는 두 살배기 딸을 등에 업고 남의 눈을 피해 새벽길을 재촉했다. 수원역까지 40km를 걸어가야 하는 시대였다. 야간열차에 솜방망이가 다 된 몸을 실은 젊은이의 처는 밤새 눈도 못 붙이고 목적지에 도착했지만 남편은 이미 서울로 옮겨 간 뒤였다.

젊은이의 성씨는 L씨라고 하자. L씨는 그의 도피를 도와준 행동대원을 찾아간 것이다. 집에 못 돌아갈 바에야, 차라리 그 어려운 길에 들어설 결의를 다진 것이다. L씨를 포함한 행동대원들은 독립기금 모금운동을 폈다. 이들은 만일에 누군가 잡히면 죽어도 동지 이름을 불지 않기로 손가락을 깨물어 맹서했다. 민족진영의 지주나 자산가를 찾아서 모금을 하되, 왜경에게 들키면 강도짓을 하여 뺏은 거라고 둘러대기로 작전을 세웠다. 그리고 돈을 준 사람하고도 강도를 당한 것이라고 사전에 말을 맞춰 두었다. 경우에 따라서는 다 같이 상해로 건너가기로 한 것이다. 작전이 얼마나 성공하였나에 대해서는 필자도 후일담을 들을 기회를 갖지 못했다.

이들보다 서너 수 위에 앉아 있었던 고등계 형사들이 이 속임수에 몇 번이나 넘어갔는지 필자도 궁금하기는 마찬가지이지만, 결국 젊은이는 쇠고랑을 피할 수가 없었다. L씨는 동지 2명과 짝을 이루어 밤이 이슥해서 지목해 두었던 한 부자 집을 찾아갔다. 한 사람은 밖에서 망을 보고 L씨와 또 한 사람이 담을 넘어 집 안으로 들어갔다. 얼마 후 둘이 다시 담을 되넘어 나왔다.

망을 보던 사람은 이미 끌려갔고, 숨어 있던 형사 패거리들이 두 사람을 얽어매었다. 이들은 강도질을 주장했고, 가진 고문 끝에 주장한 대로(한 사람 정도는 사실을 불었을 텐데) 강도절도 죄목으로 4년형을 선고받아 함흥형무소에 수감되었다. 함흥형무소는 주로 사상범을 수용하던 곳이다. 서울의 강도범이 왜 함경도에 있는 사상범형무소에 보내졌을까?

교활한 왜경의 술책이었다. 총칼을 앞세운 군·경에 의한 강권정치에 1919년 3월 1일을 기하여 전 세계를 경악시킨 조선민족의 격렬한 저항이 돌발하자, 일제는 무차별 살육을 감행하여 총칼로 진압시킨 뒤 통치방향을 유화정책으로 돌렸다. 1920년대 초는, 이러한 사유로, 일제는 겉으로는 부드럽게 안으로는 독립운동의 뿌리 뽑기에 총력을 기울였을 때였다. 따라서 경찰은 독립운동사건의 수가 늘어나서 표면화되는 것을 극도로 꺼렸던 것이다.

3·1운동 후 두만강 건너 간도에 집결한 조선 독립군의 무장항쟁을 일제는 비적匪賊의 준동으로 비하, 도둑 떼거리로 보도를 한 것이 좋은 예다. 목숨을 내걸고 독립을 쟁취하려는 숭고한 애국 열사들이 일제에겐 비족이 되는 것이다.

일경은 L씨 등 사건이 독립운동이라는 것을 빤히 꿰뚫고 있었으면서도, 표면상으론 단순 형사사건으로 처리하고, 내면으로는 독립운동으로 간주하여 판결 후 이들을 함흥형무소로 송치시켜 혹독한 사상교육을 시켰던 것이다. 출옥 후에도 고등계의 감시의 눈은 늘 그를 뒤따랐다.

독자 여러분은 짐작하였을 것 같은데 L씨는 필자의 선친이시다. 그는 광복 직후 옛 동지들과 해후하여 회포를 풀고 몇 차례 모임에 나가봤지만, 상해임시정부 연통제聯通制와 연계되었던 동지들이 좌우로 나뉘져 아웅다웅하는 데 곧 염증을 갖게 되었다. 선친은 외아들인 필자를 그중 한 사람인 K씨에게 맡기고, 자신은 고향도 아닌 서해의 한 섬으로 거처를 옮겨버렸다.

이 외에도 독립운동은 꿈에도 생각을 말라는 '메시지'가 담긴 악랄하고도 지독한 독립운동가 탄압사건은 기록된 것만도 일제강점기 통산 수만 건에 이른다.

식민지기에 법은 있으나 마나였다. 일제의 조선인에 대한 무법천지를 가리키는 말이다. 법 위에 법의 상전이 또 하나가 있었던 것이다. 일본제국 전체에는 칙령勅令이, 그와 동시에 조선에는 그 밑에 총독부령이라는 것이 다시 똬리를 틀고 시행규칙을 깔아놓는다. 칙령이란 일본왕의 명령을 일컫는 말이다. 일왕은 초법적인 존재이며, 그의 명령은 바로 초법超法이다. 칙령이 곧 법위의 법이다.

아무 예고도 없이 돌연히 조선인의 생활을 압박하고 생명을 위협하는 별의별 칙령이 다 쏟아져 나왔다.

일본왕은 일본제국에서 어떤 존재였을까. 일정 때 모든 학교에는 봉안전奉安殿이라는 한 평도 안되는 작은 건물이 교사와 떨어져, 정원수로 잘 가꿔진 곳에 서 있었다. 그 앞을 지날 땐 누구나 그곳을 향하여 허리를 굽혀야 했다. 항상 문이 잠겨 있고 창틀도 없는 이 콩알만 한 건물 안에는 군부에 의해 현인신現人神으로 날조된 일본왕의 사진과 교육칙어가 들어 있는 나무상자가 선반1) 위에 놓여 있을 뿐이다. 일본의 국경일이나 무슨 기념일이면, 정장에 흰 장갑을 낀 교장이 사진액자를 눈 위로 치켜들고 엄숙하게 발을 옮겨, 학생들이 부동자세로 정렬한 강당이나 운동장 강단에 올려놓는다. 사진에 대해 90도 경례를 하고 일본 국가를 부르고 나서 교장이 교육칙어를 낭독한다. 교장 훈시에 이어 일본 왕 만세삼창을 부르고 나면, 전교생의 신사참배가 필수적이다.

일본 왕은 일본인에겐 살아 있는 신이었다. 그것을 믿으라고 조선인도 강요된 것이다. 따지고 보면 일본왕은 조선인에겐 조국강토 침

---

1) 가미다나(神棚, かみだな) : 일본에서 가정이나 사무실 등에서 신(神)을 모시기 위해 설치한 선반 또는 제단으로, 일종의 소형 사당(祠堂)에 해당한다.

략의 수괴가 아닌가. 해방이 되자 조선인이 맨 먼저 때려 부순 것이 서울 남산에 있었던 조선신궁과 학교운동장에 있는 '봉안전'이었다.

조선인은 종교의 자유는커녕 살아 있는 귀신의 우상숭배를 강요당한 것이다. 일본은 대낮에 살아 있는 사람을 신으로 모시는 원시종교의 나라였다. 20세기 현대전을 치르는 우를 범한 일본의 패전은 당연한 귀결이었던 것이다.

민·형사법의 도입과 시행의 진실

　이영훈이 위에서 일제가 남기고 간 대단한 유산으로 칭송·거론한 민법과 형사법의 도입과 시행은, 일제가 서둘지 않을 수 없는 배경이 있었다. 형사법은 치안유지상 도입이 당연한 일이지만, 그것보다도 주안점은 조선인의 반식민지화 세력의 단속과 처벌이 목적이었다. 그리고 민사법 도입의 시급한 과제는, 급증하고 있는 일본인 지주의 토지소유권 확립이었다. 동척을 포함한 일본인 대지주들은 소작료수탈을 목적으로 한 농경지매집 과정에서 빈번한 소유권 이전이 불가피하였다. 우선 총독부를 대행하여 동척이 주도적으로 토지를 장만한다. ≪일제 자본주의 침략과 고육 소작료 수탈≫ 중 동양척식주식회사에 대해 구체적으로 기술한 것을 줄이면, 국유지나 몰수한 땅을 싼값으로 인계받기도 하고 저습지나 간척지를 개간하거나 구획정리를 한 다음 수리시설을 갖추어, 일본인 기업농사자에게 넘겨주면서 매도형식을 취한다. 이 과정에서 일본정부나 총독부의 자금지원을 받는 것은 말할 필요도 없다. 이와 같은 토지소유권 이전이나 자금지원 사무 처리에 토지소유자의 등기 권리증의 존재가 필수요건이 될 수밖에 없었다. 이영훈이 주장하는 소유권 확립의 중요성이란 이 일을 지칭하는 것이다.

　토지조사는, 토지조사령에 의하여, 총독부임시토지조사국장이 행하고, 토지소유권 및 토지 경계의 사정査定에 대해 불복하는 자가 있으면, 규정기간 내에 불복신립을 할 수 있게 되어 있다.

　그 결과 토지 소유를 증명 못한다는 이유로, 소유권을 인정받지 못한 땅에 대한 불복신청 사건이 무려 20,148건에, 토지필지 수는 102,282필에 달하였다.[2] 이는 사건의 성질상 민사재판에 회부해야 할 대상이었지만, 이를 감당할 재판기구도 현실적으로 태부족일 뿐 아니라, 총독부로서는 한시가 급했다. 원래 토지조사의 목적이 부동산등기의 실시 및 지세 부과의 기초 확립이었으니, 토지 소유권 관계를 하루라도 빨리 확정하는 것이 촌각을 다투는 긴급한 사안이었다. 그런데 이를 사법재판 사건으로 돌린다면 판결이 하세월이 되고, 토지조사 자체의 뜻이 퇴색해 버릴 것이었다. 그래서 법을 무시한 '총독부고등토지위원회'라는 초법적 기관이 설치된 것이다. 위원회의 구성은 총독부 판사 및 고등관 그리고 간사 등 15~30명이 3~5부제로, 토지조사 종료 2년 후까지 재사정이 계속되었다.

　재사정의 총체적인 결과에 대한 통계는 알려진 것이 없다. 최대 관심사는 10만 2천여 필지 중 얼마나 많은 토지가 재사정에서도 입증이 안돼, 끝내 총독부에 몰수되었느냐이다. 아니면, 같은 말이지만 얼마나 살아날 수 있었느냐이다. 유감스럽게도 대답은 시원치 못한 것 같다. '고등토지조사위원회'의 재심은, 그 인원으로 그 많은 사건을 정상적인 법적 절차와 방법으로 사정한다는 것은 시간적으로나 물리적으로나 불가능한 일이기 때문이다. 이러한 사건의 정상적인 판결과정을 다소라도 아는 사람이라면 금세 수긍할 것이다. 예컨대, 경우에 따라 현장조사를 한다든가 증인을 세운다든가 해야 하는데, 한두 번의 사정으로 공정한 판정을 내린다는 것은 용이한 일이 아니

---

2) 『조선총독부 30년사』, 「토지조사사업의 완료」 참조.

다. 자연, 형식적 판정이 판을 쳤을 것이 뻔하다.

이 문제에 대한, 1995년 일본 무라야마 수상의 조선 식민지화에 대한 사죄 발표시, "토지조사로 농지를 몰수당한 조선농민에게 죄송하다." 하는 말을 필자가 TV 방송으로 직접 듣고 본 기억이 생생하다. 일국의 수상이 사죄하지 않을 수 없을 정도로 조선인 소유 토지의 부당한 몰수가 있었다는 반증이 아니겠는가.

그런데 이영훈은 이러한 내용을 자의로 각색하여 주로 일본인 대지주들이 이득을 보고 있는 이 제도를 마치 조선인을 위해 도입한 제도인 것처럼 포장하고 있다. 실지 상황은 일본인들이 소작권 쟁의 발생시 토지권리증을 내세워 우매한 소작농에게 불리한 판결이 나기가 일수였다. 소작권 쟁의에 이용할 뿐 아니라, 토지소유자가 토지등록제 실시로 소유권이 확립되어 토지매매시에 편리한 점이 있는 것도 사실이지만, 만사가 법으로만 해결되는 것은 아니다.

조선에서는 전통적으로 신의에 의한 토지거래가 적지 않게 있었다. 소작권만 하더라도 대를 이어 내려오기가 관행이었다. 소작인에게 불가피한 사정이 생겨 추수가 제대로 안되었을 때도, 지주가 사정을 감안해 주는 것이 통상적이었다.

그런데 일본인 지주는 달랐다. 사소한 일에도 소작권을 거둬들이려 한다. 인정사정없이 사무적으로 일을 처리하려 든다. 소작권 이동이 연간 수십만 건이 발생하고,3) 이동에 따른 소작쟁의가 전체 소작쟁의 중 60%를 차지한 것을 고려하면 사태의 심각성을 알 수 있다. 영세농가에는 소작권이 바로 생명선이다. 그것을 잃으면 다른

---

3) 소작권 이동에 관해서는 ≪조선토지조사의 목적과 결과≫ 후반부 참조.

방편이 손쉽지 않다. 화전민으로 전락하거나, 일자리를 찾아 유랑길
에 오를 수밖에 별도리가 없었다.

국민총소득과 군수산업

인간의 한 특성은 무리를 이루는 데 있다. 적자생존의 원리에서 힘을 합치면 더 강해지고 생존율이 높아진다는 사실을 인류는 태곳적부터 본능적으로 터득하고 있었음이 틀림없다. 집단에는 강자와 약자가 있게 마련이고, 중간치까지 대충 3등급으로 나누어진다.

현시점에서 지구상에는 200여 개의 독립국가가 있다. 강한 나라도 있고 약한 나라도 있다. 강한 나라는 경제적으로 강한 나라와 군사적으로 강한 나라가 있지만 현 추세는 무게추가 돈 쪽으로 기울어, 어느 나라든 강한 경제력을 더 추구하는 것 같다. 단도직입으로 모든 국가들이, 특히 빈곤한 나라일수록 1인당 국민총소득(GNI)이 더 많아지기를 바라는 것이다. 물론 GNI가 곧 행복지수가 되는 것은 아니다. 행복지수는 의외로 가난한 나라 사람들이 더 높은 경우도 있다.

식민지기 경제성장설의 진실

학자라는 직함을 가진 일부 얼빠진 자들이 일제강점기(식민지) 근대화론에서, 1910~1945년간 조선반도에서 연율 3.7%의 경제성장이 이루어졌다고 하여, 그 내용을 살펴봤다. 그런데 첫 장부터 이상이 있다. 표제는 1945년까지라 써놓고 내용은 1940년까지다. 강점기 35년이 아니라 5년치가 빠진 30년치이다. 이는 매우 중요한 문제다.

왜냐하면 1941년부터 45년까지 전쟁이 치열해져 일제의 패색이 완연해진 시기에 일본에 80~90% 종속된 조선의 경제가 단독으로 연율 3.7% 성장을 계속하였다고 적고 있는 것 때문이다.

당연히 이 부분이 조정되어야 한다. 이를 누락시킨 변명이 너무나 구차하다. 전쟁 말기 자료가 소멸되었다는 것이다. 이들은, 진짜로 통계치 없이는 계산하기 어려운 엥겔계수니 1인당 칼로리 섭취량이니 국민신체치수니 곡물 외 식료품소비금액 등은 제멋대로 별 자료도 없이 사실과 동떨어진 추계를 일삼아 왔다. 그러면서도, 자료가 완전하게 보존되어 있는 1941년, 42년, 43년과 44년도는 왜 GNI 계산에서 제외시켰는지 모르겠다. 식민지기 경제성장률 운운하려면 35년간의 전 기간 평균치를 계산해야지, 가장 좋지 않았던 5년간을 뺀다면 그것이 어떻게 올바른 성장률이 되겠는가. 더구나 강점기 마지막 해인 45년도는 40~50%대의 마이너스 성장이 주지의 사실인데 이것까지 포함시키면 식민지기 35년간의 연간 1.3%대의 인구 증가율을 감안한 실질 GNI 평균성장률은 1%대에도 미치지 못할 것이다. 아마도 그들이 주장하는 식민지기 근대화론을 정당화하기 위한 수단으로, 그러한 주장에 합당한 경제성장률을 조작하였다고 하면 지나친 억측이라 할까.

35개년 중 나빴던 기간을 거두절미하고 특정기간인 30년간 통계를, '식민지기 경제성장률 연평균 3.7%'라는 구절로 압축하여 이영훈을 비롯한 일본 우익들이 출판물에 자주 사용하고 있는데, 이는 허용될 수 없는 용법이다. 그들은 지금도 조선침략 식민지화를 미화하고 합리화하는 데 혈안이 되어 있는 것이다. 하지만, 그들에게 빌미를 준 것은 이영훈의 『대한민국 이야기』이다.

조선의 군수산업과 GNI

끝으로 군수산업이 GNI와 어떠한 연관이 있는가를 검토해 보자. 일제의 군수산업은 민수산업의 희생을 디딤돌로 하여, 전 국력을 쏟아부은 산물이다. 인류에게 백해무익의 살인도구(침략용) 제조 산업의 생산액이 GNI에 가산되어 성장률을 늘렸다면, 이를 경제적 측면에서 성장이라고 간주해 줄 수 있을까. 아니다. 단연코 아니다. 군수산업도 침략에 대비한 방어용이라면 이야기는 달라진다. 국민의 복지와 안녕에 직결되기 때문이다.

조선의 공업상황에 대해선 앞서 《조선의 공업화(산업화) 현황》에서 상세히 기술하였듯 군수산업 일색으로, 민수산업은 태무상태였다. 가장 중요한 기계부품공업이 90%가 일본에 종속되어 있었고, 전쟁 말기엔 일본으로 부터의 공급이 줄어들다가 마지막 단계에선 완전히 단절되어 중화학제품조차도 생산차질을 겪고 있었다. 1941년 태평양전쟁 발발은 직접적 군수산업을 제외한, 조선의 전 산업생산을 극도로 위축시켰다. 민수 소비재 산업을 필두로 소매업과 요식업·숙박업 등 서비스 업종은 거의 전멸상태였고, 식품가공업도 일본이출용 미곡도정공장과 군납용 장유류와 일본 술 양조장이 겨우 명맥을 잇고 있을 뿐이었다. 이 상황에서 무슨 경제성장 운운 말이 나오겠는가. 군수산업 이외의 생산 산업은, 농·임산물과 광물 등 노동력에 의존하는 것들만이 남아 있었던 것이다. 참고로 패전 직후 조선이 예속되었던 일본의 군수산업이 전면 도태되었을 때 일본의 GNI가 어떻게 변하였나를 다음에서 보자.

(단위: 원, yen)

연도	1인당 GNI	연도	1인당 GNI	연도	1인당 GNI
1934	201	1942	223	1950	168
1936	213	1944	209	1952	197
1938	225	1946	109	1954	209
1940	225	1948	127	1956	250

출전 : 일본은행통계국
주 : 기준연도 1934~36년 평균 100

　앞서의 표는 일본의 1인당 GNI가 1934년부터 1944년도까지 11년
간 별 변동 없이 내려오다가 패전 다음 해인 1946년에 와서 갑자기
반으로 토막이 난다. 공업역량의 거의 전부를 군수산업으로 돌렸다
가 패전으로 전체 공장이 문을 닫게 되니 공업생산이 10%대로 떨어
진 결과다. 그 후 그들은 민수산업의 부흥에 총력을 기울였지만 복구
진도는 여의치 않아, 전전수준의 GNI로 회복하는 데 10년이라는 세
월이 소요되었다. 일본은 비록 패전국이었지만 경제적 여건이 한국
하고는 비교될 수 없을 정도로 좋은 편이었다. 기술도 기술자도 풍족
하였고, 1950~53년 한국전쟁 특수 덕까지 톡톡히 보았기 때문이다.
　이에 반하여 한국은 발전시설의 92%, 중화학공업 및 소재산업의
거의 전부, 공장규모의 민수공업은 애초에 태무, 석탄 철강석 등 지
하자원의 95%를 북부조선에 두고 있었다. 그것이 38선으로 막히는
바람에, GNI의 급락은 인위로는 막을 수 없는 지경이었다. 여하튼
간에 이러한 결과가 일제식민지통치의 최종 성과·성적임에는 틀림
이 없다. 한국이 일제로부터 바통 터치된 시점의 1인당 GNI는 얼마
나 되었을까. 조선반도의 1인당 GNI는 식민지기 내내 일본의 3분지
1 수준이었음을 감안하면, 앞의 〈표 20〉에 의해 1946년도 실질 GNI

는 1인당 36.3원이다. 이미 역사적으로 검증된 사실이지만 50달러 내외이며, 항상 세계 최빈국이라는 명예롭지 못한 딱지가 붙어 다녔다. 이 지구상에 이렇게 가난한 근대화된 나라가 있을 수가 있겠는가. 물론 없다. 정복자에게 피가 다 빨려 말라 배틀어진 식민지는 전근대적 상태 그 이외는 아무것도 아니었다.

문제는 여기서 언제 어떻게 빠져 나오느냐이다. 조선인에게는 일제에게 부당하게 억압되었던, 세계 어디에서도, 결코 볼 수 없는 특이한 잠재력이 있었다.

곧, 다른 데 유래가 없는 놀라운 일이 벌어진다. ≪한국의 근대화≫ 장에서 논한 바 있지만 그 과정을 잠깐 되돌아보는 것도 의의가 있을 것 같다.

1961년 5·16 이후 입안된 제1차 경제개발 5개년계획(1962~1966), 이어 제2차 계획(1967~1972)이 강력하게 추진되면서 10년간 연율 10% 안팎의 고도 경제성장을 이룬다. 단숨에 최빈국을 뛰어넘어 개발도상국가군의 선두주자로 서게 된 것이다.

이것이 진정한 한국근대화의 시동이었음은 두말할 나위가 없다. 자금도 자원도 없는, 국토의 3분지 2가 산악으로 뒤덮였고, 그나마 절반 이상을 북한에 두고, 식량자급조차도 힘겨운 이 좁은 땅에서 어떻게 이런 일이 일어날 수 있었을까.

한국 경제개발의 주역

한국의 발전과정은 이미 전 세계에 회자되어 있고, 관련서적도 많이 나와 있다. 필자는 중복을 피하여, 아직 충분히 기록되지 않은, 발전을 이끈 주역들의 주체와 역할에 대해서만 적어 보려 한다. 한국역사가 앞으로도 계속 잊어서는 안될 사람과 사건들이다.

첫째 노동자를 꼽을 수 있다. 저임금에 피땀 흘려…… 운운하는 이야기가 아니다. 질적으로 우수함을 지적하려는 것이다.

1962년 제1차 경제개발계획이 순조롭게 진행되면서 경공업제품의 수출이 점차 궤도를 타게 된다. 하지만 공산품의 수출은 거의 무인 상태에서 출발한 것이기 때문에, 저가품 일색으로 처음엔 제값 받기가 어려웠다. 값이 싸야 팔렸기 때문이다. 팔려야 또 만들어 내다 파는 순환의 고리가 이루어진다. 수출이 되는 것만으로도 기특하고 신기했다. 수출금액에서 원자재 값과 수출비용을 제한 나머지가 인건비와 이익금이다. 자연히 둘 다 쥐꼬리만 할 수밖에 없었다. 그러나 시작이 반이라고 이러한 순환이 계속되는 한 쥐구멍에도 볕들 날이 오기 마련이다. 시간이 흐름에 따라 수출품의 질이 조금씩 나아진다. 그리고 기능공의 기술이 일취월장으로 향상되어 갔다. 수출이 잘되니 더 많이 만들어야 했고 기업주는 공장을 늘려 나갔다.

그러나 기업이 커가는 것에 비해, 종업원의 임금 증가폭은 상대적으로 작았다. 첫째 이유는 기업주가 생산시설 확충에 욕심을 부려

자금이 항상 달렸고, 둘째 이유는 직장을 구하지 못한 대기 구직자가 넘쳐났기 때문이다. 1950년대 내내 배출해 온 고학력 취업희망자가 어느 정도 수용되기까지는 더 많은 공장과 더 많은 수출이 필요했다. 저임금이라도 감수하는 우수한 노동력이 자의 반 타의 반으로 양산되어 갔다. 최소 2단계 교육을 이수한, 세계에서 보기 드문 고학력 우수인재들이 줄을 서 기다리는 현상이 고도 성장기에 끊어지지 않았다.

이러한 역학관계가 계속되는 한 노사문제의 빌미가 되지 않을 수가 없었다. 지금에 와서 혹자는 노동자의 희생을 들먹이고 혹자는 유사 이래 처음 먹을거리를 해결한 것이라고 감싸주기도 한다. 어떻게 보면 이는 성장을 추구하는 뭇 국가의 영원한 괴리일지도 모르겠다. 여하튼, 한국은 현명하게도 성장을 선택하여 한강의 기적을 만들어낸 것이다.

전 세계에 유례가 없는 대성공의 최대 공헌자는 한국의 자랑스러운 노동자였음에 두말할 나위가 없다. 그들의 근면성, 성취욕에 불타는 불굴의 의지력, 개발초기 저임금을 감수하고 조국 근대화를 묵묵히 이끈 인내력, 기술개발에 몰두한 진취성 등 온갖 고난을 극복한 그들의 헌신이 있었기에 이 일이 가능했던 것이다.

이 외에도 당연히 여러 요인이 있다. 국가 경제정책과 지도력, 자금조달 문제, 국제정세와 세계 경제상황 등이 얽히고설키어 있다. 하지만 이 책의 주제에서 벗어나는 이야기이기 때문에 딱 하나만 더, 즉 노동자의 대극에 자리한 경영주(재벌)의 이야기를 형평상 두어 쪽만 하고, 나머지는 다른 기회로 미루기로 한다.

한국경제와 재벌의 역할

　근래 한국의 재벌에 대한 일반 국민의 부정적 시각이 매스컴을 오르내리는 일이 잦아졌다. 필자는 재벌의 공과에 대해 언급하려는 것은 아니다. 재벌의 존재 자체가 필요악인가 아니면 일부 국민의 시각이 지나친 것인가를 검토 대상으로 삼으려는 것이다.

　재벌이 성토대상이 되는 측면은 일부 재벌의 비리와 부의 과도한 집중이 표적이 되는 것 같다. 이런 것이 국민의 정서상의 문제인가 아니면 경제적 입지에 의한 비판인가가 중요한 관점이라 할 수 있을 것이다. 필자는 순전히 경제적 측면에서만 접근하려 한다.

　50년 전의 한국과 같은 개발도상국가의 지고지상의 목표는 국가의 부강이었다. 선진국들은 산 위에 올라가 있고 한국은 산 중턱도 아니고 산 맨 밑에 있는데 어떻게 해야 빨리 쫓아 올라가나 하는 전쟁이었다. 다행이 한국은 방법을 찾았고 지금은 거의 산마루를 바라보는 데까지 올라와 있다. 이 과정에서 생긴 것이 바로 리더 역할을 한 재벌들이다. 잘 알려진 대로 한국은 새마을운동으로 시작해 수출로 입국한 나라다. 재벌은 거의가 수출업자였고, 지금도 그렇고, 미래도 그럴 것이다.

　수출에는 항상 경쟁력이 관건이 된다. 상품이 싸고 좋아야 잘 팔리는데, 그러자니 되도록 큰 공장에서 대량생산을 해야 생산단가가 낮아진다. 작은 공장 여러 곳에서 만들면 비효율적이며 품질과 가격

관리가 안되어 경쟁력이 떨어진다. 수출을 늘리려면 더 많이 생산해야 하는데 중소기업제품만으로는 한계가 있다. 정부의 재정지원도 수출이 왕성한 대기업에게 집중될 수밖에 없었다. 정부지원이 왜 대기업 일변도냐, 중소기업을 키워야 산업의 저변이 확대되지 않느냐 하는 볼멘소리가 있지만 내수용은 몰라도 수출용은, 영세중소기업 수만 개 중 유망업체 수백을 명목상 육성차원에서 재정지원을 하였을 뿐 여력이 없었던 것이다.

그렇다면 현재는 어떠한가. 현재도 큰 차이는 안 보인다. 국가경쟁력은 부존자원, 자금력, 인재를 포함한 기술력 세 가지가 고루 갖춰져야 하는데, 한국엔 자원이 거의 없다. 한국은 석유 등 에너지원과 곡물을 연간 600~700억 달러 치를 수입하고 있다. 이 막대한 외화를 공산품의 수출로 벌어들여야 하는데, 그러한 역할을 주로 재벌기업이 맡아 온 것이다. 겨우 인건비나 건질 수준의 중소기업의 능력으로는 도저히 감당할 수 없는 액수인 것이다. 그뿐 아니라 출초輸出超過를 유지하여 국가의 외환보유액도 늘려나가거나 최소한 현상유지를 해 줘야 한다.

재벌을 성토하는 큰 목소리 중에 하나가, 전체 기업 중 기껏 몇 % 안되는 재벌에게 국가 산업역량의 과반이 쏠렸기 때문에 기타 기업들이 쇠락·도태되고 있다는 비판이다. 중소기업이 대기업 때문에 손해를 보고 있다는 정서가 일반적인 것도 무리는 아니다. 하루에도 수백의 중소기업이 무너지고 새로 생기고 하는 것이 현실이다. 분명히 부負의 면이 많이 보이는 것이 사실이다.

이러한 측면에서 재벌은 필요악으로 성토되어도 마땅하다. 하지만 외화 가득 측면에서 재벌은 꼭 필요한 존재이기 때문에 우리는 억지로라도 좋은 면도 찾아봐야 한다.

먼저 제품생산을 주업으로 하는 대기업이 혼자서 담을 치고 존재하는 것은 아니다. 현대과학이 고안해낸 복잡다기능의 고급 첨단 제품이 만들어지는 과정은, 부품의 생산과 조립이 주 작업이다. 한국의 주력수출품 중의 하나인 자동차만 하더라도 한 대에 2~3만 개의 부품이 들어간다. 세계를 석권하고 있는 각종 전자제품, 선박, 석유화학, 공장설비Plants, 심지어 원자력발전소까지 우리의 영역은 넓고도 깊다. 이 모든 제품은 부품의 조립으로 이루어진다. 이 많은 부품 중 주요부품, 예컨대 자동차 엔진·변속기·전자제어장치·차체 등 그리고 세계 제일의 텔레비전을 위시한 각종 전자기기에 소요되는 반도체·LCD·전자회로·몸체 및 기타 주요부품을 제외한 수천·수만의 부품들이 각기 다른 부품전문 중소기업에서 제작 납품을 받고 있는 것이다. 다시 말해 대기업 산하에는 수천·수만의 중소기업이 에워싸고 있는 것이다. 부품은 품질이 생명이다. 부품이 제품의 최종 품질을 결정하는 주요한 요소가 되고 있는 것이다.

이러한 고품질 부품을 생산할 수 있는 수만의 중소기업은 두말할 필요 없이 세계수준급의 소기업들이라고 평가받아야 한다. 우리나라는 어느새 정밀기계부품 수출국으로 올라와서 연간 200~300억 달러(US$)의 출초를 기록하고 있다.

돌이켜보면 불과 20여 년 전만 해도 한국은 악명 높은 불량부품 제조국에 이름이 올라 있었다. 외국에서 부품을 수입해 조립을 해내다 팔던 일이 엊그제 같은데, 작금의 현실이 꿈만 같다. 이는 어느 한쪽의 공이 아니라 서로 상생의 관계로 봐 주어야 한다. 물론 일부 재벌의 비리는 철두철미 근절시켜야 하고, 재벌의 중소기업에 대한 보다 많은 배려가 있어야 하는 것도 잊어서는 안된다.

반민족주의 비판

이영훈은 『대한민국 이야기』 40쪽에서 「민족주의 함정에서 빠져나와라」라는 표제로 좌파 우파 가릴 것 없이 치열하게 비판하는 글을 썼다. 민족주의에도 좌·우파가 있다는 것도 처음 들었지만, 그의 비판은 도를 넘어 묵과할 수준이 아니다. 엄밀히 말해 이는 그의 망언이라기보다는, 학자로서 그의 특이한 사고방식의 산물이라 하겠다. 그의 주장을 요약하면 다음과 같다.

이영훈의 주장 1

이조(이하 조선조로 고침)시대에는 민족이라는 언어는 없었다. 민족이라는 단어는 20세기 초에 일본에서 수입된 것이다. 최남선이 독립선언문에 사용한 것이 처음으로 대중화된 것이라고 생각된다. 동포라는 말이 있었지만 같은 뱃속에서 태어났다는 뜻으로 오늘날 사용되는 민족이라는 어의와는 관계가 없다. 겨레라는 말도 한글학자 최현배가 민족이라는 외래어에 대항어로 조선조시대의 겨레 부치 또는 피붙이라는 말에서 고안한 것으로, 즉 일족도랑이라는 뜻이다. 일제강점기 이전에는 민족이라는 말도 그러한 개념도 없었다. 말이 존재하지 않는데 어떻게 개념만이 존재한단 말인가. 누구든지 조선조에서 유래하는 민족에 해당하는 말을 찾아낸다면 내 주장을 철회하겠다.

필 자 - 민족이라는 낱말에 대한 시비 같지만 그의 속내는 그리

단순치가 않다. 뒤에 가서 밝혀지지만 그는 이 낱말의 비하를 시도하고 있는 것이다. 아예 민족이라는 단어의 말살도 서슴지 않겠다는 기세다. 우선 그의 주장에 논리로 대응해 나가기로 하겠다.

민족이라는 단어가 현재 어떻게 사용되고 있느냐가 중요하지 어원규명이 왜 필요한지 납득이 안 간다. '민족民族이라는 단어單語도 한자漢子로 된 성어成語의 하나이지만, 현재現在 우리가 사용使用하고 있는 순純 한글로 된 문장文章이나 일상생활日常生活의 용어用語 중中에는 한자성어漢字成語가 상당수相當數 포함包含되어 있다.' 그런데 이러한 말을 쓸 적에 이영훈은 어원규명을 해서 일본수입어인가 중국 원산어인가를 가릴 때가 있단 말인가. 바로 원론으로 들어가도 될 것 같은데 말이다.

그는 민족이라는 언어가 존재하지 않는데 어떻게 개념만이 존재할 수 있느냐 물었는데, 진실은 그 반대인 것 같다. 개념(민족이라는)이 있는데 언어가 없어, 동시대의 제3자나 다음 세대에 그것을 전달할 방법으로 글(문자)을 만든 것 아닌가.

한국인에게 우리 민족이란 무엇인가. 같은 피(종족 혹은 인종, 좀 더 과학적으론 95%가 동일 DNA)를 나눴고 같은 언어를 사용하고 같은 문화를 공유하며 생활 양태가 비슷한 사람들로 이루어진 집단을 가리키는 말이다. 그 집단의 기원과 역사 그리고 문화적 전통을 공유한다는 강한 연대의식으로 뭉쳐 있는 것이라고 생각된다. 그 이상도 아니고 그 이하도 아니다. 다른 무슨 사족이 필요한가.

백 보 양보해서 민족이라는 낱말의 유래가 그렇다 치고, 그 자체가 무엇이 잘못되었다는 것인지 명확하지가 않다. 이영훈은 민족이라는 낱말의 중요성이 훼손되어야 할 이유를 조금도 설명 못하고 있는 것이다.

이영훈의 주장 2

"보통 한국인에게 가장 친근한 원리주의적 명제를 하나 들라고 하면 아마도 '우리들은 유사 이래 반만 년(5천 년) 전부터 단일민족이었다.'라는, 이 나라의 민족주의를 들 것이다. (생략) 현대 한국에서는 민족이란 국가보다도 더 상위에 있다. 오늘의 일반 한국인은 대한민국의 국민이기 전에, 조선민족이라는 집단의 일원으로서 존재하고 있다. 예컨대 나도 경험해 봤지만 '우리의 소원은 통일' 하고 노래를 부르면 가슴이 메이고 눈꺼풀이 뜨거워지는 것이었다. (생략) 이와 같은 주의적 열정과 감성의 체계로서의 민족주의는, 자칫하면 대한민국의 선진국 진입을 가로막는 장애물 작용을 하는 위험성이 높은 것이다."

필 자 - 이영훈은 원리주의적 명제라는 용어를 도입하고, 그에 해당하는 일반 한국인의 선택이 '반만 년 전부터 단일민족'일 것이라고 하였다. 그러나 필자의 의견은 전혀 다르다. 이는 섣부른 결론이며 오늘날의 일반 한국인의 선택이 아니라고 생각한다. '원리주의' 하면 이슬람교의 원리주의자들이 떠오르는데, 한국인도 그와 비슷한 주의에 빠져 있다고 하는 것처럼 들린다. 이왕 말이 나온 김에, 한국인에게 그런 것이 뭐가 있을까 생각해 보니, 얼핏 떠오르는 것이 있다. 조상숭상이다. 이는 온 세계 어느 문명국에서도 찾아볼 수 없는 독특한 문화다. 이 밖에 젊은 사람들은 아마도 한강의 기적을 비롯해, 우리가 경제·과학·스포츠 등 분야에서 이룩한 눈부신 성과,

즉 '한국인의 특별난 역량'을 들지도 모르겠다. 하지만 이런 것이, 모든 현상의 무슨 기본원리가 될 리는 만무하다.

이영훈의 주장을 좀 더 들어보자.

이영훈의 주장 3

"사회통념에 따라 정의하면, 민족이라는 것은 단일 인종이며, 단일 언어를 사용하고, 단일한 역사적·문화적 배경을 가지면서, 스스로 공동의 공동운명체라고 믿고 있는 주민의 집단이다. 이와 같은 집단의식은 그것에 상응하는 상징이나 신화를 발달시킨다. 신화는 대개 민족의 성립과 관련되는 건국신화인 경우가 많다. 예컨대, 우리 조선민족은 하늘에서 강림한 환웅의 자식인 단군의 자손이며, 우리들은 하나의 핏줄, 즉 하나의 동포이다. 운운……

금일, 일반 한국인은 이와 같은 민족의식을 너무나도 자명한 것으로 받아들이고 있다. 과연 5천 년 전부터 한국인은 하나의 민족이며 하나의 공동체이었을까. (생략) 나는 그렇게 생각하지 않는다. 결론을 먼저 말하면, 오늘날 한국의 민족주의라는 것은, 20세기에 들어 일본의 억압을 받는 고난의 시대에 출생하여 떨어트려진 것이다."

필 자 – 민족주의는 오랜 역사에서 유래된 인류의 위대한 유산이라고 필자는 생각한다. 동류同類끼리 뭉쳐야 더 강해진다는 만고의 진리를 경험적으로 터득한 지혜의 산물이다.

특히 조선민족은 일제 강점기에 민족 특유의 정체성, 고유의 문화유산, 언어와 글, 풍속 등을 유지·발전하는데, 강한 민족의식과 민족주의 사상이 절대적 역할을 하였음을 감히 누가 부인하겠는가. 아

니었으면, 뿔뿔이 흩어진 개개인이, 일제의 무차별적 동화정책과 말
살정책에, 속수무책으로 일본민족과 일본문화라는 쇳물 가마 속에
녹아 사라지는 것은 시간문제였을 것이다. 상상만 하여도 소름이 끼
칠 일이다. 이영훈은 이 일을 마치 일회용 냅킨처럼 강점기 때 사용
한 것은 그만 버리라는 것이다.

민족주의는 과도기에나 한두 번 쓰고 버릴 편의점 일회용품이 단
연코 아니다. 한마디로 한강의 기적은, 그 성공의 태반을 한국민족
주의 덕을 보았다고 여겨진다. 그 연유는 원리적으로 민족주의가 품
고 있는 깊은 뜻에서 찾을 수 있다. 민족을 위하여이다. 미국을 위하
여도 아니고, 소련을 위하여도 아니고, 박정희나 김일성을 위하여도
아니다. 공산주의나 주체사상을 위해서는 더더욱 아니다. 오직 민족
을 위해서이다.

민족을 위하여 사심 없이 우리의 모든 역량을 한 곳에 모은 것이
다. 우리는 민족을 위하여라는 기치 아래 모여서, 그 어려운 시간과
공간을 넘어서 여기까지 달려왔다. 가난과 굶주림도, 박해와 고통
도, 차별과 멸시도, 고문과 옥고도, 50도를 웃도는 열사의 뜨거움도,
때로는 주검도 무릅쓰고 꿈속에서 멀리 나부끼는 깃발을 향하듯이,
무아무중 헤치고 나온 것이다.

그 고귀한 동기를 부여해 준 민족주의를 헌신짝 버리듯 버릴 순
없다. 이영훈은 민족주의의 부작용만 과대하게 포장하여 매도한 것
이라고 보여진다.

새삼스럽지만 민족주의를 요약하면, 내가 속하는 민족의 독립과
발전을 최고의 정치적·경제적·문화적 목표로 하는 영원한 사상이

자 주의이다. 이것을 버리면 모래알처럼 흩어지게 될 뿐이다.

반만년 단일민족설이 언제 누구에 의해 만들어졌나를 이영훈은 먼저 밝혀야 했다. 그 유래는 일연스님의 삼국유사에 적힌 단군신화로부터라고 여겨진다. 그것은 논리적으로 매우 간단하다. 필자의 생각은 반만년 단일민족설은 신화에 속하는 것이지 역사에 속하는 것이 아니다. 단순히 건국을 상징하는 북방민족들의 보편적 건국신화의 하나일 뿐이다. 신화를 현실적인 역사와 혼동해서는 곤란하다. 역사는 당연히 글로 된 당시의 사료나 고고학적 유적으로 뒷받침되어야 한다.

각설하고, 믿거나 말거나 신화에 기하면 조선민족은 하늘에서 강림한 환웅의 자식인 단군의 자손이다. 신화 상으로는 조상이 같으니, 후손인 우리는 당연히 단일민족이다. 금년이 단기 4천3백 몇 년이다. 대충 반만년이라는 오래전 사용이 정지된 기년紀年이다.

현실적으로 단일민족이라는 개념은 누가 만드는 것이 아니다. 수백·수천 년간, 우리가 공기를 마시면서 공기의 존재를 느끼지 않듯이 동일종족 속에 묻혀 살면서 그 존재를 의식치 않는, 머릿속에 배어 있는 개념이다. 그러한 개념이 언제부터 생성되었나를 밝히는 논리는 존재할 수 없다. 할 일이 없는 자들의 말장난에 불과하다.

역사적인 면으로 조선민족이 성립되려면, 우선 큰 종족집단의 형성이 이루어져야 한다. 그러한 조건(사회 환경)이 갖추어질 수 있으려면, 최소한 금속기 시대까지는 기다려야 그 집단을 먹여 살릴 충분한 식량을 공급할 수 있다. 식량의 대량생산이 불가능한 그 이전으로 거슬러 올라갈 수는 없는 것이다. 가족-씨족-종족-민족 그리고 국가 성립 후에는 국민으로 팽창해 가는 집단의 단위인 까닭에 우리나라에 청동기 문화가 들어온 2천7백~2천8백 년 전이 한계이다. 단일민족 5천 년 설은, 뭇 신화가 그렇듯이, 우리나라 역사가 오래되었다는 상징성으로 돌릴 문제이지, 현실적 숫자가 아니라는 것은 대다수의 국민이 주지하고 있을 것으로 사료된다.

세계적인 신화의 나라인 그리스Greece가 그렇고 이스라엘이 그에 속한다. 구약성서의 나라 이스라엘을 예로 들면, 약 6천 년 전의 창세기신화가 있고, 4천여 년 전의 아브라함이라는 역사적인 시조가 따로 있다. 범세계적인 종교가 된 예수교에서도 이 일을 문제 삼는 사람은 거의 없다.

이영훈의 위 자문자답은 다시 이어진다.

"과연 5천 년 전부터 한국인은 하나의 민족이며 하나의 공동체였을까. (생략) 아무도 명확히 대답 못한다. 하지만 모두가 그렇게 믿고 있는 것이다. (생략) 그렇지만 나는 그렇게는 생각하지 않는다. 이것이야말로 바로 민족이라는 것이 지니고 있는 신화로서의 힘일 것이다."

필 자 – 신화가 아닌 순 역사로 5천 년 전부터 단일민족이라는 명제는 이영훈이 만든 것이지, 교육수준이 세계에서 제일 높은 일반 국민이 믿는 사람은 하나도 없을 것이다.

위 명제의 출제자가 누구며 출처가 어디인지, 이영훈의 개인 개념을 일부 각색한 것인지 분간을 못하겠다.

이 불합리한 자문자답에 대한 필자의 대응이 독자에게 어떻게 비춰질는지 자못 궁금하다. 신화와 역사는 분명 별개 문제인 것이다.

이영훈의 주장 4 [필자 요약]

"한국인의 역사의식은 집단적이며, 폐쇄적이며, 관념적이며, 도덕적이며, 그리고 갈등적이다. 이런 역사의식으로는, 극단의 시대였던 20세기의 한국사와 세계사를 전체적으로 균형을 잡아서 이해하기는 큰일이다.

잘못된 역사의식은 사회와 국가를 분열시키고 이웃나라와는 무용한 역사논쟁이나 야기할 뿐이다. 결국, 정신문화와 국제협력의 영역이라 할 수 있는, 선진국 진입이 어려워질 뿐이라고 생각된다."

필 자 — 역사라는 범세계적 공통의 개념과는 큰 관계가 없는 이영훈의 개인적 관념의 피력으로 이해하고, 위 내용과 연관되는 매우 중요한 그의 다음 말을 들어보자. 좌파 수정주의에 대한 우파의 전형적인 비판이지만 필자도 이 문제에 대한 관심은 매우 높다. 좌파의 수정주의는 묵과할 수준을 넘어섰다고 여겨지기 때문이다.

「**잘못 만들어진 나라**」

"한국인의 관념적이고, 도덕적이고, 그리고 갈등지향적인 역사의식에 대하여 좀 더 설명하겠다. 예를 들면, 한국의 정치지도자들은 대한민국이라는 나라가 올바르게 세워진 나라가 아니라고 생각하고 있는 것 같다.

김대중 정권 즈음에 전국에서 수만 명이 참가한 '제2 건국위원회'라는 것이 만들어진 일이 있다. 1948년 8월에 건국한 것에 무엇인가 심각한 잘못이 있었기에, 이제까지 얼마나 문제가 많았던가. 지금부터라도 건국을 다시 하는 기분으로 열심히 하자는 취지였다고 기억된다.

이와 같은 건국 역사에 대한 도덕적 면에서의 비판은, 노무현

대통령에 의해 더욱 강한 어조로 표명되었었다. 취임 직후인 2003년 3·1 독립기념일 연설에서 노대통령은, '우리의 근현대사는 선인들의 고귀한 희생에도 불고하고, 정의는 패배하고, 기회주의만이 만연했다.'고 말하였다. 노대통령의 연설뿐이 아니다. 이와 같은 취지의 건국사 비판은, 우리 주변, 대학의 교단이나 매스컴을 통하여 너무나도 빈번히 접하는 것이었기 때문에, 한국인들은 이것을 조금도 이상히 여기지 않았다.

그들은 도대체 무엇을 말하려는 것이었을까. 그 비판의 전후를 잘 들어보니 다음과 같은 것이었다.

'일본식민지시대에 민족의 해방을 위하여 희생된 독립운동가들이 건국의 주체가 되지 못하고, 하필이면 일본과 결탁하여 사복을 채운 친일세력이 미국과 결탁하여 나라를 세웠기 때문에 민족정기가 흐려진 것이다. 민족의 분단도 친일세력 때문이다. 해방 후 갈곳이 없는 친일세력이 미국에 붙어 민족의 분단을 부추겼다는 것이다. 그리고 그와 같은 반민족적 세력을 대표하는 정치가야말로, 초대 대통령인 이승만이라는 것이다. 예를 들면, 이승만은 친일세력을 단죄하기 위하여 조직된 반민족행위특별조사위원회의 활동을 강압적으로 중단시켰다. 그렇게 살아남은 친일세력이 주체가 되어 국가 건설을 했으니, 그런 나라가 잘될 까닭이 없다. 금일까지 60년간의 정치가 혼란의 극에 달하고, 사회와 경제가 부패한 것은 전부 다 그 탓이다.'라는 주장이었다. 그렇기 때문에, 지금으로부터라도 늦지 않으니까 '제2의 건국'이나 '과거사의 청산'을 하자는 것이다."

필 자 — 이상의 기술은 좌파정권 때 날뛰던 좌파세력의 단골메뉴이다. 우파진영의 이기적인 분열로 표가 분산된 결과, 어쩌다 좌파진영이 정권을 잡고 정치를 그들 노선에 따라 좌지우지하는 바람에, 도무지 상식이 통하지 않는 위와 같은 잡설이 그들이 장악한 매스컴을 통하여 쏟아져 나온 것이다. 당시에 우리는 이를 반박할 통신 매체에의 접근을 비민주적으로 봉쇄당하였던 것이다. 물론 위 내용은 일반국민 다수의 의견이 아니었음은 말할 나위가 없다.

이 문제에 대한 필자의 비판은 잠시 접어두고, 위 좌파의 주장에 대한 이영훈의 반 민족주의에 입각한 반론을 좀 더 읽어보자.

"자국의 건국역사에 대한 이와 같은 비판은, 그들의 주관적 선의에도 불구하고, 우리의 역사의식을 선진적 수준으로 밀어 올려 줄 가능성은 그다지 크지 않다. 왜냐하면 거기에서는 소위 민족이 역사의 기초단위로서 설정되어 있지만, 그 민족이라는 것은, 우리들이 생각하고 있는 것 정도로 실체를 갖는 것이 아니기 때문이다. 민족이라는 것은, 20세기에 들어 예부터 내려오는 조선인이 일본의 식민지로서의 억압을 받으면서 발견한, 상상 속의 정치적 공동체이다. 민족은 20세기의 한국사를 검증하는 중요한 시각이긴 하지만, 그것만이 유일하게 중요한 것은 아니다. 오히려, 그것보다 더욱 본질적이고 실체적인 역사의 단위가 있다. 나는 그것을 개개의 인간이라고 생각한다.
되풀이하면 '인간의 본성이란 자유이며, 도덕적 이기심이며, 또한 협동의 능력이다. 그와 같은 본성을 갖는 인간이 서로 경쟁을 하면서, 그리고 서로 협력하면서 건설해 가는, 생산과 시장에 있어서의 신뢰와 법치와 국가의 역사야 말로 진정한 역사다.'라고 나는 생각한다."

필 자 - 이영훈의 역사학 강의가 다소 지루해졌다. 어떤 교본에 근거한 것 같지가 않고, 그의 자가 역사학인 모양이다. 그만큼 엉뚱한 사견私見으로 들린다. 영어로 개인의 역사를 Personal history라 하지만, 보통은 이력서란 뜻으로 많이 쓰이는 말이다. 이영훈이 역사의 단위가 개인의 역사라 하는 바람에, 필자에게 엉뚱한 생각이 문득 떠오른 모양이다.

현재 필자는 일제강점기를 중심으로 그 전후에 걸쳐 우리(민족)가 실지 겪은 일을 적고 있다.

역사라는 낱말의 뜻은 매우 간단명료하다. 그것을 모를 사람은 별로 없을 것이다. 감히 여기에 적으면 '과거의 어느 한 시점에, 어느 장소에서, 누구에 의해, 어떠한 중요한 일이, 어떻게, 왜 일어났나를, 그 당시에 기록한 것'을 지칭하는 말이다.'

그 이상도 그 이하도 아니다. 혹 기록이 없거나. 문자가 없었던 시대의 일이라면, 그것을 입증하는 데 도움이 될 수 있는 유적이나, 혹은 당시에 문자가 있는 이웃나라가 객관적이며 합리적으로 기록한 것이 있으면 역사로 인정받을 수도 있다. 그러나 과학시대의 근현대사는 다르다. 어느 특정인이나 전체를 대표하지 않는 소수 인원의 왜곡된 주관을 적어 놓고, 스스로 역사라고 주장하는 것은 웃음거리밖에 안된다. 특히 독재 전체주의이면서도 자칭 민주주의국가라고 호칭하는 것은 전 세계의 손가락질을 받기가 십상이다.

필자의 역사관이 이영훈하고는 차이가 많이 나는데, 옳고 그른 것에 대한 판단은 독자의 몫이다.

이영훈의 역사관의 결론을 들어보자.

"나는 위에서 말한 진정한 역사라는 것을 종종 그것이 '문명사'라고 표현하고 있다. 문명에 대한 그와 같은 시각으로 20세기를 바라보면, 민족사에게만 초점을 맞췄을 때와는 다른 역사가 보이게 된다. 인간이 살아가는 모양을 규정하는 여러 차원의 질서에서, 적지 않은 변화와 발전이 있었다는 것이 보이는 것이다.

식민지시대에 독립운동이 중요한 사건이었다는 것을 부정하는 사람은 아무도 없겠지만, 그것만이 역사의 전부가 아니라는 것에 유의할 필요가 있다. 해방 이후에 국민국가를 건설하는 주체로서, 근대문명을 이해하고 실천하는 능력을 가진 인간의 무리가 생겼던 일도, 식민지시대에 존재하였던 중요한 역사인 것이다. 민족이 분단하였다 하여, 대한민국이 잘못 세워진 나라라는 주장은, 시점을 바꿔서 보면, 대략 성립될 수 없는 주장이라는 것을 알게 된다."

필 자 - 이 세상에 '절대적으로 좋은 사람'은 있을 수가 없다. 그렇게 완벽한 사람이 있다면 그는 형이상학적인 존재이지 인간이 될 순 없다. 마찬가지로 절대적인 악인이나 집단도 존재할 수 있는 가능성은 매우 낮다.

하지만 한 가지 예외가 있다. 일본제국주의 조선침략 식민지화는, 적어도 조선인에게는 절대 악이다. 정복자는 강점기 동안 통치수단으로 강권과 유화정책을 번갈아 사용하는 것이 일반적이다. 정복자가 식민지수탈의 극대화를 성취할 목적으로 상투적으로 이용하는 수법이다. 인간이 사육하는 동물에게 사료를 주는 행위를 선행이라고 칭송할 수 있을까? 노예에게 채찍을 가하고 난 다음, 먹을 것과 치료약을 준다고 그것을 긍정적으로 평가할 수는 없다. 노예로 삼았다는 것 자체가 기본 악이기 때문이다.

일제 36년 강점기라는 것은, 전 조선인이 일제의 총검에 밀려, 모든 악의 집성으로 이루어진 도탄에 빠트려져, 배고픔과 고통으로 허우적거리던 시대였다. 그때 침략자가 던져준 당근을 먹고 살아남은 장면으로 시점을 옮겨 보면, 일제는 반드시 절대 악만은 아니게 보인다는 이영훈의 설은, 일본 극우의 수정주의 신봉자들과 도장을 찍은 것처럼 똑같은 이야기로 들린다.

이영훈의 주장 중 도저히 묵과할 수 없는 위 구절을 다시 보자.

"(생략) 독립운동만이 역사의 전부는 아니다. 해방 이후에 국민국가를 건설하는 주체로서, 근대문명을 이해하고 실천할 능력을 가진 인간군이 생긴 것도, 똑같이 식민지시대에 존재한 중요한 역사이다."

필 자 — 일시에 수백만이 참가하여 7천5백여 명이 학살당하고, 1만 5천여 명의 총상자와 피체포자 5만 명을 낸 3·1운동을 비롯하여, 국내외에서 수많은 식민지민이 끈질기게 참가한 독립운동의 중요성과, 그러한 사실을 후대에게 넘겨주는 의미는 실로 중대하다 하겠다.

그런데 이영훈은 가당치 않게도, 하필이면 타에 유래가 없는 억압적 교육정책으로 조선인의 고등교육을 봉쇄하여, 35년간 불과 수백 명의 고급엘리트도 제대로 배출되지 않은 일제의 식민지민 인재양성 공적이 막대하다는 것이다.

무슨 능력 있는 인간군이 한국 건국의 주체가 되었다고 날조하여, 그것이 조선인으로서 중요한 역사라고, 어떻게 정복자였던 일본인에게 직접 대고 말할 수 있을까. 감히 민족적 자긍심의 결정체인 우리의 숭고한 독립운동을 일제의 억압적인 노예교육정책의 빈약한 산물과 대등하게 세워놓고 품평을 하다니 어처구니없는 망언이라 안할 수가 없다.

경제전문가인 이영훈의 통계수치에 대한 무능과 무감각을, 필자는 몇 번 눈을 감고 넘어왔다. 경제학에서 통계는 거의 절대적이다. 그는 『대한민국 이야기』 속에서 시도 때도 없이 누차 강점기 때 양성된 수많은 인재가 우리나라 건국의 주체가 되었다고 기술하고 있다.

그가 시각을 달리하여 역사를 보면 역사가 달리 보인다고 주장한 대로 시각을 임의로 옮겨 일본인 편에 서서 보니 그렇게 생각하는 것이 무리가 아니다.

한 가지 예로 들겠다. 『대한민국 이야기』 108쪽에서 그는 "1925년에 조선에는 250명의 조선인 군수가 있었다."고 하면서, 일제하에 조선인 중인출신의 지주들이 자식을 일본에 유학을 보내, 돌아와서는 관계에 진출 식민지 지배에 협력을 하였다는 취지의 기술이다.

그런데 1925년도에 조선 전체에는 행정구역상 218의 군이 있을 뿐이다. 전체를 조선인으로 채워도 32개 군이 부족하다. 그뿐 아니라 군수 직에는 일본인도 30여 명이 앉아 있어 조선인 군수는 180명을 넘을 수가 없다. 더구나 조선인 군수는 전적으로 행정편의상 그리고 유화책으로 하급공무원을 아무나 마구 임명한 것이기 때문에 고급인재하고는 전혀 관계가 없다. 이영훈의 시각으로는 250명 정도의 조선인 고급관리가 있었다고 가상으로라도 일제의 공적을 내세워 자신의 시각으로 흡족하고 자랑스러워한 모양이다.

일반적 상식으로는 군수하면 고급공무원이고, 현재는 기초자치단체장으로 상당히 높은 지위이다.

그러나 1925년도에는 그렇지 않았다. 조선총독부관보 제3717호, 1925년 1월 8일부에는, 13명의 일본인 군수와 5명의 부윤(시장)의 임명과, 동시에 조선인 군수 83명의 임명이 게재되어 있다. 이 중 급수가 표기된 조선인 40명 중, 4~5급이 2명, 6~7급이 2명씩 4명, 8급이 3명, 9급이 6명, 10급이 17명, 11급이 8명이다.

9급 이하는 최말단 공무원이다. 군수자리에 앉힐 만한 조선 사람이 오죽이나 모자랐으면 최하위공무원을 일시에 83명이나 발령하였겠나. 이를 두고 일제가 양성한 고급인재라고 내세우다니, 이영훈의 무지의 산물인지 의도적인 것인지 가늠이 안된다.

일반적으로 일본의 판·검사의 급수는 3~4급이며, 군수의 급수도 동급으로 간주되었던 것으로 기억된다.

현 시점에서 매년 서울대학교에서만도 배출하는 세계 최고 수준의 엘리트가 매년 수천 명임을 감안하면, 일제 35년간 수백 명은, 질은 차치하고도 얼마나 보잘 것 없는 수치인가.

몇 안되는 일제하 고급관료(좌파가 친일파로 분류)를 이렇게 단번에 200여 명씩 허위로 양산해내는 이영훈 같은 자의 망언이 있으니까, 한국의 좌파가, 이승만 대통령을 도마 위에 올려놓고, 친일파 정권을 세웠다는 공격의 빌미로 삼을 수 있는 것이다.

'독립운동만이 역사의 전부는 아니다.', '근대문명을 이해하고 실천할 인간군이 생긴 것도 똑같이 식민지시대에 존재한 중요한 역사이다.' 이영훈은 진심으로 이 두 구절을 등식等式으로 만들었을까.

등식 성립의 가부를 따지기 전에, 강점기에서는 그러한 인간군의 존재 자체가 논리적으로 전혀 불가능한 이야기이다. 인구 2~3천만 명의 국가가 근대화 운운하려면 엘리트층이 적어도 1%인 30만 명이 있어야 된다는 것이 무슨 학설도 아니고 일반상식이다. 그런데, 강점기 30여 년간 양성된 조선인 고급지식인의 총계는 0.1%도 안되는 단 만 명 미만이다. 반면 광복 직후 15년간 한국 자력으로 배출한 고급 인재는 수십만에 달한다.

역사수정주의를 고발한다

한국의 역사수정주의자들 간에 우파와 좌파가 있는 것은 분명한 사실이다. 좌파는 극소수의 극좌파가 분명히 존재하고, 소수의 좌파 경향이 뚜렷한 층이 있는가 하면, 중도좌파 또는 스스로 진보주의자임을 자처하는 사람이 다수 존재한다고 본다.

일제의 조선강점기 식민지통치에 대해, 그 성과의 평가를 긍정적 시점에서 바라보는 사람들이 있다고 해서 조금도 이상한 일은 아니다. 그런 사람들은 대체로 일본의 극우파에 속하며. 제국주의 전성기를 그리며 향수를 갖는 일부 정치가들이 그 속에 자리를 잡고 망언을 일삼는다. 그렇지만 예상 밖으로 우리나라 지식층 중에도 일본의 우파와 시각을 같이하는 사람들이 있다.

본서 앞부분에 등장하였던 이영훈이 우파의 대표적 인물이라 할 수 있다. 그가 일본식민지기를 보는 시각은 일본 극우파의 것과 난형난제다. 역사 왜곡에 끝나는 것이 아니라 자기주장을 계속 미화하고 엉뚱한 궤변으로 합리화하여 수정주의가 무슨 대단한 신학문인 것처럼 도도하게 내세운다. 영어로 수정주의를 Revisionism이라고 하고 일본어로는 '미나오시(見直し)'라 하여 어떤 역사적 대상을 다시 고쳐 본다는 뜻이다. 역사수정주의 하면 역사를 고쳐 (다시) 보는 주의가 된다. 역사란 본래 그 성질상 객관적인 서술이어야 하는데 그것을 후대에 가서 다시 고쳐 보자고 한다면, 보는 사람의 주관이

작용하는 것은 필연이다. 여기서 가장 문제가 되는 것은 보는 사람의 시점視點이 현재로 바뀌는 것이다. 현재의 시각으로 과거를 보게 되니 보는 사람의 감각에 따라 과거의 사건이나 사물이 제각기 달리 보일 위험이 있게 된다. 따라서 역사를 수정하거나 달리 해석하는 데는 매우 신중한 작업이 요구된다. 예를 들면, 첫째로 역사를 고쳐야 할 만한 사료가 발견되었다면, 여러 권위 있는 전문가의 객관적이면서도 공정한 심의를 거쳐 완전한 합의를 얻어내야 한다. 둘째 예로 만일 역사기술에 확연한 오기가 발견되었을 때, 가령 통계숫자, 사람이름, 연대 등의 오기가 드러났을 때에도 위와 같은 수순을 밟아 고칠 수가 있을 것이다.

한마디로 역사수정이란 어떠한 경우에도 지위고하를 막론하고 자의로 객관적으로 공인된 입증자료 없이 역사수정이 시도되거나 강행되어서는 안된다.

그런데 심히 우려되는 사항으로 남북의 몇몇 위정자들과 그 추종자들이 역사수정을 강행하고 있었던 현실이 안타깝다.

현 시점에서 다행히도 남측만이라도 상당 수준 시정되어 가고 있는 것에 위안이 되지만, 북측은 요지부동이다. 근래 남측이 다양한 사회로 진화되어 가고 있는 것도 그만큼 선진화가 진척되었다는 의미일 것이다. 각양각색의 사람이 우리나라 인구의 일부를 구성하고 있는 현실에 무슨 문제가 있는 것은 물론 아니다.

문제는 이들 중에 극소수의 인원이 사실 여부가 역사적으로 입증되지 않은 황당한 주장을 하고 있다는 데 있다. 이 글의 목적이 그것들을 파헤치고 진실을 밝히는 데 있다는 것은 모두에서 기술한 대로

이다. 좌파 우파 가릴 것 없이 사실을 왜곡하거나 날조하여 세론을
어지럽히는 일은 없어져야 한다.

남북 단독정부 수립의 진실

　건국대통령 이승만에 대한 소위 좌파의 비사실적 비판 일색에 대하여 진실이 무엇인가를 밝힐 일이 있다. 한반도 분단의 책임이 전적으로 이승만에게 있다는 좌파의 주장의 진위를 가릴 필요가 있다고 필자는 생각하는 것이다.

　1946년 6월 3일 이승만은 정읍에서, 남한 단독이라도 대한민국 정부를 수립하여야 한다는 발언을 하였다.

　이 발언이 바로 좌파의 주요 공격표적이 되어 왔다. 이 발언이야말로 이승만이 최초로 남북 분단의 음모를 꾸민 장본인임을 입증하는 움직일 수 없는 증거라는 것이다.

　여기서 우선 따져 볼 일은 이승만과 김일성 두 사람 중 과연 누가 먼저 단독정부 수립을 주장하고, 정부수립 행동에 옮겼나를 밝히는 일일 것이다. 그리고 그러한 주장을 왜 한 것인지 그 배경을 살펴보는 일이다. 이승만은 이미 6월 3일로 밝혀졌으니, 단도직입으로 김일성만 알아보면 된다.

　다행히도 필자는 1945년 8월 15일을 전후한 김일성(본명 김성주)의 거취와 그 배경인 소련군 사령부의 동태, 그리고 그 후 6·25동란 중 UN군의 평양 입성까지의 경위와 김일성의 행실에 대해 상세하게 기술한, 객관적으로 신빙성이 확연한 입증자료가 있다.

　일본공산당 기관지 『적기(붉은 깃발)』의 기자 출신인 하기와라 료

萩原遼라는 사람이 미국 국립공문서관에 보관되어 있는 160만 쪽에 달하는, 한국전쟁 때 북한에서 노획한 문서더미를 2년 8개월간 뒤져서 얻은 정보를 정리한 『조선전쟁』이라는 일본어로 된 책자이다. 이 문서는 한국전쟁 때 연합군이 밀고 올라가면서 인민군 각 사령부나, 점령하였던 북조선지역의 각 기관에서 수거해 온 것들이다.

『조선전쟁』에 의하면 김성주는, 1945년 8월 15일 소련 극동방면군 휘하의 제88 특별저격여단에서 김일성이라는 가명으로 소련군 대위계급장을 달고 조선인 60명으로 이루어진 중대의 장 역할을 3년째 하고 있었다. 그는 1941년경 만주 국경지대의 조중연합 유격대 토벌에 나선 일본군의 추격을 피해, 항일유격대 다른 동지들과 함께 소련 영토에 들어온 것이다.

1945년 8월 9일 대일 선전포고를 반포한 소련군은 파죽지세로 만주를 석권하고, 주력부대인 제25군이 8월 26일 평양에 입성, 즉시 북조선에 로마넹코 소장을 장으로 하는 소련민정부를 설치하고 군정 실시를 서두른다.

한편 일본이 항복하자, 김일성이 속한 88부대는 해산을 하고 9월이 되면서 사령부로부터 조선인에게 귀국령이 떨어졌다. 일행은 소련선박으로 9월 19일 원산에 상륙하였다.

그런데 놀랍게도, 소련 군정부의 최고 책임자인 치쓰챠코프 대장이 평양에서 3시간을 기차를 타고 원산까지 일개의 소련 대위인 김일성을 마중 나온 것이다. 이는 소련이 출발 전부터 이미 북부조선을 소련의 위성국가로 만들 것을 염두에 두고 자국 육군대위 김일성을 그 책임자로 지목하였었다는 것을 의미하는 것 아니고는 다른 뜻이 있을 수가 없다.

김일성이 9월 22일에 평양에 도착한 것은 일행 중 통역을 맡고 있었던 유성철俞成哲 전 조선인민군 작전국장의 한국과 미국에서의 증언으로 확실하지만 그 후로는 소식이 끊겼다. 그리고 10월 1일을 기하여 라디오에서「김일성장군 귀국」뉴스가 평양방송을 통해 되풀이하여 흘러나오기 시작하였다. 10월 14일로 잡아 놓은 군중대회의 분위기를 띄우는 모양이었다.

평양시민들은 기쁨과 흥분으로 들떴다. 그리운 이름이다. 김일성이 여태껏 살아 있다니. 그 이름은 1920년대 초를 전후하여 조선민족의 가슴을 뭉클하게 한 전설적인 영웅이었다. 만주의 간도지방과 백두산 일대에서 신출귀몰하면서 일제와의 항쟁을 이끈 독립투사인 것이다.

일제는 병합전인 1905년에 조선군을 강제로 무장해제시켰다. 울분을 못 참은 많은 조선 군인이 분연히 조국을 뒤로하고 동북 만주와 시베리아에까지도 근거지를 옮겨 일본군과의 전투를 계속하였다. 그중에 1920년대부터 영웅적인 항일투사의 이름이 먼 천둥소리처럼 조선 안에까지 들려왔다. 김일성이었다. 고난에 빠진 식민지 하의 민중에겐 그 이름은 희망이며 불꽃이었다. 이것이 김일성 전설의 개요이다. 그 후 김일성 이름을 사칭한 사람이 몇 명 더 있었다는 말도 들렸다.

안타깝게도 김일성 실존의 역사적 확인은 없었지만, 그 사람이 돌아왔다니 평양시민의 기대가 클 수밖에. 앞에서 필자의 선친이 함흥형무소에서 정치범들과 옥고를 치른 이야기를 한 바 있지만 그때 김일성 부하였다는 몇 사람과 같은 감방에 갇혀 있었다는 이야기를 필자도 해방 후에 선친에게 들은 바 있다.

1945년 10월 14일의 군중대회는 어떻게 되었을까, 보지 않아도 쉽게 짐작이 가는 일이다. 단상에 오른 '김일성 장군'은 물론 소련군 대위였던 김성주였다. 10만에 가까운 군중은 아연실색하여 웅성댔다. 50대의 영웅상은 간데없고 웬 30대의 애송이가 나타났으니 모두 자기 눈을 의심할 따름이었다.

그러나 이렇게 급조된 김일성 장군이 좋건 나쁘건 간에 전 민족에게 다대한 영향을 미치게 되다니. 역사의 장난인지 심술인지 더 이상 할 말을 못 찾겠다.

이상은 한 편의 연극 같은 이야기이지만, 이는 의심의 여지없이 소련이 연출을 한 것이다. 소련은 자국의 한 육군대위를 북조선의 민정책임자로 내세움으로써 북조선을 소련의 위성국으로 만들려는 속셈을 마침내 드러낸 것이다. 그 전초적 작업으로 소련의 말을 고분고분 잘 듣고 사상도 소련식 민주주의를 신봉할 김일성을 무대 위에 올려놓은 것이다. 소련의 북조선 군정 시정 방법은 남한의 미군정하고는 사뭇 달랐다. 남한은 개개인의 군정 참여는 가능하였지만 어떠한 정치적인 조직이나 단체의 참여도 일체 허용되지 않았다. 행정조직도 일제가 두고 간 것을 그대로 사용하는 데 그쳤다. 반면 북조선에서 소련은 시정 초기부터 법적 명령만 내고, 모든 행정단위별로 인민위원회를 설치하여 행정처리를 담당시켰던 것이다. 북조선에서 인민위원회란 국가를 비롯하여 도, 시, 군, 면 등을 관할하는 최고 통치기구이다. 따라서 북조선인민위원회란 중앙행정기관으로서 북조선 정부를 지칭하는 말과 다름없다.

드디어 북조선 인민과 김일성에게 역사적인 날이 밝아왔다.

1946년 2월 8일에 북조선임시인민위원회北朝鮮臨時人民委員會가 수립되었다. 상해망명임시정부 같은 것이 아니다. 북조선 전체의 행정을 실지 관할하는 북조선단독임시정부라는 뜻이다. 수립과정은 다음과 같다.

수립회의가 북부조선 전 지역 대표를 망라하여 2월 8~9일 양일간 평양에서 개최되었다. 8일 김일성은 '목전의 조선의 정치정세와 북조선임시인민위원회의 조직에 관한 보고'를 하였다. 그는 결성까지의 경위를 다음과 같이 말했다.

"(생략) 중앙정권기관을 조직하자는 의견은 누구보다도 먼저 민주적 정당, 대중단체의 지도자들로부터 제안되었다. 그리하여 그들은 중앙정권기관을 조직하기 위하여 발기부를 조직하였다. 이 발기부의 의견을 소련군 사령부에 진정한 결과 환영을 받아 이 회의를 소집한 것이다. 더 중요한 것은, 이제까지 북조선에는 행정적 주권기관이 조직되어 있지 않은 것이다. 북조선 각 행정국의 활동 방향을 제시하고, 그것들을 지도할 유일한 북조선 중앙주권기관이 없다. 이러한 기관이 없기 때문에 각각의 국局이나 지방인민위원회의 활동을 지도하거나, 북조선의 정치·경제·문화생활을 지도하기가 극히 곤란하다. (중략) 전체적으로, 이러한 일반적 문제는 각 국局의 상위에 올라서서 그 활동을 종합하여 지도할 기관에 의해 결정하지 않으면 안된다. 따라서 북조선에 중앙행정기관을 조직할 필요성이 있다."[4]

---

4) 북조선노동당, 「김일성장군중요논문」, 『민주조선자주독립의길』, 1947.3.10.

미·소 모스크바회의 결의의 제일 중심점은, 남북을 하나로 한 민주주의 임시정부를 만든다는 것이었다. 그런데 김일성은, 북조선만으로 우선 만든다는 것이다. 이거야말로 통일의 포기이며, 남북 분단의 중대한 한 발을 뗀 것이다. 김일성의 위 보고에 기하여 채택된 결정서 중에는 "북조선인민위원회는, 바로 우리당이 지도하는 정권이다."라고 말하고 있다. 남측에 앞서 북에서의 단독정권의 수립인 것이다. 북쪽만의 단독정권을 만드는 것에 '큰 의의가 있다.'는 것이 김일성의 본심인 것이다. 이것은 소련에 의한 북조선의 위성국가화 아니고는 그 아무것도 아니다. 북측만의 단독정권의 수립이라는 모스크바 협정에 위반되는 중대한 배신행위를 밟고 넘으려면, 되도록 소련은 표면에 나서지 않고, '조선인 측의 자발적 의사'를 가장할 필요가 있었을 것이다. 소련군정당국은 먼저 수족 역할을 하는 김일성과 조선공산당을 움직여, 방침을 부여하고, 각 정당, 대중단체 등에 배치된 비밀조직을 통하여 그들을 움직여 밑으로부터의 자발적인 움직임을 가장하였던 것이다,

수립회의 첫날인 2월 8일 이미 수면 하에서 정해진 대로 「열렬한 토론 후에 만장일치로 북조선(임시)인민위원회의 수립」이 정해지고 다음 날 9일에, 김일성이 위원장에 선출되었다.

그런데, 그 일주일 후인 2월 15일에 열린 조선공산당북부조선분국 제4차 확대집행위원회에서 김일성은 8일 회의 때 한 말과는 전혀 다른 그의 본심을 드러내는 말을 하고 있는 것이다. "임시인민위원회는 행정의 소소한 문제를 위해서만 만들어진 것이 아니다. 단독정권을 우선 북에서 먼저 만들어야 한다."고 확실하게 말하고 있는 것이다.

"북조선인민위원회의 성립 의의는 긴박하게 제기되는 여러 가지 행정상의 인민생활문제를 해결하는 데 그치는 것이 아니고, 모스코바회의의 결의를 우리는 우선 북부조선부터 그 실현을 착수하였다는 것에 큰 의의가 있는 것이다."[5]

　이상은 자료의 출처가 순전히 북조선 김일성정권 산하의 각종 행정기구, 상하 군부대 및 연계된 기관들이며, 이들 방대한 자료를 총체적이고 광범위에 걸쳐 망라한 진성 사료를 기초로 하여 저술된, 하기와라 료萩原 遼의 『조선전쟁』 중에서 일부 해당상황을 요약하거나 원문대로 인용한 것임을 밝힌다.

　앞서의 내용들을 볼 때 – 이승만의 46년 6월 3일 발언에 언급하였지만 – 이승만이 단독정부 수립의 첫 발언자가 아님은 충분히 입증되었다고 할 수 있을 것이다. 1946년 2월 8일 북조선임시인민위원회의 성립이야말로, 소련과 김일성에 의해, 북측이 최초로 취한 조선분단 조치이다. 더 이상 무슨 말이 필요한가.

　하기야 김일성의 남침이 아니라 이승만의 북침이라고 억지 부리는 좌파가 아직도 있다는 것을 염두에 둔다면, 끝내 이승만의 분단책임론을 버리지 못하는 좌파가 쉽게 아주 없어지지 않을지도 모를 일이다.

　사실은 김일성이나 이승만 둘 다 분단의 일차적인 책임자나 원인 제공이 가능한 위치에 있었던 것은 아니다. 진부한 이야기일지 모르지만, 1차적인 책임은 일본이다. 일본의 침략이 없었다면 분단은 없었을 것이다.

---

5) 「목전의 당내정세와 당면과제에 관하는 결정서」, 『당의 정치노선 및 당 활동의 총괄과 결정』, 20쪽.

2차적인 책임은 미국과 소련에게 있다. 반으로 나눠 점령하는 바람에 분단국가가 된 것이다.

그렇지만 연합국이 아니었다면 해방도 없었을지도 모른다. 조선 전체가 통째로 일본이란 쇳물 가마에 녹아들어 가는 마지막 찰나가 거의 다 된 상태였다. 그 지경이 안되었던 것이 천만다행이라는 생각이 다 든다. 강점기가 20년만 더 지속되었더라면, 창씨개명에다, 조선말과 한글, 민족문화, 민족 고유의 정체성 등이 말살되고 조선민족의 흔적마저 일본문화에 흡수되어 소멸되는 것은 시간문제였던 것 아닌가. 그것보다는 비록 분단 상태이지만, 그나마 해방된 것이 축복으로도 여길 만한 것 아닐까.

본론으로 돌아가면, 아무래도 남북통일정부의 제일 큰 걸림돌은 소련에 있었던 것 같다. 해방 당시 남북의 인구는 각각 남이 1,800여만, 북이 900만 안팎이었다. 이 상태에서 총선을 치르면, 친소련 정부가 들어서기는 소련 입장에선 가능성이 없어 보이는 것은 당연하였다. 그렇게 되면 소련의 위성국 확보는 물거품이 된다. 그래서 생각해낸 것이 4개국 5개년 신탁통치안이다. 세계 최빈국에 속하는 조선인을 상대로 그간 구축해 놓은 공산당 하부조직을 이용하여 당시 가난한 사람들에게 매혹적으로 비쳤던 '마르크스이즘'을 퍼트리면 5년 후에는 전 조선을 석권할 승산이 있다는 계산이었던 것이다. 미국과 소련은 각각 동상이몽을 품고 있었던 것이 확연하다.

다른 한편, 미국 하지Hodge 중장의 군정청 측은 전혀 다른 생각을 갖고 있었다. 자유가 무엇인지 미처 알아차리지 못한 남조선 민중들은 온갖 욕구의 동시 분출로 갑론을박 좌우충돌로 정국과 시정市井은 혼란의 극에 달해 있었다. 군정청은 현실적 희망을 잃고 있었던 것 같다. 독립국가로 혼자 서기에는 미흡한 것으로 우려한 모양이다.

45년 10월 20일에 미 국무성의 빈센트Vincent 극동국장이 조선의 신탁통치 구상을 언론에 내비친 것에서 알 수 있듯이, 미국은 이미 이때, 앞으로 5년간 미국식 자유민주주의와 자본주의를 보급시키고 질서를 찾게 하여, 자주독립 능력의 충분한 체득을 기다린 다음 독립을 시켜야 되겠다는 생각이었던 것 같다. 현 상태론 독립 후에 내란이나 더 큰 혼돈이 생길 것을 우려하였던 것이다. 특히 하지 중장의 조선에 대한 부정적이며 비우호적인 평가가 문제였다. 여하튼 지나친 의구심에 지나친 평가절하이었던 것은 틀림없다.

그렇지만 필자를 포함한 조선인 대다수의 생각은 전혀 달랐다. '우리가 얼마나 목마르게 기다리던 자주독립인가.' '당신들은 그게 무슨 가당치 않은 소리냐.' '우리는 지금 당장 독립을 원한다는 것이 모든 조선인의 일치된 소망이다.'

1945년 12월 28일, 미국·소련·영국 등 3개국의 외상이 모스크바에 모여, 조선의 신탁통치를 결정한 모스크바 협정이 3국의 수도에서 동시에 발표되었다. 중국을 포함해 4개국이 조선을 5개년간 신탁통치를 한다는 내용이었다.

우리의 잠재능력도, 우리의 정서도, 우리의 자존심도 송두리째 무시된 열강의 오만스런 독단이었지만 우리로선 별도리가 없었다.

이 같은 소식이 전해지자 남조선 거리는 좌와 우를 가리지 않고 반탁의 목소리를 드높였다. 일본제국주의에 의한 36년간의 식민지 지배에서 겨우 해방되어, 독립이 될 것이라고 굳게 믿었는데 또다시

5년간이나 외국지배를 받으라는 것이 말이 되느냐라는 것이었다. '일제식민지에서 국제식민지로 바뀌는 것 아니냐.' '조선민족에 대한 모독이다.' '결사적으로 반대한다.' 등 온갖 분노가 표출되었다.

28일의 협정이 알려지자 서울에서는 당일로 '신탁통치반대국민총동원위원회'가 결성되었다. 상해임시정부주석이던 김구의 주도로 각 정당, 종교단체, 언론기관 대표 약 70명이 모여 밤을 새어가며 논의 끝에 결성된 것이다. 같은 날 이승만의 국민회 산하인 '대한독립촉성전국청년총연맹' 등 42개 단체 대표 130여 명도 별도의 회합을 갖고 '신탁통치절대반대'를 결의하고 전 국민이 참가하는 총파업을 결정하였다.

그런데, 반탁을 외치던 박헌영의 조선공산당은 5일 만에 태도를 돌변하고, 46년 1월 2일에 다음과 같이 입장을 바꾼다.

"모스크바 3국 외상회의의 결정을 심중히 검토한 결과, 이번 삼상회의는 세계의 민주주의 발전에 있어서 한 발짝을 더 나아간 진보인 것이다. 이러한 국제적 결정은 금일의 조선을 위하여 가장 정당한 것으로 우리들은 인정한다. 문제가 되는 5년의 기한에 대해서는, 그 책임이 3국 회의에 있는 것이 아니라, 실제는 우리민족 차원의 결점(장기의 일제지배로 인해 생긴 해로운 민족적 분열 등)에 있으니, 우리들은 반성하지 않으면 안된다. 그럼에도 불구하고, 이번의 결정 책임을 의식적으로 3국에 전가하고, 이를 정면에서 반대배격하기에 열중하여, 3국의 우호적 원조와 협력인 신탁을 마치 제국주의적 위임통치제인 것처럼 왜곡하여, 과거의 일본제국주의의 침략과 동일시하며, 조선민족을 오도하고, 민주주의적 연합국에 적대하는 방향으로 대중을 기만하는 정책을 쓰고 있는 김구

일파의 소위 반신탁운동은 조선을 위하여 매우 위험천만한 결과를 가져오는 것은 필연이다."[6]

박헌영이 이렇게 태도를 급변한 배경은 말할 필요도 없이 모스크바의 지시에 의한 것임은 명약관화한 일이다. 45년 말경부터, 동유럽에 위성국들을 만들기에 여념이 없었던 스탈린(Stalin)은 극동의 요지에서 유일한 위성국이 될 북조선에 대한 관심이 지대하였으리라는 것은 쉽게 짐작할 수 있다. 소련을 감싸줄 위성국을 만드는 데 조선의 신탁은 시간을 벌기에 절대로 필요한 사항이었다.

반면에, 김일성은 이런 우둔한 실책은 범하지 않고 바로 찬탁에 들어갈 수가 있었다. 소련 군정부와 밀착되어 있었기 때문에, 사전에 여러 정보를 받고 있었던 것으로 보인다. 조선공산당북부조선분국은 같은 1월 2일에, 좌파 민주단체와의 공동성명으로 신탁 지지를 하늘 높이 외쳐댔다.

이 사건은 두 사람의 운명을 갈리게 만들었다. 박헌영은 찬탁으로 인해 남조선에서 민중의 지지를 크게 잃었고, 김일성은 조선공산당에서의 권위가 박헌영을 앞서게 된 것이다.

찬탁에 대하여서는 이만 줄이고, 남한에서의 반탁의 경위와 결과에 대해서 좀 더 살펴보자.

이승만과 김구는 46년 2월에 각기 주도하는 반탁 기구를 통합하여 '비상국민회의'를 결성하고, 각 정당, 종교단체, 언론기관, 각 청년단체 등의 힘을 결집시켜 반탁운동을 끈질기게 전개해 나갔다. 그

---

6) 해방일보, 『조선전쟁』, 1946.1.6, 105쪽.

리하여 그 후, 하룻밤 사이 찬탁으로 돌아선 조선공산당과 좌익계 단체들과의 유혈충돌까지 일어나는 사태가 벌어진 것이다.

이후 남조선에서의 반탁운동은 더 거세지며 식을 줄을 모르는 가운데, 모스크바 협정에 따라, 1차와 2차의 미소 공동위원회가 열렸지만 무위로 끝나고, 두 나라는 끝이 안 보이는 평행선을 그어갔다.

북조선은 이런 결과를 기다리지도 않고, 겉으로는 모스크바 협정을 따르는 척 가장하면서, 내부적으로는 남북 분단을 기정사실화하여, 앞서 기술한 대로 북조선단독 임시정부인 '북조선임시인민위원회'를 2월 8일에 수립하였던 것이다. 이러한 정보를 미리부터 갖고 있었던 이승만이 4개월이나 기다려, 그것도 46년 5월 7일에 미소 공동위원회가 무기휴회에 들어감에, 더 이상 기다려 봤자 아무 소용이 없다는 것을 확인하고 난 다음인 46년 6월 3일 정읍에서의 남조선 단독정부 수립의 필요성 발언은 오히려 시의적절한 것이었을 뿐 아니라 너무 늦은 감마저 든다.

분단의 책임 탓은, 도리어 그 화살을 돌려야 할 대상이 바로 소련과 김일성이어야 함을 입증하는 사료가 당사국인 소련에서 나온 것이 있다.

같은 날인 1946년 6월 3일 판 소련공산당 기관지 『푸라우다』에는 조선에 대한 소련의 속마음을 노골적으로 드러내는 다음과 같은 기사가 실렸다. 우리가 파악하고 있었던 내용 그대로의 것이다.

「조선임시인민정부의 창립문제에 관하여」라는 표제 하에 상투적 수법으로 논평하기를 "남조선의 자본가와 지주들은 미국의 비호 아래 반민주적 정책을 진행시키며, 반동적 정당들은 어떠한 목적으로

인지 정치적 내란을 일으키고 있다."고 지적하며 "이와 같은 조건 하에서 조선에 당장 독립을 부여하는 것은, 조선을 또다시 외국자본에 예속시켜, 민주주의의 확고한 적들인 조선의 대지주와 대자본가들의 후원을 받고 있는 극소수의 정치적 모험가들이 주권을 잡게 되는 것은 명백하다. 견고한 평화를 세우기를 바라고 있는 동맹국들, 무엇보다도 조선과 국경을 접한 소련은, 조선이 또다시 극동에서 전쟁 위협의 불씨가 되는 것을 내버려 둘 수는 없었다. (중략) 조선이 진정한 민주주의적 국가가 되게 하고, 침략주의적 세력이 재차 조선을 우리나라(소련)를 침범하기 위한 근거지나 연병장으로 이용 못하게 하는 것에 소련은 사활적 이해관계를 갖고 있다."라는 것이었다.

소련이 북조선에 쳐들어와 일본군을 물리치고 점령한 목적이 결국 '조선이 소련공격기지화 되는 것을 막기 위한 것이다.'라고 말 한 것이다. 더 나아가 친소 임시정부의 설립이 불가피하다는 이야기이기도 하다. 일본이 망했는데 현실적으로 소련에 위협이 될 그러한 나라가 있을 까닭이 없다. 오직 친소정권, 즉 위성국으로 만들겠다는 구실인 것이다. 이것이 조선에 '공산주의적 소련식 민주주의 국가를 만들 수 있을 때까지 신탁통치를 해야 한다.'는 소련의 명분인 것이다. 그러면서도, 다른 한편으로는 전술한 대로 이미 북조선 단독 임시정부를 만들어 놓고, 토지개혁 실시 등 전반적 행정업무를 김일성에게 맡기고 있었던 것이다.

대한민국은 잘못 세워진 나라?

　앞서 ≪반민족주의 비판≫에서의 이영훈의 기술과는 다른 각도에서, 이 문제에 접근해 보려 한다. 대한민국이 잘못 세워진 나라라는 좌파의 주장은, 이영훈의 생각처럼 시점을 옮기면 해결되는 그렇게 간단한 문제가 아니다. 이는 역사문제가 아니라 순전히 사상문제이다. 민족문제는 더욱 아니다. 이영훈은 우파 민족주의니 좌파 민족주의니 하고 패를 가리는데 그건 잘못된 생각이다. 민족주의 신봉자 가운데 좌파와 우파가 있는 것이지, 우파 민족주의와 좌파 민족주의가 따로 있는 것은 아니다.

　그 어떤 자도, 적어도 대한민국 국민이라면 건국이 잘못되었다는 식의 망언을 하여서는 절대로 안된다. 자기 얼굴에 침 뱉기가 아니라, 국가모독죄를 범하는 것이다. 국가는 한 사람의 것이 아니다. 전 국민의 것이다. 자유민주주의 국가는 국민이 세우는 것이지 국민이 뽑은 대통령이 세우는 것이 아니다. 대한민국 초대 대통령은 국가가 세워진 다음 국민이 뽑은 것이다. 대한민국을 공산주의 국가로 착각해서는 곤란하다.

　이러한 대한민국 건국사를 부정적으로 보는 편 쪽에 우리가 뽑은 당시의 현직 대통령이 가까이 서 있었다는 사실 자체가 대다수 국민에겐 큰 충격이 아닐 수 없다. 그러한 사상의 원조 격인 소련과 그에 못지않은 힘을 가진 중국이 수십 년에 걸친 실험을 치르고 거의 알

거지가 되어, 몸이야 날 살리라고 뛰쳐나온 자리에, 남도 아닌 우리 민족이 들어가야 한다는 생각에 잠긴 사람이 있다니 믿어지지 않는다. 그들의 주장 요지는 대략, 친일파는 처벌을 받고 제거되었어야 하는데 처벌은커녕 도리어 그들이 주체가 되어 나라가 세워졌으니, 잘못 세워진 나라라고 하는 것 같다.

식민지기에 나라 안팎에서 가정과 재산과 때로는 목숨까지 걸고 독립운동을 한 사람들을 제쳐 두고, 개인의 안녕과 영리를 목적으로 일본인과 결탁하여 재산가가 되었거나 높은 관직에 오른 사람, 왜경의 앞잡이가 되어 독립운동가와 민중에게 고난을 준 자들을 벌을 주기는커녕, 중용을 하여 나라를 세웠다는 것이다. 이 주장이 전혀 사실무근은 아니다. 그런 결과가 된 것이 분명히 일부 있다. 그렇게 된 사정의 전후를 거두절미하면 그럴 듯한 말로 들릴 수도 있다.

그런데 그렇게 한 장본인이 이와 같은 반민족적 세력을 대표하는 초대 대통령 이승만이라는 것이다. 이러한 주장의 비당위성은 제쳐 두고라도 이 황당한 주장에 대하여 이미 여러 학자가 합당한 반론을 편 것으로 안다.

그들(좌파)의 또 다른 주장도 들어보자. "배를 채운 친일세력이 해방 후 갈 곳을 잃자 미국과 결탁하여 나라를 세웠기 때문에 주체성이 훼손되어 민족정기가 흐려지고 민족분단의 원인이 되었다."는 것이다.

이 주장은 논평할 가치조차 없는 소수도 아니고 극소수의 친북세력의 넋두리에 불과하다. 오히려 탓을 하려면, 남북총선을 거부하고 외세에 기대어 이 민족의 운명을 또다시 4개국 신탁에 맡겨야 한다고 주장하는 한편, 일부 제왕적 독재 집단이 소련과 붙어 하루가 급한 통일정부를 피하고, 단독공산정권을 만들어 오늘에 와서 수백만의 아사자와 탈북자를 발생시킨 북조선에 대해선 일언반구도 못하는 어리석은 자들이 누구인가는 전 국민이 판단할 일이다.

필자는 반일의 화신이었던 이승만이 건국 후에 친일파를 적극적으로 제재를 못하고 그런 식으로밖에 처리할 수가 없었던 당시의 사정을 집중적으로 파헤쳐 보려 한다.

어떤 특정인을 필요 이상으로 미화하거나 영웅시하는 것도 문제이지만, 또한 자기의 정치 성향에 맞지 않는다고 사실을 외면하고, 왜곡·날조하여 역사상의 인물을 자의로 매도하고 깎아 내리는 행위도 그냥 건너뛰어서는 안된다.

눈을 감고 잠시 60년 전을 회상해 본다. 세계 최빈국이었던 대한민국 여기저기를 되돌아본다. 어둠 속에 덜렁 촛불이 하나 보인다. 모진 바람이 불고 있다. 그 주변을 수많은 군중이 이리 뛰고 저리 뛰고 제각기 날뛰고 있다. 풍전등화였다. 그것이 대한민국이었다. 이승만이 그것을 붙들고 있는 것이다. 바람은 공산주의 열풍이었다. 촛불이 언제 꺼질지, 보기만 해도 아슬아슬하다.

지금 포항제철POSCO 용광로는 연산 3,000만 톤의 쇳물을 녹이고 있다. 삼성전자는 30나노의 세계 최미소공정기술을 가진 세계 최대 최강의 전자회사이다. 아무도 이 불은 맘대로 끌 수는 없다. 60년 전에 이승만이 그 간약한 촛불을 지키지 않았다면 오늘의 한국이 존재할 수 있었을까.

그렇다. 이승만은 공산주의를 막았다는 한 가지 사실만으로도 다른 모든 공과를 제쳐 놓고 재평가를 받을 자격이 충분히 있다고 필자는 믿고 있다.

긍정으로의 전환과 귀추

　1945년 8월 15일 해방의 기쁨도 잠시, 조선반도는 혼돈의 늪으로 빠져 들어갔다. 여운형과 안재홍 등이 주축이 되어, 총독의 요청으로 사전협의를 거친 직후 15일 당일에 「건국준비위원회」를 결성하였다. 뒤이어 각종 정치 단체와 청년 학생 단체 등이 좌우를 가리지 않고 우후죽순 격으로 결성되어 갔다.

　예상보다 미군의 진주가 늦어졌고, 일본 군경이 무장한 채로 자리를 굳건히 지키고 있었기 때문에, 마음과는 달리 일본인에 대한 제재도 불가능하였다. 거리는 플래카드와 태극기를 흔드는 사람들로 채워졌지만 아무런 소산도 날 수가 없었다. 오히려 날이 갈수록 좌와 우로 패가 갈라지는 양상을 띠어 가더니 서로 충돌하는 사태가 벌어지는 판국이 되었다.

　8월 말경 인천에서는 미군이 상륙한다는 소문이 출처도 없이 전 시가지에 퍼졌다. 각 정치 단체와 청년·학생 단체에서 수천 명의 환영인파가 플래카드를 앞세우고 태극기를 흔들며 역전에 모여들었다. 그리곤 긴 대오를 만들어가며 부두를 향하여 행진을 해갔다.

　그런데 정오를 한참 지나서 떠난 군중은 6시경에 대오가 엉망이 되어 뿔뿔이 되돌아왔다. 선두에는 흰 옷에 피가 묻은 자와 머리를 피가 스며나온 머리띠로 감은 사람도 보였다. 미군의 상륙은 헛소문이었고 일본헌병대와 물리적 충돌이 있었다는 것이다. 총칼에 밀린

탓인지 봉기는 일어나지 않았고 애꿎은 부상자만 나온 것이다. 일본인에게 분풀이를 못하는 불만으로 삼삼오오 웅성대지만, 36년간을 그렇게 당해 왔는데 며칠만 더 참자로 체념할 수밖에 별도리가 없었다.

9월 8일 드디어 미군이 인천부두에 상륙하였다. 세상이 확 바뀌어 버렸다. 미군이라기보다 별나라에서 보내 온 신문명의 도래였다. 이상한 나라에서 내려온 대형 트럭과 중장비가 굉음을 내며 건장한 체격의 미국 군인을 태우고 숙영지인 인천중학교로 줄을 이어 달려간다. 시민들 입에서 탄성이 절로 터져 나온다. "저런 사람들하고 무슨 전쟁을 해, 애와 어른의 싸움이지."

곧 일본군의 무장해제가 있었다. 해제된 자들은 부둣가의 대형 미곡창고에 수용되어 일본송환을 기다렸다. 그 용맹무쌍하다던 일본군이 저렇게 왜소하고 초라할 줄이야. 미군감시병에게 굽실대는 모습하고, 과연 저들이 아시아를 휩쓸었던 정복자였던가 싶었다.

조선주둔 미군사령관 하지J. R. Hodge 중장은 다음과 같은 성명서를 발표하였다.

"(생략) 확정된 항복조건을 이행함에 있어서 본관은 현존하는 행정기구(총독부)를 사용할 필요가 있음을 알린다. 동시에 장차 본관의 지휘를 받는 관리의 명령에 따라 주기를 바라는 바이다. 정부의 정책은 점차 필요에 따라 조선인민을 위하여 개정될 것이다. 기존의 법제도와 상업·공업·학교교육에 종래 있었던 각종의 인종차별은 곧 없어질 것이다. 신앙의 자유, 언론사상의 자유는 여러분의 것이 될 것이다. 신문·라디오가 여러분의 기관이 될 것이다. (생략)"

미 군정당국은 당초에는 구 총독부 일본인 행정기구를 존속시키다가 미군장교와 조선인을 각 기구 내에 임용하여 점차 업무를 인계시켜 간다는 방침을 세웠다. 10월 5일에는 군정장관을 보필할 조선인 고문관 11명을 임명하여 군정운영에 해결이 필요한 문제에 대한 충고와 진언을 받았다. 점차 군정기구 각 부소에 조선인이 등용되어 미국인과 2인 부장제도가 실시되고, 조선인 고문관도 주요 행정부소에 등용됨에 따라 고문관제는 폐지되었다.

46년 2월 14일 하지 중장의 자문기관으로 「남조선대한국민대표민주의원」이 조직되었다. 23명으로 구성되어 「조선인을 대표하여 현재와 장래에 관한 중요 사항에, 하지중장을 보좌하여 통일된 진정한 자유민주독립국가를 건설키 위한 기초 작업을 수행」하려는 취지에 따른 것이다. 그런데 좌익정당이 불참함으로써 남조선통일의원이 되지는 못하였다.

하지 중장은 나름대로는 매우 의욕적으로 시정에 임하였다. 그의 성명대로 「복리를 염원하는 조선인의 솔직한 진언」을 듣고 「조선인이 요구하는 국가를 건설」하기 위한 여러 정책을 펼쳤다. 시정 초기 실시한 소작료 조정명령이 대표적인 한 예라 하겠다.

6월 29일 군정당국에서는 조선민중이 희망하는 바를 발언할 대표기관으로서 일종의 입법기관을 설립할 것을 발표하였다. 「조선과도입법의원」으로 동의원은 임시조선민주정부가 수립될 때까지 군정청의 권한 하에 있기로 하고, 의원 수는 관선 45명, 민선 45명 도합 90명으로 되어 있다.

9월 11일 군정장관 러취 소장은 군정 제2단계로 행정주권을 조선인에게 이양하는 발언을 하였다. 행정 각 부서의 직능을 정식으로 조선인 직원에게 위임하기로 한 것이다. 즉 군정 2단계로 들어가면서 군정청 각 부장급 이하의 지방관소관 행정권은 조선인 관리에게 이양되고, 미군인 부장 및 지방관은 각각 소속행정기관의 고문관 역할로 부결권만 행사하게 되어 있다. 일 년간의 준비와 훈련을 거쳐 비로소 행정 이관을 하는 것이다.

이상에서 밝혀졌듯이 군정 약 1년간의 궤적은 자유민주주의에 입각한 순 미국식 시정이라 하겠다. 특히 사상의 자유를 선포한 것이 돋보인다. 공산당이 날뛰어도 법질서만 적당히 지키면 내버려 둔다. 이승만은커녕 어떠한 정당의 군정 관여도 있을 수가 없다.

소련이 점령 후 바로 인민위원회에 행정권을 이양한 것과는 180도 대조적이다. 미국식은 무작정이라는 것이 없다. 만사에 합리성을 추구하는 것이다.

한편 이 기간 사회전반의 상황은 어떠하였을까. 군정청은 위에서 본대로 좌익에게도 시정 자문기관에의 참여를 구했다가 거절당한 바 있지만. 여기서 해방정국의 중요한 변수가 된 조선의 공산주의 신봉자에 관해, 필자의 시점에서 살펴보기로 한다.

강점기에 조선에서는 중학교를 졸업하면 일본으로 유학을 가는 학생이 적잖았다. 조선에는 이들의 면학 욕구를 충족시킬 고등교육기관이 무에 가깝게 태부족이었기 때문이다. 부유한 집안뿐 아니라 고학을 하는 학생도 상당수에 달했다. 유학생들은 그곳에서 서구문명을 접하고 민족 정체성에 눈이 뜨이자 정의감에서 민족주의에 빠지게 된다. 빈부 격차에 관계없이 새삼 조선의 최저 생존조차 위협을 받고 있는 대부분의 농민과 노동자의 빈곤을 실감하게 되고 그들의 참상을 외면해서는 안되겠다는 결의를 다지게 된다.

일본하부 저변층의 실상도, 조선하고는 비교될 수 없게 괜찮았지만, 본토 내에서의 상대적 빈곤도는 심각하였다. 이에 일본 지식층 일부에서 노동·농민 운동에 가담하며, 추종자 중에 마르크스이즘에 심취한 자들의 지하조직이 생겨났다. 일본천황제의 제1 적은 이들 공산주의신봉자로 지목되었다. 동병상련이라고 조선인 학생과는 천황이 공통의 적이 된다. 애족 애국이라는 정서와 꿈도 같았다. 이들과의 우호적인 교류와 마르크스 이론 자체의 매력으로 상당수의 조선인 유학생이 공산주위에 이끌려 들어갔다. 의심의 여지없이 순수한 열정에서였고, 이러한 숫자는 계속 늘어만 갔다.

해방된 조국에 돌아와서 이들 중의 상당수가 좌익의 열렬한 행동대원으로 두터운 지지층을 구성하게 된다. 이론과 결속력으로 무장된 이들은 조직력과 대중을 선동하고 동원하는 데 출중한 힘을 발휘하였다. 수에서 앞섰던 우익의 제 단체들은 어느덧 시위 전에서 밀고 밀리는 호각지세로 변해 시국은 혼돈만 더해갔다. 설상가상으로 해외 귀환동포와 월남민 등으로 일시에 불어난 300만의 추가 식구를 먹일 주곡의 수급이 전혀 안된 상태였다. 일본으로 건너가던 800여만 석의 미곡이 고스란히 남아돌 줄 기대하였던 것이 전혀 새로운 양상으로 변해 버렸기 때문이다. 소작료와 이자로 60% 이상을 뺏겼던 소작농들이 군정청에서 소작료를 3분의 1로 조정을 해 주는 바람에, 전인구의 8할을 점하는 농민이 쌀밥을 먹을 수 있게 된 것이다. 거기에 당국은 밀수 밀매를 우려해 미곡의 도시반출을 막았다. 일단

쌀밥에 맛을 들인 혀를 다시 잡곡으로 돌릴 수도 없을 것이었다. 도시의 거리는 식량과, 반탁과 친탁을 외치는 데모 군중으로 넘쳤고 간간이 서로 부딪치는 불협화음까지 그칠 줄을 몰랐다. 이 혼돈을 바라보는 소련과 미국의 시각은 제각기였다.

소련과 김일성은 속으로 쾌재를 불렀을 것이다. 만일 지금 총선을 치른다면 남부와의 인구격차 때문에 친소 좌익 통일정부가 들어서기는 난망할 것이 예상되었다. 그래서 신탁에 매달려 수년의 시간을 벌면, 남조선 빈곤층을 포섭하는 것은 식은 죽 먹기라고 자처하고 있었던 것이다.

반면 미국이 4개국 신탁을 선택한 것은 계산법(속셈)이 달랐다. 남조선 군정 실시 한 달이 좀 지나서 미 국무성은 남조선으로부터의 실망스런 정국정보에 질겁하고 있었던 것이다. 수십을 넘어 아마도 백여 개도 넘게 각종 정당과 정치적 단체들이 우후죽순처럼 솟아나서, 좌파와 우파로 갈라져 격렬히 싸우는 꼴이 당장은 도저히 자유민주주의 국가를 세울 수 있는 상황이 아니었다. 미국이 무슨 위성국이 필요한 것도 아니고, 골칫거리만 껴안은 꼴이었다. 자칫 공산화도 우려되니 신탁으로 돌려 추이를 두고 보자는 속셈임이 분명하였다.

결과는 잘 알려진 대로 조선반도에 신탁은 없었다. 만일에 신탁이 되었다면 배가 어느 항구에 닻을 내렸을지는 아무도 모를 일이지만 그곳이 소련 쪽이었을 가능성이 높았다고 생각된다.

이승만과 김구가 이끄는 두 반탁단체가 주동이 되어 벌였던 투쟁이 승리한 것으로 봐야 한다. 특히 이승만의 대미 활동이 미국으로 하여금 조선 문제를 국제연합에 이관하는 데 결정적 역할을 한 것으로 사료된다. 그 결과 UN 감시 하에 총선(북조선의 거부로 남쪽만)을 거쳐 대한민국이 탄생할 수 있었던 것이다.

하나 더 말해 둘 것이 있다. 해방 후 친일파 제재문제에 관해서이다. 가장 큰 원인 제공자는 공산주의자들이다. 재언할 필요도 없겠지만 북은 공산주의 종주국인 소련, 남은 자유민주주의 본산인 미국, 그 어느 쪽에 줄을 서는 것은 순 운으로 결정되었다. 하지만 그 후의 결과는 하늘과 땅 차이가 났다.

미국의 명제는 남에 자본주의 국가를 세우는 것이고, 소련은 북에 공산주의 국가를 세우는 것이다. 평행선이 맞닿는 일은 결코 일어날 수 없는 것이다. 북은 폐쇄적 독재이니까 자본주의가 낄 틈이 전혀 안 보이지만, 남은 자유 민주·자본주의이니까 불법만 안 저지르면 공산주의자도 맘대로 넘나들 수 있다. 그들은 장사를 하러오는 것이 아니라 공산주의를 팔러, 아니 강매하러 온다. 그런데 그것은 불법이다. 미국은 자유를 맘껏 누릴 수 있는 나라인 반면, 법은 엄하게 다스린다. 공산주의자들의 불법은 가차 없이 제재를 받는다.

하지 사령관의 언론과 사상의 자유라는 성명에 고무되어 공산주의 전파에 날뛰던 자들이 정판사위조지폐사건 같은 범죄를 저지르거나 폭력을 휘둘러 사회질서를 어지럽히자, 군정당국은 이들을 가차 없이 검거하기 시작하였다. 이들의 불법행위를 추호도 용납하지 않은 것이다. 당국은 치안유지에, 유능하고도 강력한 경찰력이 필요하였다. 선택의 여지가 별로 없었다. 최상의 해당자는 하필이면 일제하에서 독립 운동가를 괴롭히던 고등계 형사를 위시한 일본경찰의 조선인 잔재들이다. 많은 조선인이 처벌을 원했던 바로 그 사람들이었다. 그들에게 임무가 주어지자 그들은 맹활약을 펼쳐 군정당국의 두터운 신임을 얻기까지 하였다.

군정청 인사권에 이승만은, 관여하거나 간섭할 자리에 있지 않았다. 조선인의 요구사항 상신은 군정 자문기구를 통해서만 가능하였다. 이러한 상황은 군정이, 새로 세워지는 대한민국에 모든 행정권이 이양될 때까지 이어졌다.

3년 후인 1948년 8월 대한민국 독립 후 이승만정부가 수립되었을 때 공산주의자들과의 대치상태는 다소 개선된 면도 있었지만 그들의 저항은 여전하였다. 조직이 지하로 숨어 들어갔기 때문에 경찰의 기능은 더 크게 강화된 면이 있었다. 3년간이나 공산세력을 꽁꽁 묶은 공적도 크거니와 그들의 존재감은 확고하여, 경찰조직의 상부역학구도는 일본경찰출신이 90% 이상을 장악하고 있었다. 반민특위에서 경찰간부 3명의 친일행적을 추궁·구속 수사를 하자, 이에 격분한 경찰 수십 명이 이들을 물리적으로 빼내가는 사태가 일어났었다.

오늘날 좌파는 이러한 시대적 특수 상황을 고려하지 못하고 현 시점에서 과거를 보는 편견으로 이승만이 친일파를 청산 안했다고 힐난하는 우를 범하고 있는 것이다.

인류역사상 공산주의만큼 많은 사람을 가난하게 만들고 배고프게 한 정치체제가 또 있었을까. 소련과 동구권의 몰락, 그리고 기타 공산권의 쇠락은 무엇을 말하는가. 그 체제 하에서는 일을 열심히 할 동기가 없다. 일을 잘하건 못하건, 많이 하건 적게 하건, 똑같이 먹고 똑같이 입고 똑같이 산다. 그들의 이상이 평등하게 잘 사는 것이지만, 결과는 생산성의 저하로 다 같이 평등하게 가난해졌다. 그것을 60~70년을 실험하고 나서 종주국 소련이 무너지고 만 것이다.

대한민국이 공산화를 면한 것만큼 큰 축복은 없을 것 같다.

눈을 크게 뜨고 이승만을 다시 보라. 만일 「그가 아니었다면」 할 사건이 얼마나 여러 번 있었나를 생각해 보라. '그가 아니었다면 틀림없이 공산화가 되었을 거야.' 한 사건이 해방 후에 누차 있었다.

만일에 신탁통치가 되었다면?

만일에 대한민국이 1948년 8월에 독립을 안하였다면, 좌파의 주장처럼 그 후 통일정부 수립이 되었을까. 천만의 말씀이다. 만일 되었다면 공산주의 국가였을 것이다. 왜냐하면 자유민주주의·자본주의 국가는 소련이 절대로 용납 안하였을 터이니까 수립 자체가 불가능하였기 때문이다.

만일에 이승만정권이 반공을 국시로 삼지 않았다면?

그리고 만일에 한미상호방위조약이 체결 안되었다면, 6·25 때 미군의 즉각적인 참전이 있었을까? 만약 미군의 참전이 없었다면?

답은 국민 각자의 가슴속에 있을 것이다.

한 가지 분명한 것은 위 열거한 사항들은, 이승만이 결정적이거나 중요한 역할을 담당하였음이 이미 역사적 사실로 판정이 난 사건들이다.

좌파들의 입장은 이러한 사실 자체를 부정하는 것이 아니라, 그러한 행위를 사대주의니 무슨 미제국주의자들에게 나라를 팔아먹었느니 하며 이승만을 매도하는 것으로 분을 푼다. 그렇다면 공산주의대국에 수십 년간 추종하여, 주체사상을 자랑스럽게 내걸었으면서도,

원조와 차관으로 정권을 유지하고 있는 북조선의 현실은 사대주의가 아니라 무엇이란 말인가 묻고 싶다.

좌파에게 우스갯소리 하나 하겠다. 옛날(해방 전) 기준으로 말한다면, 지금 미국은 한국의 식민지라고 볼 수 있다.

해방 전에, 식민지라 하면: "당시 침략국은 선진공업국가이고 식민지는 미개발 농업국가인 것이 전형적이었다. 침략국에서 기계화된 시설로 대량 생산된 공산품을 식민지에 내다 팔고, 싼 노동력으로 어렵게 마련한 농산물과 원자재를 거둬가는, 제품시장 ↔ 일차산업 생산품 공급이라는 순환 고리가 이어지는 관계"를 말하였다. 영국강점기에 인도가 그랬고, 일본강점기에 조선이 그랬다.

잘 들여다보면 작금 한국과 미국이 그러한 관계에 있다. 한국에서 첨단산업 제품인 반도체를 비롯해 최고급 전자제품과 자동차 완제품 및 부품 등을 포함해 수백 가지 공업제품을 미국에 수출하고, 미국으로부터는 주로 농산품을 수입하고 있다. 한국이 미국에 많은 무역역조를 발생시키며 미국 달러를 벌어들이고 있는 것이다.

이 일을 해방 전 조선인에게 「미국에 대한 한국의 경제침략」이 아니냐고 묻는다면 누가 부정할 수 있을까. 우스갯소리 하나 더 하겠다. 좌파는 미제가 한국을 강점하고 있다고 망발을 하지만, 사실은 한국이 주둔비를 일부 분담하고 있는 것에서 알 수 있듯이, 미군은 한국을 지켜주는 용병 역을 하고 있다고도 말할 수 있다.

해방 전후의 사정

필자는 1944년에 초등학교를 졸업하고 바로 반관반민인 조선목재 주식회사 인천주재원사무소에 급사로 취직을 하였다. 장소는 상인천 역과 경동사거리 중간쯤에 있는 인천흥업주식회사 사옥 2층을 임대 하고 있었다. 엄격한 통제경제 하에 거의 모든 물자가 배급제였다.

조선목재는 전 조선의 목재 배급권을 쥐고 있었다. 이 배급권이라 는 것은 엄청난 특권이었다. 목재는 용재와 화목으로 산업·건설· 연료 등으로 사용되는 필수품이다. 그런데 나무 조각 하나도 일일이 사용신청을 하고 배급표를 제시해야 목재상이나 제재소에서 구입을 할 수 있는 것이다. 가령 일본 술 양조장에서 유리 술병을 담을 나무 상자가 없으면 출하가 불가능하다. 물자가 귀한 시대이니까, 첫째로 먼 산판에서 벌목을 하더라도 제재소까지 운반이 마음대로 안된다. 군용 휘발유도 부족하니, 일반용 목탄차나 우마차에 실어 와야 되는 등 난관이 하나둘이 아니다. 그러니 수요처마다 배급표를 먼저 받으 려고 안간힘을 쏟을 수밖에. 필자는 급사노릇 일 년 만에 소장 추천 으로 용원으로 진급, 각종 공장에 자전거로 배급표 배달과 신청서를 받아오는 일을 도맡아 하였다.

이때 소장에게 전하라는 ○○이 딸려오는 것은 예나 지금이나 다 르지가 않다. 이 과정에서 필자는 각 수요처의 내부사정을 샅샅이 파악할 수가 있었다. 44년 말과 45년 초에 들면서 모든 산업체는 원료부족 일손부족 기계부품부족 연료부족 등, 차라리 있는 것이 아무 것도 없다고 하는 것이 쉬울 것 같다. 그래도 목재는 소량이나마 꼭 필요하였던 것이다. 하다못해 일본식 나막신 공장도 있었으니까.

필자는 1945년 8월 15일을 생생히 기억하고 있다. 정오에 칙칙 잡음이 몹시 나는 라디오에서 말 내용을 알아들을 수 없는 옥음이라는 일본천황의 목소리가 계속되는데 한순간 갑자기 머릿속을 어떤 강렬한 희열이 스쳤다. 분명 무조건 항복이라는 내용인 것 같았다. 나는 시선을 무의식중에 일본인 소장의 얼굴에 맞췄다. 하늘이 꺼지는 것 같은 낙담이 거기에 있었다. 일본의 패전이었다. 사무실에는 나이가 지긋한 조선인 준사원이 있었다. 아무도 입을 떼는 사람은 한동안 없었다. 그날 회사는 일찍 문을 닫았다. 밖은 거리로 뛰쳐나온 사람들로 웅성거렸고, 가까운 상인천역 쪽에서 만세 소리가 들려오고 있었다. 나는 그리로 달려갔다. 천 명도 더 되는 사람들이 몰려서 한 사람의 연설을 듣고 있었다. 몇몇은 태극기를 흔들고 간간히 만세를 외치는 함성이 하늘을 찔렀다.

어느 날 이렇게 갑자기 찾아온 해방이 어언 65년이 지났다. 하지만 그날 이후의 나날이 생생한 필름이 되어 환등기처럼 안막에 선명하게 명멸한다.

해방이 되었다 하여 당장 다음 날부터 큰 변화가 나타나는 것은 아니었다. 무장한 헌병과 왜경이 자리를 굳건히 지키고 있고, 기마병의 위압적인 순찰도 여전하였다. 일본인을 공격하여 분풀이를 한다는 것은 어림없는 일이었다.

달라진 것이란, 2~3일 후부터 은행 앞에 사람들이 장사진을 쳤다. 주로 예금을 찾으려는 일본인 예금주였고 일부는 가까운 징용지에서 돌아온 조선인 노무자인 것처럼 보였다. 역전을 비롯하여 기왕에 암시장이 있었던 거리에는 좌판을 깔고 온갖 물건(주로 고물 옷가지와 먹을거리)을 팔고 사는 사람들로 북적거렸다. 곧 철수준비를 시작한 일본인들의 가재도구도 나돌았다.

필자가 다니던 사무실 정문에는 9월 초에 조선목재가 문을 닫자 즉시 「조선실업대책위원회朝鮮失業對策委員會」라는 간판이 내걸렸고, 뜻밖에도 공산주의 혁명가라는 소문이 자자하던 조봉암이 새 주인이 되어 들어왔다. 그는 해방이 되자마자 왠지 중도로 전향을 하여 공산당과의 인연을 영영 끊어 버린 것이다. 사무실에는 조선일보 기자였다는 그의 부인과 여직원 한 명, 그리고 필자가 약간의 사무일과 잡일을 맡아보았다. 11월 초경에는 복간한 조선일보 인천지국을 겸하게 되어 임씨라는 남자기자 한 명이 늘었다.

바로 옆 건물 2층에는 조선공산당(후에 남로당)이 둥지를 틀었다. 거기엔 접은 플래카드의 숲 속에 늘 사람들이 바글거렸다. 한여름이라 창문을 열고 있으니 "높이 들어라 붉은 깃발을……" 하는 합창소리에, 고함소리와 싸움질 소리까지, 혼잡한 소음이 매일 끊이질 않았다.

조봉암은 옆 건물 공산당하고는 일체 왕래나 교섭이 없었다. 필자는 해방 직후 반년간을 매일 거의 하루 종일 그와 시간을 함께 보냈다. 저녁때도 도원동 산비탈에 있었던 그의 초라한 초가집에 들르기가 일쑤였다. 조봉암은 한국 근대사에 한 획을 그은 비중 있는 인물이다. 우연한 기회에 그와 함께 생활하면서 보고 들은 일들을 적어, 그의 역사의 증인이 되어 호기심 많은 독자의 궁금증을 푸는 것도 의의가 있을 것 같다. 그렇다고 필자는 억울하게 형장의 이슬로 사라진 그를 영웅으로 그리려는 것은 아니다. 그가 해방 초기에 정치 활동(좌익)을 전혀 하지 않았다는 사실을 말하려는 것이다. 간혹 좌익의 백남운 같은 거물급 인사가 사무실에 들렀지만 그는 완고히 머리를 흔들었다.

사무실에서 그는 거의 말이 없었다. 필자에게 한 말 중에 업무상의 일 말고는 유일한 긴 말이 "틈틈이 자습을 열심히 하여 중학교에 진학하라."는 것이었다. 그는 이따금 창 앞에 서서 먼 하늘을 응시하며 깊은 생각에 잠기곤 하였다. 무척 쓸쓸한 모습이었다.

사실 그가 정부 수립발표 직후 국회의원에 입후보한 벽보를 보고 필자는 적잖이 놀랬다. 합동정견발표회 장소는 필자가 졸업을 한 송림초등학교 운동장이다.

정견발표회장에 몰려든 수많은 군중 앞에서 사자후하여 뜨거운 갈채를 받을 때 그는 정열적이고 더없이 힘차 보였다. 2년 전 사무실에서 필자가 보아 온, 가까이하기 어려운 조용하고 사색적인 사람이 더 이상 아니었다.

그는 토지개혁을 주장하는 진보주의자로 변신하여 스스로를 당당히 내세워 압도적인 표차로 당선되었다.

필자는 해방 직후 그 혼란 통에 그와의 우연한 인연으로 그의 독려와 후원에 힘입어 면학에 밤낮으로 집중할 수가 있었다. 그 덕으로 46년 5월에 2년 2개월의 공백기를 뛰어넘어 편입시험을 치르고 초등학교 동기생들과 같은 학년 반에 들어갈 수가 있었다. 필자의 인생에서 나름대로 하나의 전문직을 꿰어 찰 수 있게 길잡이를 그가 해 주었다는 사실을 어찌 잊을 수가 있겠는가.

이 또한 무슨 거짓말 같은 인연일까. 이 글의 마무리를 쓰고 있는 오늘 아침(2010년 10월 30일) 중앙일보에 죽산 조봉암에 관한 기사가 실렸다. 「조봉암 '간첩사건' 51년 만에 재심 결정」이라는 제목으로 대충 다음과 같은 내용이다.

> 대법원전원합의체는 간첩 혐의로 사형이 집행된 조봉암(1898~1959) 선생 사건에 대해 장녀 조호정 씨 등 유족이 낸 청구를 받아들여 재심을 개시하기로 결정했다고 29일 밝혔다. 1959년 7월 사형이 집행된 지 51년 만에 재심이 받아들여진 것이다. (생략)

이 글을 접을 시점에 맞춰 하늘은 다시 한 번 필자에게 죽산 선생과의 인연의 끈을 이어 주려는 것처럼도 느껴진다. 그의 무죄가 밝혀지고, 그의 맑은 눈동자가 나를 내려 보며 "너는 너의 조국을 위하여 무엇을 하였는가." 하고 물을 것만 같다.

| 후 기

2010년판 한국고등학교 『국사교과서』 191쪽에는 다음과 같은 문안이 실려 있다.

일제강점기 경제의 평가: 수탈인가, 개발인가?

일제 식민 지배와 근대성 문제: 식민지 개발론과 수탈론

"2005년에 발표된 한·일 역사 공동 연구 결과에 의하면, 일본 측은 과학적 경영 기법이나 대규모 백화점, 신여성 등의 출현을 예로 들면서 종전처럼 일본의 식민 정책으로 한국에 근대적 측면이 나타났다는 점을 강조하였다.

반면에, 한국 측은 일본 역사교과서에 서술된 내용 가운데 식민지배植民支配 미화론에 문제를 제기하였다. 근거로 일본 역사교과서에서 내세운 식민 근대화론에 대해 '근대성이 보이긴 하지만, 이는 일제의 수탈적 식민 지배의 다른 측면이므로 수탈적 구조를 명확하게 해야 한다.'고 주장했다.

1. 위에서 등장하는 양측의 주장을 뒷받침할 수 있는 근거를 조사해 보자. (생략)

라고 기술하고 있다.

고등학생더러 60여 년 전 강점기 일제의 수탈을 입증할 근거를 조사해 보라는 주문인데, 이제까지 어느 사학자나 정부에서도 제대로 된 근거를 제시한 것이 별로 없는데 어데서 무엇을 어떻게 조사하라는 것인지 가늠이 안 간다. 교과서를 집필한 사람들은 마땅히 그 근거를 스스로 찾아서 학생들에게 가르쳐야 하는 것 아닌가. 아니면

최소한 근거를 찾는 방법이라도 몇 가지 제시해 주어야 할 것이다.

과거 수십 년간 일본의 정권이 바뀔 적마다, 식민지기를 미화하는 망언이 쏟아졌어도, 정부나 매스컴 둘 다 망언이라고 흥분이나 했지, 그것이 왜 어떻게 망언이라는 확고한 근거를 국민에게 제시하는 일은 드물었던 것으로 기억된다.

물증에 더하여, 범죄를 저지른 당사자의 진실한 자백만큼 믿을 만한 근거도 드물 것이다. 참고로, 일본문부성검정필 『고등학교 세계사 B』 1993년 판, 실교출판, 「일본의 식민지지배와 항일투쟁」 328쪽을 아래에 인용한다.

(생략) 일본은 식민지 주민에 대한 「황민화皇民化」 정책을 강행하였다. 조선에서는, 1937년 이후 일촌일신사―村―神祀의 설치와 신사참배. 일장기게양, 「황국신민의 선서」의 제창 등을 강요하였다. 학교에서는 조선어사용금지, 「창씨개명」 등 철저한 민족동화 정책을 밀어붙였다. 일본은 태평양전쟁수행을 위해 식민지와 피점령지의 인적, 물적 자원을 수탈收奪하였다. 70만 명에 이르는 조선인을 강제적으로 일본에 연행하여, 광산이나 토목사업 등에서 저임금과 민족차별 하에 격렬한 노동에 사역시켰다. 종군위안부로 전장에 보내진 사람도 적지 않았다. (생략) 더구나 일본은 식민지·피점령지에서 쌀·석유·고무·주석·석탄 등 많은 중요자원을 수탈하였기 때문에, 「대동아공영권」이라는 선전하고는 정반대로, 민중의 생활은 궁핍화되어, 다수의 아사자餓死者를 발생시키는 지경이 되어 버린 것이다.

이상, 일본은 자국의 전 고등학생에게 조선에서 식민지기에 물·심으로 많은 것을 수탈하였다고 자백을 하였다. 이보다 더 확연한 수탈의 근거는 없을 것이다. 물론 위 고백은 일본이 조선에서 수탈한 인적·물적 총량 중 빙산의 일각에 지나지 않는다.

본서는 일본의 그 방대한 수탈을 필자의 힘이 미치는 한, 다방면에 걸쳐 철두철미 뒤져낸 결과를 정리한 것이라고 감히 확언하는 바이다.

일제의 수탈론이 엄연한 역사적 진실임을 입증하는 데, 그리고 자라나는 청소년들에게 일제강점기에 조상들이 겪은 불행한 과거사를 이해하는 데 일조가 된다면 필자에겐 더 없는 보람이 될 것이다.

2011년 2월

필 자 書

이선배 ───

건축가(Architect)

인천상업학교 3학년 편입(1946~1948)
인천중학교(6년제) 5학년 편입(1948~1950)
서울대학교 문리과대학 수학과(1950~1954)
건축·토목·전기·기계공학 독학
미국 D.A. Professional General Engineer(분야: 건축·토목·전기 등 종합설계)
설계업적으로 미국 D.A. 민간인 공로훈장

주요설계:
금호미술관, 원화랑, Egypt 대사관 관저 등

E-mail: soyo3@naver.com

일제강점기
진실의 문

초 판 인 쇄 | 2011년 4월 25일
초 판 발 행 | 2011년 4월 30일
2판 인 쇄 | 2011년 7월 22일

지 은 이 | 이선배
펴 낸 이 | 채종준
펴 낸 곳 | 한국학술정보㈜
주   소 | 경기도 파주시 교하읍 문발리 파주출판문화정보산업단지 513-5
전   화 | 031) 908-3181(대표)
팩   스 | 031) 908-3189
홈 페 이 지 | http://ebook.kstudy.com
E - m a i l | 출판사업부 publish@kstudy.com
등   록 | 제일산-115호(2000. 6. 19)

ISBN   978-89-268-2244-9 93910 (Paper Book)
          978-89-268-2430-6 98910 (e-Book)